ENTWERFEN GESTALTEN
SHAPING DESIGN

ENTWERFEN GESTALTEN
SHAPING DESIGN

Medien der Architekturkonzeption
Media of architectural conception

Margitta Buchert (ed.)

a_ku

jovis

PREFACE

SHAPING DESIGN focuses on a spectrum of media for creative architectural design projects. In the processes from analysis to design, they constitute formative continuities. In many cases, the tools, ways of thinking and approaches used are closely interwoven. Based on concrete current examples, the book presents overarching characteristics, along with the specifics of individual instruments and ways of interaction within the architectural concept. The multifaceted contributions explore the potential of hand drawing, language, geometry-based representation, model, diagram, mapping, photography, collage and tableau for investigative creative analysis, as well as for the generation, unfolding and communication of design and knowledge. The publication presents an architecture theory contribution to design practice and allows new perspectives on (un)common media involved in architectural work.

First and foremost, a big thank you to the participating authors for their knowledgeable contributions and friendly cooperation. I would also like to thank the staff at jovis Verlag for the reliable and good cooperation, Lynne Kolar-Thompson for the translations into English, Julian Benny Hung for his great involvement in layout and typesetting, as well as Valerie Hoberg, Sarah Wehmeyer, Kristina Gergert and Julius Krüger for a variety of editorial work, image copyright enquiries and other logistical tasks. Not least, thanks goes to both the Faculty for Architecture and Landscape and Leibniz University Hannover for enabling this publication.

VORWORT

ENTWERFEN GESTALTEN fokussiert eine Bandbreite von Medien kreativer architektonischer Entwurfsakte. In den Prozessen von der Analyse zum Entwurf bilden sie gestaltende Kontinuitäten. Instrumente, Denkformen und Vorgehensweisen sind dabei in vielen Fällen eng verflochten. Anhand konkreter aktueller Beispiele werden übergreifende Charakteristika wie auch die Spezifik einzelner Instrumente und Interaktionsweisen der Architekturkonzeption vorgestellt. Vielseitig facettiert loten die Beiträge die Potenziale von Handzeichnung, Sprache, geometriebasierter Darstellung, Modell, Diagramm, Mapping, Fotografie, Collage und Tableau in der erforschenden, kreativen Analyse ebenso wie in der Generierung, Entfaltung und Vermittlung von Entwurf und Wissen aus. Die Publikation bildet einen architekturtheoretischen Beitrag zur Entwurfspraxis und ermöglicht neue Perspektiven auf (nicht) alltägliche Medien des Architekturschaffens.

Den mitwirkenden Autorinnen und Autoren gilt an erster Stelle großer Dank für kenntnisreiche Beiträge und freundliche Kooperation. Für die verlässliche und gute Zusammenarbeit sei ebenfalls den Mitarbeitenden des Jovis Verlags gedankt und Lynne Kolar Thompson für die Übersetzungen ins Englische. Für großes Engagement im Layout und Satz danke ich Julian Benny Hung, für diverse Lektoratsarbeiten, Bildrechte-Anfragen sowie weitere logistische Tätigkeiten Valerie Hoberg, Sarah Wehmeyer, Kristina Gergert und Julius Krüger. Nicht zuletzt geht ein Dank an die Fakultät für Architektur und Landschaft und die Leibniz Universität Hannover für die Möglichkeit zu dieser Publikation.

'Tools [...] limit and enable thought along with action.'

„Instrumente [...] begrenzen und ermöglichen das Denken zusammen mit dem Handeln."

Mike Christenson

SHAPING DESIGN. Delineations

Margitta Buchert

In the following, some of the frameworks important for this book are presented very openly. The initial focus is on orientation, with brief outlines on the subjects of designing and shaping, as well as on architectural conception and media. In focusing on the interaction with tools in the architectural context, there is also an emphasis on questioning, researching and artistic-conceptual forms of thought and practice. The special choice of media in this respect is subsequently described, accentuating leading questions. The aim is to show the range of what is available by highlighting what is singular in a way that reveals an exemplary model and provides new impulses. Finally, some generally gained insights and their relation to creative processes are outlined. Creative practices enrich experiences, strengthen expertise and design capacities and can demonstrate a variety of worlds and possibilities associated with architectural conception.

ENTWERFEN GESTALTEN. Skizzierungen

Margitta Buchert

Mit großer Offenheit werden nachfolgend einige der für dieses Buch wichtigen Rahmungen vorgestellt. Dabei tritt zunächst die Ausrichtung in den Mittelpunkt: Es erfolgen kurze Skizzen zu den Themen Entwerfen und Gestalten sowie zu Architekturkonzeption und Medien. In der Fokussierung der Interaktion mit Instrumenten im architektonischen Entwurfskontext werden dabei verstärkt auch befragende, erforschende und künstlerisch-konzeptuelle Denk- und Handlungsformen hervorgehoben. Die hier im Besonderen getroffene Auswahl an Medien und die Akzentuierung der leitenden Fragen werden danach beschrieben. Ziel ist es, Vorhandenes mit dem Aufzeigen des Singulären in seiner Bandbreite exemplarisch und impulsgebend sichtbar zu machen. Abschließend werden einige übergreifend gewonnene Erkenntnisse sowie deren Relationen zu schöpferischen Prozessen umrisshaft dargeboten. Kreative Praktiken bereichern damit Erfahrungen, stärken Expertisen und Gestaltungskapazitäten und können eine Vielfalt von Welten und Möglichkeitsräumen veranschaulichen, die mit der Architekturkonzeption verbunden sind.

DESIGNING   The central relevance of designing for architecture is undisputed. Design anticipates fundamental constructional and spatial quality effects in the individual and collective human living environment.[1] Design processes are characterised by a flexible approach and, especially in the initial phase, have erratic aspects, with an iterative nature also over their further course.[2] On the basis of numerous empirical studies, it can be stated for the trajectories of the design process that analysis, synthesis and evaluation are to be found in all phases.[3] It is therefore scarcely surprising that there are few general rules of practice or for the instruments, techniques and scales used. With sketches, diagrams and sections, in perspectival and other graphic media, as well as with architecture models and linguistic articulation, designs are prepared, developed and presented. In addition, there is a wide array of constellations of cooperation and influence.[4] Many aspects affect each other. Following a selection of themes by the architects and the interaction of tools, materials and human agents, the various components come together through successive processes – including leaps forwards and backwards – into a compositional whole.

ENTWERFEN   Die zentrale Relevanz des Entwerfens für die Architektur ist unbe-
stritten. Der Entwurf antizipiert grundlegende bauliche und räumliche Wirkungsquali-
täten im individuellen und kollektiven Lebensumfeld des Menschen.[1] Entwurfsprozesse
sind durch flexibles Vorgehen charakterisiert, haben besonders in der Anfangsphase
sprunghafte Anteile und werden auch im weiteren Verlauf iterativ geprägt.[2] Aufgrund
zahlreicher empirischer Untersuchungen kann für die Trajekte des Entwurfsprozesses
konstatiert werden, dass Analyse, Synthese und Evaluation in allen Phasen zu finden
sind.[3] Es verwundert daher nicht, dass es kaum allgemeine Regeln für Handlungsweisen
oder für verwendete Arbeitsmittel, Techniken und Maßstäbe gibt. Mit Skizzen, Diagrammen, Rissen und Schnitten, in perspektivischen und anderen grafischen Medien sowie
mit Architekturmodellen und sprachlicher Artikulation werden Entwürfe vorbereitet,
entwickelt und präsentiert. Zudem bestehen jeweils verschiedenste Konstellationen der
Zusammenarbeit und Beeinflussung.[4] Viele Aspekte agieren wechselwirksam zusammen.
Infolge einer von den Architekturschaffenden getroffenen Auswahl von Themen und
der Interaktion von Werkzeugen, Materialien und menschlichen Akteuren verbinden
sich die verschiedenen Komponenten durch sukzessive Verdichtung, auch mit Vor- und
Rücksprüngen verbunden, zu einem Ganzen in der Komposition.   17

SHAPING   The term 'composition' refers to putting together, linking and creating, as well as an orientation towards the properties and relations of objects and spaces. In addition, 'shaping design' emphasizes the process. If designing is understood as active forming, developing, modifying and characterising, then awareness of the possibilities of creative design acts in the design process – from vague ideas and notions, through various manifestations, to specification and elaboration – can play a role. In the exciting dynamic development, in which the simultaneity of various impulses unfold, they have the effect of guiding the course of the process in certain directions. Corporeality, materiality, experience, competences and thought worlds are complexly intertwined. Quality design is directly connected to the perception and experience of environments.[5] It can also be understood as an interplay between sensuality and sense.[6] For this reason, Louis Kahn referred to design as the better half of architecture.[7] Etymologically rooted in the Greek 'aisthetikos', aesthetics – sensual perception – is associated with immediacy and also with qualities of creative expression and values. Creating in design therefore has not only a bearing on the process but also particular significance for the qualities of spaces and places. Active design acts not least found that the design process does not always follow the same patterns. Structuring and not intended aspects are interwoven over the course of the design through creative design competence, bringing forth ideas and concepts with language, visual media and models.

GESTALTEN   Die Bezeichnung ‚Komposition' verweist auf das Zusammenfügen, das Verketten und das Erschaffen sowie eine Orientierung auf Eigenschaften und Relationen von Objekten und Räumen. ‚Entwerfen gestalten' betont darüber hinaus den Prozess. Wird Gestalten verstanden als aktives Formen, Entwickeln, Modifizieren und Prägen, dann können Sensibilisierungen für die Möglichkeiten von Gestaltungsakten im Entwurfsprozess – von den vagen Ideen und Vorstellungen über verschiedene Manifestationen bis hin zu Präzisierung und Ausarbeitung – eine Rolle spielen. In der spannungsreichen, dynamischen Entwicklung bewirken sie, den Verlauf des Prozesses, in dem sich die Gleichzeitigkeit verschiedener Impulse entfaltet, in bestimmte Richtungen zu lenken. Dabei sind Körperlichkeit, Materialität, Erfahrungen, Kompetenzen und Gedankenwelten komplex miteinander verwoben. Gestaltung ist unmittelbar verknüpft mit der Wahrnehmung und dem Erleben von Umwelten.[5] Sie kann auch als Wechselspiel zwischen Sinnlichkeit und Vernunft verstanden werden.[6] Aus diesem Grund bezeichnete Louis Kahn Gestaltung als die bessere Hälfte der Architektur.[7] Etymologisch verankert im griechischen ‚aisthetikos' wird Ästhetik – sinnliche Wahrnehmung – mit Unmittelbarkeit verbunden und zudem mit gestalterischen Ausdrucksqualitäten und Wertsetzungen. Dadurch hat Gestalten im Entwerfen nicht nur in Bezug auf den Prozess, sondern auch hinsichtlich der Qualitäten von Räumen und Orten besondere Bedeutung. In aktiven Gestaltungsakten begründet sich nicht zuletzt, dass der Entwurfsprozess nicht stets denselben Mustern folgt. Strukturierung und nicht intendierte Anteile verschränken sich im Entwurfsverlauf durch Gestaltungskompetenz und bringen Ideen und Konzepte mit Sprache, visuellen Mitteln und Modellen hervor.

ARCHITECTURAL CONCEPTION   The notion of architectural conception becomes a further point of focus. Architectural conception comprises genesis of design composed of interactive, performative acts, as well as its result, which in the process of further specifications and reviews becomes the communication and working tool for the precision and realisation of architecture. The analytical and creative procedure aims to present the future structural-spatial relations and their meaning in a way that is as informative and convincing as possible. The architectural concept is the central context in which things come together that were perceived, collected, analysed and mobilised, constituting the capacity of the design through the interplay of methodical tools and creativity.[8] It is founded on the basic conception of the designers, as an orientation and stance across different projects, which can also be referred to as a work concept and furthermore contains more general condition contexts such as collective attitudes, habits and values.[9]

The basic conception develops in lengthy processes from the knowledge bases of the discipline, as well as from biographical, social and cultural factors.[10] Examples of this are travelling, addressing, analysing and communicating aesthetic and social questions, developing archives, trying out mimeses or concept transfers in different variants, or curating exhibitions and writing books. It forms a relative constant that is interlinked with the project conception with the respective current situational circumstances. The themes and the means and media used are accorded particular importance in this. Depending on the focus of the task, the design phase and the basic concept of the designers, the set of media that appear alongside each other in different intensities in processes of development and further development of the design shows how the architectural project is handled between vision and visibility.[11] In the design context, artistic-conceptual practices can also be integrated that question one's own work, ways of thinking and common working practices of the discipline, as well as cultural developments, thereby opening up unusual and new routes of thought and action.

ARCHITEKTURKONZEPTION   Mit dem Begriff Architekturkonzeption wird eine
weitere Akzentuierung vorgenommen. Architekturkonzeption umfasst die in interaktiven,
performativen Aktionen gestaltete Genese des Entwurfs wie auch deren Ergebnis, das dann
in der Durcharbeitung und in Präzisierungen zum Kommunikationsinstrument und Arbeitsmittel für die Realisierung der Architektur wird. Das analytische und schöpferische Vorgehen
zielt dabei auf eine möglichst informative und überzeugende Vorstellung der zukünftigen
baulich-räumlichen Relationen und ihrer Bedeutung. Die Architekturkonzeption ist der
zentrale Kontext, in dem die Dinge miteinander verknüpft werden, die wahrgenommen,
gesammelt, analysiert, mobilisiert wurden, und in Wechselwirkung von methodischen
Werkzeugen und Kreativität die Kapazität des Entwurfs ausbilden.[8] Sie wird fundiert durch
die Grundkonzeption der Entwerfenden als projektübergreifende Ausrichtung und Position,
die auch als Werkkonzept bezeichnet werden kann, und zudem allgemeinere Bedingungs-
kontexte wie kollektive Haltungen, Gepflogenheiten und Wertsetzungen enthält.[9]

Die Grundkonzeption entwickelt sich in langen Prozessen aus Wissensgrundlagen der Disziplin sowie aus biografischen, sozialen und kulturellen Faktoren.[10] Beispiele dafür sind zu
reisen, ästhetische und soziale Fragen zu thematisieren, analysieren und kommunizieren,
Archive zu entwickeln, Mimesen oder Konzepttransfers in unterschiedlichen Varianten zu
erproben oder Ausstellungen zu kuratieren und Bücher zu schreiben. Sie bildet eine relative
Konstante, die in der Projektkonzeption mit den jeweils aktuellen situativen Gegebenheiten
wechselwirksam verknüpft wird. Den Themen sowie den eingesetzten Mitteln und Medien
kommt dabei besondere Bedeutung zu. Das Konvolut von Medien, die in den Prozessen
der Entwicklung und Weiterentwicklung des Entwurfs nebeneinander mit unterschiedlicher
Intensität auftreten – je nach dem Schwerpunkt der Aufgabe, der Entwurfsphase und der
Grundkonzeption der Entwerfenden – veranschaulicht, wie das architektonische Projekt
zwischen Vision und Sichtbarkeit verhandelt wird.[11] Im Entwurfskontext können zudem
künstlerisch-konzeptuelle Praktiken integriert sein, die das eigene Schaffen, aber auch
Denkformen und geläufige Arbeitsweisen der Disziplin sowie kulturelle Entwicklungen
befragen und damit ungewöhnliche und neue Routen des Denkens und Handelns erschließen.

MEDIA   In the design trajectories of architecture, urban design and landscape architecture, the projects are influenced by the milieus, media and materials in and with which designs are generated and the ways in which these affect the concept respectively. In contemporary terminology on media, there are many levels of understanding of which only a few are mentioned here that take effect in design processes and are often linked in various ways. From a phenomenological perspective, media are primarily understood as perception media and production media and from a hermeneutical perspective primarily as communication media; from a semiotic perspective, the potential for representation is emphasised additionally, and approaches in social and cultural philosophy are especially interested in aspects of action and production.[12]

Aspects relating to aesthetics, materials and practice that are in connection with the specifics of tools, instruments and media of architectural conception have been thematised increasingly in architecture since the beginning of the 21st century. It is scarcely surprising that with the goal of gaining transferable insights, especially superordinate aspects or historical developments are described, as well as technical features, and often various very widespread representation forms have been the focus.[13] The increasing number of publications spring not least from the background of the seemingly ubiquitous presence of digital tools and processes in design contexts, in which there is also greater interest owing to the associated and assumed current changes in design activity.[14]

However: is the digital the primary category through which the central questions of the discipline are answered? It can be presumed that it is less about the analogue or digital character of a medium and more about the ways these are used to analyse, interpret, order and create. In any case, not least these developments also stimulate the theoretical consideration of the milieus of practices and media as constitutive components in the design process.[15] Interweaving of conception and tools have also been thematised from different perspectives, for example as a dialogical element in multidisciplinary decision-making process over the course of the design or as a projection that links not only technical procedures and theoretical constructions but also interdisciplinary developments and discourses.[16] If the trajectories of architectural conception are understood as actively shaped, then media appear not as passive instruments or tools that depict, transfer and convey something neutrally. Their performative activity in the sense of an 'in-between', as well as their generative and presentative potential, become the focal point.[17]

MEDIEN   In den Trajekten des Entwerfens von Architektur, Städtebau und Landschafts-
architektur sind die Projekte beeinflusst durch die Milieus, Medien und Materialien, in und
mit denen Entwürfe generiert werden, und die Weise wie diese jeweils auf die Konzeption
einwirken. Im zeitgenössischen Begriffsfeld von Medien findet sich eine Vielzahl von
Verständnisebenen, von denen hier nur einige genannt werden, die in Entwurfsprozessen
wirksam werden und oftmals in unterschiedlicher Form miteinander verbunden sind.
Aus phänomenologischer Perspektive werden Medien primär als Wahrnehmungsmedien
und als Produktionsmedien verstanden, in hermeneutischer Sichtweise vorrangig als
Verständigungsmedien; aus einem semiotischen Blickwinkel werden zudem die Darstel-
lungspotenziale hervorgehoben und im sozial- und kulturphilosophischen Interesse liegen
insbesondere Handlungs- und Produktionsaspekte.[12]

Ästhetische, material- und handlungsbezogene Aspekte, die mit der Spezifik von Instrumenten, Werkzeugen und Medien der Architekturkonzeption verbunden sind, wurden seit
Beginn des 21. Jahrhunderts in der Architektur zunehmend thematisiert. Es verwundert
nicht, dass dabei mit dem Ziel des Gewinns transferfähiger Erkenntnisse vor allem übergreifende Aspekte oder historische Entwicklungen beschrieben wurden sowie technische
Eigenschaften und oft verschiedene, sehr verbreitete Repräsentationsformen im Fokus
standen.[13] Die vermehrten Publikationen entspringen nicht zuletzt dem Hintergrund
scheinbar ubiquitärer Präsenz von digitalen Werkzeugen und Verfahren in Entwurfszusammenhängen, denen aufgrund der damit verbundenen und vermuteten Veränderungen
der entwerferischen Tätigkeit gegenwärtig zudem verstärktes Interesse gilt.[14]

Doch: Ist das Digitale die primäre Kategorie, durch welche die zentralen Fragen der Disziplin
beantwortet werden? Es kann davon ausgegangen werden, dass es weniger auf den analogen
oder digitalen Charakter eines Mediums ankommt, als vielmehr auf die Weisen, wie mit
diesen analysiert, interpretiert, geordnet und gestaltet wird. In jedem Falle stimulieren nicht
zuletzt diese Entwicklungen auch die theoretische Zuwendung zu den Milieus der Praktiken
und Medien als konstitutive Komponenten im Entwurfsverlauf.[15] Verschränkungen von Konzeption und Instrumenten wurden ebenfalls aus unterschiedlichen Perspektiven thematisiert,
so beispielsweise als dialogisches Element in multidisziplinären Entscheidungsprozessen im
Entwurfsverlauf oder als Projektion, die nicht nur technische Vorgänge und gedankliche
Konstruktionen verbindet, sondern diese auch mit interdisziplinären Entwicklungen und
Diskursen.[16] Werden die Trajekte der Architekturkonzeption als aktiv gestaltete verstanden,
dann erscheinen Medien nicht als passive Instrumente oder Werkzeuge, die etwas neutral
abbilden, übertragen oder vermitteln. Ihre performative Aktivität im Sinne eines ‚Dazwischen' sowie ihre generativen und präsentativen Potenziale treten in den Vordergrund.[17]

'I never really got to architecture by simply taking convenient things; it was through the unfamiliar that I learned and realized what architecture really was.'

„Niemals gelangte ich durch das Konventionelle zur Architektur, sondern es war das Ungewöhnliche, wodurch ich lernte und erkannte, was Architektur in Wirklichkeit ist."

Louis Kahn

CONTENTS   This is the primary focus of attention in the contributions to this book. On the search for possibilities to point out new perspectives on these possibilities, the interplay and the mutual influence of designers and the open catalogue of media with their diversity and potential, they are presented in particular based on concrete contemporary examples of creative searching in the context of design processes. The focus is on both the basic conception of the designers and the processes of project conception, sounding out in what way and intensity the interactions show researching, constructing, presenting, representing and also propagating properties. There is no search, or only very restricted, for coherent, causal or completely describable patterns. It is more about showing exemplarily what generative impulses and types of action can be associated with media in the orientation and principles of architects and in what way the specific project concepts are entangled with media means in dynamic design actions. Attention is also directed towards exploring how expertise is founded and developed and how it affects the creative-conceptual approaches, even if these mutual effects become rationally graspable only in parts.

INHALTE   Diesen vor allem gilt die Aufmerksamkeit in den Beiträgen des vorliegenden Buches. Auf der Suche nach Möglichkeiten, das Zusammenspiel und die Wechselwirkungen von Entwerfenden und dem offenen Katalog an Medien in ihrer Vielfalt und ihren Potenzialen mit neuen Perspektiven aufzuzeigen, werden sie ausgehend von konkreten zeitgenössischen Beispielen kreativer Suche im Kontext von Entwurfsprozessen veranschaulicht. Dabei treten sowohl die Grundkonzeption der Entwerfenden als auch die Prozesse der Projektkonzeption in den Fokus. Es wird ausgelotet, in welcher Weise und Intensität die Interaktionen erforschende, konstruierende, präsentierende, repräsentierende und auch propagierende Eigenschaften zeigen. Es wird nicht oder nur sehr eingeschränkt nach einheitlichen, kausalen oder vollständig beschreibbaren Mustern gesucht. Vielmehr geht es darum, exemplarisch zu verdeutlichen, welche generativen Impulse und Handlungsweisen in der Ausrichtung und Grundlagenbildung von Architekturschaffenden mit Medien verbunden sein können und wie die spezifischen Projektkonzeptionen im dynamischen Entwurfshandeln mit medialen Mitteln verschränkt sind. Die Aufmerksamkeit richtet sich auch darauf zu erkunden, wie damit Expertisen fundiert und entwickelt werden und wie diese im kreativ-konzeptuellen Vorgehen wirken, wenngleich diese Wechselwirkungen letztlich rational nur in Teilen präzise fassbar werden.

The approaches are from a design and architecture theory perspective. The arrangement of the contributions was based on what is more familiar, namely from hand drawings, plans, sections, axonometries and language, to models and media with which there is more partial interaction, such as mapping and diagrams, as well as on exceptional approaches to architecture conception with photography, collage and tableau. There is a series of other media, as well as intersecting themes, which could not be considered here out of a need to reduce complexity. The presentations remain anchored in the fact that the individual media manifestations are always part of sequential processes and interact in practice. Furthermore, the designs are often enriched through the cooperation and exchanges within a team.[18] They show, however, how the specific possibilities of a medium are linked to mutual effect with the intentions and strategies of the designers. This allows specific different facets to be illuminated in turn. The diversity of the examples shows the multilayered nature and complexity, the enormous potential that can be harboured by the interaction with each individual tool. Contemporary hybrids of various analogue media and digital procedures have also been integrated, even if analogue approaches are still conceived as the primary starting points.[19] The conscious active reflection on difference and variety opens up an overview and encourages a critical orientation, as well as flexible, adaptable and projective ways of thinking. Shaping design is thereby understood as an independent and fundamental task and as individual and collective added value, which takes effect beyond the individual conception in the planned and built environment.

Die Annäherungen erfolgen aus entwurfs- und architekturtheoretischer Perspektive. Die Anordnung der Beiträge erfolgte vom Bekannteren ausgehend, den Handzeichnungen sowie Rissen, Schnitten, Axonometrien und der Sprache, über Modelle und Medien, mit denen nur teilweise interagiert wird wie Mapping und Diagramm bis hin zu weniger vertrauten Blicken auf Annäherungen an die Architekturkonzeption mit Fotografie, Collage und Tableau. Es gibt eine Reihe anderer Medien und ebenso Querschnittsthemen, die hier aus Gründen der Komplexitätsreduktion keine Berücksichtigung finden konnten. Die Ausführungen bleiben verankert in der Tatsache, dass die einzelnen medialen Manifestationen stets Teil sequenzieller Prozesse sind und in der Praxis zusammenspielen und die Entwürfe oft durch die Zusammenarbeit und den Austausch im Team bereichert werden.[18] Sie zeigen aber auf, wie sich die spezifischen Möglichkeiten eines Mediums mit den Intentionen und Strategien der Entwerfenden wechselwirksam verbinden. So können bei jeder Betrachtung jeweils spezifische Gesichtspunkte aufscheinen. Die Verschiedenartigkeit der Beispiele zeigt dabei die Vielschichtigkeit und Komplexität, das enorme Potenzial, das in der Interaktion mit jedem einzelnen Instrument entfaltet werden kann. Zeitgenössische Hybridisierungen verschiedener analoger Medien mit digitalen Verfahren wurden ebenfalls integriert, wenngleich nach wie vor primär von analogen Herangehensweisen als Initial ausgegangen wird.[19] Die bewusste aktive Reflexion von Differenz und Vielfalt eröffnet Übersicht und fördert kritische Orientierung sowie flexible, anpassungsfähige und projektive Denkweisen. Gestaltung wird dabei als eigenständige und grundlegende Aufgabe und als individueller und kollektiver Mehrwert verstanden, der über die einzelne Konzeption hinaus in der geplanten und gebauten Umwelt Wirksamkeit entfaltet.

PERSPECTIVES   Media acts as a reference, catalyst and messenger in creative design processes and has transformative powers.[20] In designing as a productive act, intentions and interactions are interwoven with the instruments into a kind of design energy, in response to the respective task. The individual media show different specifics. Hand drawing, for example, acts particularly as a prescript, in order to outline primary ideas, as well as a quick means of brief evaluation and orientation. Alternatively, there are geometry-based sketches, sections and axonometry, as well as tableaus, which are more ordered and systemized conglomerates of various analysis levels on the way to design suggestions. Some of the media have gained significant meaning due to longstanding use and feature a wealth of collective traditions in the design disciplines orientated towards architecture, city and space. However, individual design acts and collective interactions in design processes show repeatedly how other forms of manifestation and architectural conception are thereby created. Codes and continuities can be both formed and reformed and thus also notions of architecture, the constructional-spatial environment and reality.

What the presented media have in common is their fragmentary, temporary character in the sequences that lead from creative analysis to the resulting final architecture concept. In the best case, designs present themselves as a coherent, integrative phenomenon, with a mesh of multiple relations of the various intentions, thematic factors and representations.[21] Furthermore, the properties and effects of the various tools generally feature similar potential as regards their analysing, generating, creating, projective and imaginative possibilities, which are then expressed with specific nuances in the performative acts. In the open process, questioning and artistic-conceptual stances can also come into it, as an incentive to generate new concepts for understandings of reality and habitats in the human living environment. Although, no doubt, some of the examples presented here will not find their way into general practice even in future, these design processes and selected design manifestations can still be of great value, as they exemplarily show a multifaceted spectrum of relevant aspects of focused attention and thereby impart enriching impulses. It signifies transdisciplinary and multilayered thinking without prejudice that challenges the imagination, as well as enables transferable structured knowledge to find independent solutions, whether it is in the intuitive potential of scientific thinking or in the creative process of design.

PERSPEKTIVEN   Medien wirken als Referenz, Katalysator und Bote in den kreativen entwerferischen Prozessen, und sie haben transformative Kräfte.[20] Im Entwerfen
als herstellendem Handeln werden zur Beantwortung der jeweiligen Aufgabe Intentionen und Interaktionen mit den Instrumenten zu einer Art Entwurfsenergie verschränkt.
Dabei zeigen die einzelnen Medien unterschiedliche Spezifika. So wirkt beispielsweise
die Handzeichnung insbesondere als Prä-Skript, zum Skizzieren primärer Ideen sowie
als schnelles Mittel zur Kurzevaluation und Orientierung, oder bilden geometriebasierte
Risse, Schnitte und Axonometrien sowie Tableaus eher geordnete, systematisierte Kon-
glomerate verschiedener Analyseebenen auf dem Weg zu entwerferischen Vorschlägen.
Einige der Medien haben durch langjährigen Gebrauch Bedeutungsdichte erlangt und
sind mit einem Reichtum kollektiver Traditionen der auf Architektur, Stadt und Raum
orientierten Entwurfsdisziplinen ausgestattet. Doch zeigen individuelle entwerferische
Akte und die kollektiven Interaktionen in Entwurfsprozessen immer wieder, wie dadurch
auch andere Formen der Manifestation und Architekturkonzeption entstehen, wie Codes
und Kontinuitäten zugleich geformt und umgeformt werden können und damit auch die
Vorstellungen von Architektur, baulich-räumlicher Umwelt und Wirklichkeit.

Das Gemeinsame der vorgestellten Medien ist ihr fragmentarischer, temporärer Charakter
in den Sequenzen, die von der kreativen Analyse zur resultierenden finalen Architekturkonzeption führen und, meist implizit, auch nicht aktuale Komponenten einbeziehen. Im besten
Fall zeigen sich Entwürfe in der Vernetzung multipler Relationen der diversen Intentionen,
thematischen Faktoren und Repräsentationen als ganzheitliches, integratives Phänomen.[21]
Darüber hinaus sind Eigenschaften und Wirkungsbereiche der verschiedenen Instrumente
generell mit ähnlichen Potenzialen ausgestattet im Hinblick auf ihre analysierenden, gene-
rierenden, schöpferischen, projektiven und imaginativen Möglichkeiten, die dann in den performativen Akten auf jeweils spezifische Weise nuanciert Ausdruck erhalten. In den offenen
Prozess können zudem befragende und künstlerisch-konzeptuelle Positionen hineinspielen
als Anlass zur Erzeugung neuer Konzepte für Wirklichkeitsverständnisse und Habitate im
Lebensumfeld des Menschen. Obwohl sicher einige der hier vorgestellten Exempel auch
in Zukunft nicht den Weg in die allgemeine Praxis finden, können diese Entwurfsgestal-
tungen und ausgewählten Entwurfsmanifestationen dennoch von großem Wert sein, da
sie ein facettenreiches Spektrum von relevanten Aspekten der Aufmerksamkeitszuwendung
exemplarisch ausbreiten und damit bereichernde Impulse vermitteln. Vorurteilsfreies, die
Fantasie herausforderndes, transdisziplinäres und vielschichtiges Denken sowie transfer-
fähiges Strukturwissen ermöglichen, eigenständige Lösungen zu finden, sei es im intuitiven
Potenzial wissenschaftlichen Denkens oder im kreativen Prozess des Entwurfs.

1 Vgl. hierzu und zum Folgenden | Cf. on this subject and to the following Margitta Buchert, Einfach Entwerfen. Fünf Beschrei-bungen, in: id. (ed.), Einfach Entwerfen. Wege der Architekturgestaltung, Simply design. Five descriptions, in: id. (ed.), Simply design. Ways of shaping architecture, Berlin: Jovis 2013, 12-35, 17-19 **2** Vgl. hierzu | Cf. on this subject Donald Schön, The reflective practitioner. How professionals think in action, Aldershot: Ashgate 2003, 78-81; Margitta Buchert, Entwerfen und Forschen, in: Helga Bocksdorf/Uta Frank/Marius Mensing/Anca Timofticiuc (eds.), EKLAT. Entwerfen, Konstruieren, Lehre, Anwendung und Theorie, Berlin: Universitätsverlag 2011, 76-85, 81-83 **3** Vgl. | Cf. Bryan Lawson, How designers think. The design process demystified, 4. ed., Oxford: Architectural Press 2006, 45; Jürg Conzett, Synthetisches Denken. Eine Strategie zur Gestaltung, in: Andreas Tönnesmann (ed.), Grenzüberschreitungen im Entwurf, Zürich: GTA 2007, 45-69, 48 **4** Vgl. hierzu | Cf. on this subject Roger Häußling, Zur Rolle von Entwürfen, Zeichnungen und Modellen im Konstruktionsprozess von Ingenieu-ren. Eine theoretische Skizze, in: Hannah Groninger/id./Claudia Mareis/Thomas H. Schmitz (eds.), Manifestationen im Entwurf. Design, Architektur, Ingenieurwesen, Bielefeld: Transcript: 2016, 27-63 **5** Vgl. | Cf. Jörg Kurt Grütter, Ästhetik der Architektur. Grundlagen der Architektur-Wahrnehmung, Wiesbaden: Springer Vieweg 2015, 6-36 **6** Vgl. | Cf. Ralf Weber, On the aesthetics of architecture. A psychological approachto the structure and the order of perceived architectural space, Aldershot, Hampshire et al.: Sybex 1995; IX **7** Vgl. | Cf. Louis Kahn, Rede zum Abschluss des Otterlo-Kongresses, in: Oscar Newman (ed.), CIAM '59: Arbeitsgruppe für die Gestaltung soziologischer und visueller Zusammenhänge, Stuttgart: Karl Krämer 1961, 203-214, 204 **8** Vgl. hierzu | Cf. on this subject Carolin Stapenhorst, Concept. A dialogic instrument in architectural design, Berlin: Jovis 2016, 87-106 und | and passim **9** Vgl. | Cf. Margitta Buchert, Praktiken der kreativen Mischung, in: id. (ed.), Praktiken reflexiven Entwerfens, Berlin: Jovis 2016, 17-31, 23-24 **10** Vgl. hierzu | Cf. on this subject Bryan Lawson, What designers know, New York: Taylor & Francis 2004, 112-113 **11** Vgl. | Cf. Stan Allen, Practice. Architecture, technique and representation, 2. ed., Abingdon: Routledge 2009, 12; Andrea Simitch/Val Warke, Le langage de l´architecture, Paris: Éditions Dunod 2015, 19, 23 **12** Zu Verständnisebenen des Medienbegriffs vgl. | On the levels of understanding of the term media cf. Gerhard Schweppen-häuser, Einleitung, in: id. (ed.), Handbuch der Medienphilosophie, Darmstadt: Wissenschaftliche Buchgesellschaft 2018, 9-18, 16 **13** Vgl. z.B. | Cf. e.g. Wolfgang Sonne (ed.), Die Medien der Architektur, München: Deutscher Kunstverlag 2011, passim und besonders | and especially Wolfgang Sonne, Die Medien der Architektur, 7-14; Christian Gänshirt, Werkzeuge für Ideen. Ein-führung ins architektonische Entwerfen, 2. ed., Basel: Birkhäuser 2011; Bert Bielefeld (ed.), Basics Architekturdarstellung, Basel: Birkhäuser 2014; Hannah Groninger/Roger Häußling/Claudia Mareis/Thomas H. Schmitz (eds.) (2016), op. cit. (Anm. 4 | note 4);

32

Monika Melters, Die Quadratur des Raumes. Über die historische Dichotomie von Architektur und Bildmedien, in: id./Christoph Wagner (eds.), Die Quadratur des Raumes. Bildmedien der Architektur in Neuzeit und Moderne, Berlin: Gebr. Mann 2017, 12-23; Zeynep Çelik Alexander/John May (eds.), Design technics. Archaeologies of architectural practice, Minneapolis et al.: University of Minnesota Press 2020; sowie zu einzelnen Instrumenten z.B. | as well as to the specific instruments e.g. Eve Blau, Architecture and its image. Four centuries of architectural representation, Montreal: CCA 1989, passim; Karen Moon, Modeling messages. The architect and the model, New York, NY: Monacelli Press 2005, passim   **14** Vgl. z.B. | Cf. e.g. Paul Cureton, Strategies of landscape representation. Digital and analogue techniques, Abingdon: Routledge 2017; Sabine Ammon/Inge Hinterwaldner, Bildlichkeit im Zeitalter der Modellierung. Operative Artefakte in Entwurfsprozessen der Architektur und des Ingenieurswesens, Paderborn: Wilhelm Fink 2017; Christophe Barlieb/Lidia Gasperoni (eds.), Media Agency. Neue Ansätze zur Medialität in der Architektur, Bielefeld: Transcript 2020   **15** Vgl. | Cf. Marco Frascari, Models and drawings. The invisible nature of architecture, in: id./Jonathan Hale/Bradley Starkey (eds.), From models to drawings. Imagination and representation in architecture, London et al.: Routledege 2007, 1-9, 3-4, 8   **16** Vgl. z.B. | Cf. e.g. Robin Evans, The projective cast. Architecture and its three geometries, Cambridge, Mass.: MIT Press 1995; Elke Krasny (ed.), Architektur beginnt im Kopf. The making of architecture, Basel et al.: Birkhäuser 2008; Carolin Stapenhorst 2016 op. cit. (Anm. | note 8); Angelika Schnell, Einleitung, in: id./Waltraud Indrist/Eva Sommeregger (eds.), Entwerfen erforschen. Der 'performative turn' im Architekturstudium, Basel: Birkhäuser 2016, 8-20, 9-12   **17** Vgl. hierzu | Cf. on this subject Georg Christoph Tholen, Medien, in: Alexander Roesler/Bernd Stiegler (eds.), Grundbegriffe der Medientheorie, Paderborn: Wilhelm Fink 2005, 150-172, 151-157 und | and passim; Sybille Krämer, Erfüllen Medien eine Konstitutionsleistung? Thesen über die Rolle medientheoretischer Überlegungen beim Philosophieren, in: Stefan Münker/Alexander Roesler/Mike Sandbothe (eds.), Medienphilosophie. Beiträge zur Klärung eines Begriffs, Frankfurt am Main: Fischer 2003, 78-90, 85   **18** Vgl. hierzu auch | Cf. on this subject also Barbara Wittmann, Denk- und Werkzeuge. Ein Entwurf, in: id. (ed.), Werkzeuge des Entwerfens, Zürich: Diaphanes 2018, 7-35, 9   **19** Zu Hybridisierungen vgl. z.B. | On hybridisations cf. e.g. Lidia Gasperoni, Nicht alle Mittel sind auch Medien. Die Media Agency Theorie (2020), in: op. cit. (Anm. | note 14)   **20** Zum Verständnis von Medien als Boten vgl. | On readings of media as envoy cf. Sybille Krämer, Medium, Bote, Übertragung. Kleine Metaphysik der Medialität, Frankfurt am Main: Suhrkamp 2008, 18-23 und | and 348   **21** Vgl. | Cf. Stan Allen (2009), op. cit. (Anm. 11 | note 11), XII; Alina Payne, Architecture: Image, icon or 'Kunst der Zerstreuung', in: Andreas Beyer/Matteo Burioni/Johannes Grave (eds.), Das Auge der Architektur. Zur Frage der Bildlichkeit der Baukunst, Paderborn et al.: Fink 2011, 55-91, 60-61, 70-71

'With a line one unites the world, with a line one divides the world. Drawing is beautiful and outrageous at the same time.'

„Mit einer Linie verbindet man die Welt, mit einer Linie trennt man die Welt.

Zeichnen ist schön und ungeheuerlich zugleich."

Eduardo Chillida

HAND DRAWING

Valerie Hoberg

Drawing by hand, one of the oldest media in architecture, continues to be relevant in contemporary architecture practice – despite all the scepticism since CAD and highly developed image processing programmes have become a standard feature in offices.[1] There are many examples of architects who favour drawing by hand.[2] Especially as a sketch, as a spontaneous, fragmentary depiction and trying out of mental constructs, the medium is unrivalled. There is always an emphasis on the link between locomotory gestures and procedures taking place in the brain, as a kind of physical seeking and finding.[3] While drawings represent independent works in art and as design sketches for work in other media, for architects they are usually a tool that fulfils a purpose, internally for design work or for external communication.[4] They have a depicting and materialising, as well as generating, effect for the architectural design, as a means of defining knowledge.

DRAWN DIDACTICS   The term 'disegno' from renaissance art theory can be similarly characterised: drawing is viewed not only as a depicting but also as a cognitive process. In conscious, descriptive drawing, the sensory reception of the actors, intensified by the slowing down that emerges on closer inspection, becomes a creative process that explores and interprets latent possibilities in what is perceived.[5] Drawings are therefore potential bodies of knowledge, for example of construction techniques, building methods or customs that result in typologies, changes over time and interplays between buildings and their surroundings, or human movement within the space and the resulting perceptions.[6] They put information of various characterisations into an – in some cases – universally understandable visual form. Like language systems, they enable communication through translations.

HANDZEICHNUNG

Valerie Hoberg

Die Handzeichnung, eines der ältesten Medien der Architektur, ist in der zeitgenössischen Architekturpraxis kontinuierlich relevant – trotz aller Skepsis seit CAD- und hochentwickelte Bildverarbeitungsprogramme Alltag in den Büros sind.[1] Beispiele von Hand zeichnender Architekturschaffender existieren zuhauf.[2] Vor allem als Skizze, als spontanes, fragmentarisches Abbilden mentaler Konstrukte und ihrer Prüfung ist das Medium konkurrenzlos. Betont wird dabei in der Literatur stets die Verbindung motorischer Gesten zu Vorgängen, die im Gehirn ablaufen, als eine Art physisches Suchen und Auffinden.[3] Während Zeichnungen in der Kunst eigenständige Werke bilden, selbst als Entwurfsskizzen für Arbeiten in anderen Medien, sind sie für Architekten und Architektinnen zumeist ein zweckerfüllendes Instrument, intern für die entwerferische Arbeit oder zur externen Kommunikation.[4] Sie wirken sowohl abbildend und materialisierend als auch generierend für den Architekturentwurf und wissensausprägend.

GEZEICHNETE DIDAKTIK   Der Begriff ‚Disegno' der Renaissance-Kunsttheorie formuliert dazu eine ähnliche Charakterisierung: Zeichnen wird nicht ausschließlich als abbildender, sondern als kognitiver Prozess betrachtet. Auch beim bewussten, deskriptiven Zeichnen wird die sinnliche Rezeption der Agierenden, intensiviert durch die bei genauer Betrachtung entstehende Verlangsamung, zu einem kreativen Prozess, der latente Möglichkeiten im Wahrgenommenen erkundet und interpretiert.[5] Zeichnungen sind also potenzielle Wissensverkörperungen, zum Beispiel von Konstruktionstechniken, Bauweisen oder Gewohnheiten, die in Typologien resultieren, von zeitlichen Veränderungen und Wechselwirkungen zwischen Gebäuden und Umgebung oder von menschlicher Bewegung

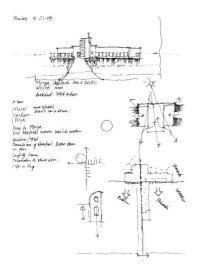

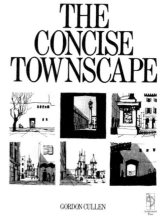

1 | Ching Florya Atatürk Marine Mansion
    Analytical sketches 2008

2-3 | Gordon Cullen The Concise Townscape 1971

The handbooks of the architect Francis D.K. Ching contain such records of knowledge
along academic lines: since 1974 Ching has been publishing collections of hand drawings on topics such as architecture history, construction or design that were originally
created as part of his teaching events.[7] Different types of representation, from abstract
diagrams to detailed perspectives, illustrate the contents and increase their compre-
hensibility through the combination with linguistic explanations (fig. 1).

CONTEXTUALISATIONS   Also explanatory, but from a seemingly subjective perspective, the architect and city planner Gordon Cullen (1914-1994) used hand drawings
alongside black and white photographs in 'The Concise Townscape' (1961). Cullen, one of the
co-founders of the British townscape movement of the same name, examines city landscapes
and their design as the art of relationships.[8] Based on a critical stance towards large-scale
overall city planning, he conveys an interest in everyday cityscapes as a diverse whole, whereby
the individual always only gains meaning and effectiveness in relation to the context.[9]
The human perception of these images is in the foreground: the partly washed line drawings
are a collection of perspectival views that focus on spatial situations and everyday details.
They do not give design instructions but explain perception processes and principles in
drawings, which in turn can result in design aspects (fig. 2-3).[10] Cullen uses hand drawing
to examine the interplay of and integration into cultural and architectural contexts.[11]

Applied to landscape surroundings, one can find this documenting practice in the work
of the Italian architect Alberto Ponis, who has realised over 300 houses in the northeast
of Sardinia since the mid-1960s and has intensively studied the local topography and
building tradition. In his drawings, the craggy coast is drawn rich in detail and true to
nature, while the architecture as an open space amidst nature allows conjectures about
its exact formation to remain open. For the building site Ponis also only produces successive drawing representations, so that the realisation of the house occurs dialogically

im Raum und den daraus resultierenden Wahrnehmungen.[6] Sie bringen Informationen unterschiedlicher Charakterisierungen in eine stellenweise universell verständliche visuelle Form. Wie Sprachsysteme ermöglichen sie durch Übersetzungen Kommunikation. Die Handbücher des Architekten Francis D. K. Ching beinhalten solch ein gezeichnetes Wissen im akademischen Sinn: Zu Themen wie Architekturgeschichte, Konstruktion oder Entwurf veröffentlicht Ching seit 1974 Zusammenstellungen von Handzeichnungen, welche ursprünglich im Rahmen seiner Lehrveranstaltungen entstanden.[7] Darstellungen unterschiedlicher Art, von abstrakten Diagrammen bis hin zu detaillierten Perspektiven, illustrieren die Inhalte und erhöhen durch die Kombination mit sprachlichen Erläuterungen deren Verständlichkeit (Abb. 1).

KONTEXTUALISIERUNGEN   Ebenfalls erklärend, allerdings aus subjektiv erscheinender Perspektive, nutzt der Architekt und Städtebauer Gordon Cullen (1914–1994) neben schwarz-weiß Fotografien in ‚The Concise Townscape' (1961) Handzeichnungen. Cullen, einer der Mitbegründer der gleichnamigen britischen Townscape-Bewegung, untersucht Stadtlandschaften und ihr Entwerfen als ‚Kunst der Beziehungen'.[8] Aus einer kritischen Haltung gegenüber großmaßstäblichen Gesamtstadtplanungen heraus vermittelt er mit einem Interesse für Alltägliches Stadtbilder als diverse Ganzheit, bei der das Einzelne immer nur in Relation zum Kontext Bedeutung und Wirksamkeit erlangt.[9] Die menschliche Wahrnehmung dieser Bilder steht im Vordergrund: Die teilweise lavierten Linienzeichnungen sind eine Sammlung perspektivischer Blicke, die räumliche Situationen ebenso wie alltägliche Details in den Fokus nehmen. Sie geben keine Gestaltungsanweisung, sondern erklären zeichnerisch Wahrnehmungsvorgänge und -prinzipien, welche wiederum Gestaltungsaspekte zur Folge haben können (Abb. 2-3).[10] Cullen setzt die Handzeichnung ein, um mit ihr das Zusammenwirken von und Einfügungen in kulturelle und gebaute Kontexte zu untersuchen.[11]

Auf landschaftliche Umgebungen angewandt findet sich diese dokumentierende Praxis ebenfalls im Werk des italienischen Architekten Alberto Ponis, der seit Mitte der 1960er Jahre über 300 Häuser im Nordosten Sardiniens realisiert und eine intensive Auseinandersetzung mit der lokalen Topografie und Bautradition führt. In seinen Zeichnungen wird die felsige Küste detailreich und naturgetreu gezeichnet, während die Architektur als Leerstelle inmitten der Natur Assoziationen über ihre genaue Formation offenlässt. Auch für die Baustelle produziert Ponis nur sukzessive ergänzende, zeichnerische Erläuterungen, sodass die Realisierung des Hauses dialogisch zwischen Architekt, Bauenden und dem Ort entsteht. Die daraus resultierenden Architekturen wirken dann auch wie organisch aus dem Felsgestein erwachsende Konstruktionen (Abb. 4). Mit diesem Vorgehen versucht Ponis genau der Qualität der Handzeichnung zu entgehen, welche sie für viele Architekturschaffende so bedeutsam macht: der Präzisierung und Festlegung von entwerferischen Entscheidungen zugunsten der Integration einer kontextsensiblen Prozessualität.[12]

4 | Alberto Ponis Yacht Club Path Sardinia Pencil, charcoal, ink on tracing paper 1965

between the architect, manufacturers and location. The resulting architectures then also look like constructions growing organically out of the rock (fig. 4). With this approach, Ponis seeks to avoid precisely that quality of hand drawing that makes it so significant for many architects: the specification and determination of design decisions in favour of the integration of a context-sensitive processuality.[12]

DRAWING AS BUILDING   The Spanish architect Enric Miralles (1955–2000) designed primarily by means of complex hand drawings and, like Ponis, used representations bordering on unreadability in order to maintain the upper hand when they were carried out.[13] The Spanish architects Ricardo Flores and Eva Prats of Flores i Prats met through Miralles and, influenced by his methodology, work with the conventions of hand drawing as well as models. They appreciate, contrary to the digital, the intuition and slowness associated with working to scale by hand.[14] Flores i Prats work additively, placing layers of transparent paper over each other, allowing them to question, make leaps, take steps forwards and backwards in the design. The dense plans contain as much information as possible, whereby every line harbours a meaning. The representation elements are not categorically ordered and orthogonally arranged but are alongside each other at oblique angles, cutting across each other and overlapping, bringing together various scales and perspectives. The compositions appear as excerpt templates for the projected spatial situations and the sliding observation is like moving through them. Detailed, large-scale, fragmentary models are built as physical tests and communicative support. Model work and drawing alternate and complement each other (fig. 5).

The built works also have an additive characteristic. Materials, elements, time layers or pathways overlap. Plaça Pius XII (2005) in Barcelona, a spatially scarcely touched corner situation, has layers of different materials that arrange the traffic participants, directions and areas for resting. Plants, structures and elements that can unspecifically serve various functions structure spatial areas while also allowing permeability (fig. 6). The result is a natural, multifunctional town landscape. The drawing and what is built are almost equivalent (fig. 8-9).

5 | Flores i Prats Liquid Light Venice Hand drawings, models 2018   6 | Flores i Prats Plaça Pius XII Barcelona 2005

ZEICHNEN ALS BAUEN   Der spanische Architekt Enric Miralles (1955–2000) entwirft primär über komplexe Handzeichnungen und setzt wie Ponis an Unleserlichkeit grenzende Darstellungen dazu ein, während der Ausführung die Oberhand zu behalten.[13] Die spanischen Architekten Ricardo Flores und Eva Prats von Flores i Prats lernen sich bei Miralles kennen und arbeiten, beeinflusst durch seine Methodik, an den Konventionen der Handzeichnung sowie mit Modellen. Sie schätzen, im Gegensatz zum Digitalen, die Intuition und Langsamkeit, welche mit dem händischen Arbeiten im Maßstab einhergehen.[14] Flores i Prats arbeiten additiv, legen Layer aus Transparentpapier übereinander und können so im Entwurf zweifeln, springen, Schritte vorwärts und rückwärts machen. Die dichten Pläne enthalten so viel Information wie möglich, wobei jede Linie auch eine Bedeutung innehat. Die Darstellungselemente sind nicht kategorisch sortiert und orthogonal ausgerichtet, sondern grenzen schiefwinkelig aneinander an, verschneiden und überlagern sich, verschiedene Maßstäbe und Blickwinkel werden vereint. Die Kompositionen wirken wie Schnittvorlagen für die projizierten räumlichen Situationen, und das gleitende Betrachten funktioniert wie Bewegung durch sie hindurch. Als physische Tests und kommunikative Stütze werden detailreiche, großmaßstäbliche, fragmentarische Modelle gebaut. Modellarbeit und Zeichnung wechseln sich ab und ergänzen einander (Abb. 5).

Die gebauten Werke haben ebenso eine additive Charakteristik. Es überlagern sich Volumina, Zeitschichten oder Wege. Die Plaça Pius XII (2005) in Barcelona, eine räumlich kaum gefasste Ecksituation, besitzt Layer verschiedener Materialien, die Verkehrsteilnehmer, Richtungen und Aufenthaltsbereiche organisieren. Pflanzungen, Strukturen und Elemente, die unspezifisch verschiedenen Funktionen dienen können, gliedern räumliche Areale bei gleichzeitiger Durchlässigkeit (Abb. 6). Es entsteht eine natürliche, multifunktionale Stadt-Landschaft mit Zebrastreifen wie gezeichnete Schraffuren. Zeichnung und Gebautes sind nahezu gleichzusetzen (Abb. 8-9).

PHYSISCHE VARIATIONEN   Für den portugiesischen Architekten Álvaro Siza Vieira ist die Handzeichnung ebenfalls primäres Werkzeug; er zeichnet quasi permanent. Im Entwurf ist es ein schnelles, erkundendes Denken, das ihm hilft zu entscheiden;

43

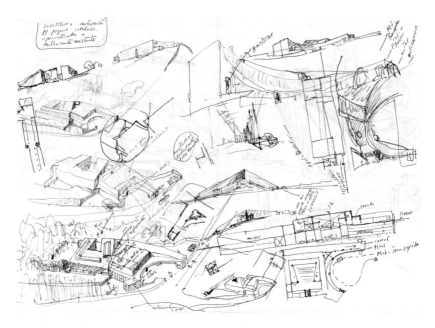

7 | Álvaro Siza Vieira Architecture faculty Porto Sketch book 1987-1993

PHYSICAL VARIATIONS   For the Portuguese architect Álvaro Siza Vieira, drawing by hand is also a primary tool; he draws virtually constantly. In the design, it is a quick and exploratory way of thinking that helps him to decide, while drawing on-site creates memories.[15] Through abstraction and varying imprecision, drawing forms the basis of complex approaches to design tasks.[16] Starting with an understanding of architecture that does not consist of inventing but of the recombination and variation of reality, Siza's projects represent specific answers to specific project conditions and are often associated with Kenneth Frampton's critical regionalism.[17]

The digital archive of Siza's over 60,000 drawings and 280 sketchbooks also shows – on pages sometimes drawn on densely, sometimes only in a corner – portrait and especially horse sketches that are considerations of physical dimensions.[18] With both the variation of local realities and these studies, Siza explores the relationship between people and space. His hand drawings, combinations of scales, representational forms and overlapping variants are physical-sculptural search and find actions on paper for configurations in architectural space. The drawing hand transcribes perceptions onto paper (fig. 7).

ARTISTIC INTERPRETATION   Like Siza, the American architect Louis I. Kahn (1901-1974) also used outlines, perspectival or diagrammatic sketch variations to gene-rate formations in design.[19] However, it is travel sketches that are decisive for the renown of his work and that enable it in the first place.[20] On journeys, especially to Italy, Egypt and Greece around 1950, in the tradition of the 'Grand Tour', Kahn produces study dra-wings of monuments such as the Acropolis, the Pyramids of Giza or the Piazza del Campo

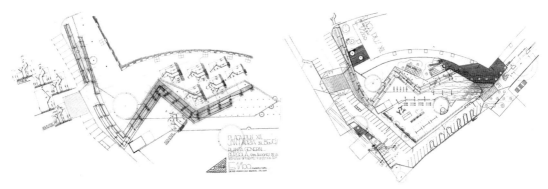

8-9 | Flores i Prats Plaça Pius XII Barcelona Floor plan, details 2005

Vorort-Zeichnungen wiederum ermöglichen ihm Erinnerungen.[15] Durch Abstraktion und variierende Ungenauigkeit fundiert das Zeichnen komplexe Annäherungen an Entwurfsaufgaben.[16] Ausgehend von einem Architekturverständnis, welches kein Erfinden, sondern die Rekombination und Variation der Realität beinhaltet, stellen Sizas Projekte spezifische Antworten auf jeweils spezifische Projektbedingungen dar und werden wie auch diejenigen von Ponis häufig mit Kenneth Framptons kritischem Regionalismus in Verbindung gebracht.[17]

Das digitale Archiv von Sizas über 60.000 Zeichnungen und 280 Skizzenbüchern zeigt auf mal dicht, mal nur in einer Ecke bezeichneten Blättern, mittendrin aber auch Porträt- und insbesondere Pferdezeichnungen, die Auseinandersetzungen mit physischen Dimensionen sind.[18] Sowohl mit der Variation lokaler Realitäten als auch mit diesen Studien erforscht Siza das Verhältnis von Menschen und Raum. Seine Handzeichnungen, Kombinationen von Maßstäben, Darstellungsformen und sich überlagernden Varianten sind physisch-skulpturale Such- und Findbewegungen auf dem Raum des Papiers nach Konfigurationen im architektonischen Raum. Die zeichnende Hand transkribiert Wahrnehmungen auf das Papier (Abb. 7).

KÜNSTLERISCHE INTERPRETATION Wie Siza verwendet der amerikanische Architekt Louis I. Kahn (1901–1974) ebenfalls Risse, perspektivische oder diagrammatische Skizzenvariationen zur Generierung von Formationen im Entwurf.[19] Es sind aber Reisezeichnungen, welche die Bekanntheit seines Werks entscheidend prägen oder sogar erst ermöglichen.[20] Bei Reisen, insbesondere nach Italien, Ägypten und Griechenland um 1950, produziert Kahn in der Tradition der ‚Grand Tour' Studienzeichnungen von Monumenten wie der Akropolis, den Pyramiden von Gizeh oder der Piazza del Campo in Siena. Kahn, der ursprünglich Malerei studieren wollte, zeichnet vor allem mit Pastell, nicht analytisch-dokumentierend, sondern in expressionistischer Manier von Emotionen dominierte, individuelle Interpretationen.[21] Das einen malerischen Ausdruck hervorrufende Material bedingt den Inhalt: Kahn verfremdet Farben, überhöht das Licht, verzerrt oder vernachlässigt Perspektiven, abstrahiert Kubaturen und zeigt leere Szenerien (Abb. 10). Wenngleich die Zeichnungen auch als eigenständige, künstlerische Werke zu sehen sind, so lässt sich in ihnen doch ebenfalls

45

10 | Louis I. Kahn   Akropolis travel sketch   1951

in Siena. Kahn, who originally wanted to study painting, draws especially with pastel, not analytically documenting but in an expressionistic manner with individual interpretations dominated by emotions.[21] The material evoking a painterly impression is due to the content: Kahn alienates colours, exaggerates light, distorts or neglects perspectives, abstracts cubatures and shows empty scenarios (fig. 10). Although the drawings are also to be seen as independent artistic works, one can still make out in them a search in historical architectures for elementary and metaphysical values.[22] Aspects that are later described by Kahn in his architecture, such as monumentality, tectonic simplicity or the staging effect of light, can also be found in the travel drawings. The medium of drawing and the artistic transformation reinforce sensory perceptions of the interplay of light, material and volumes, for example. By means of the abstraction of drawing, Kahn creates an individual body of knowledge that goes beyond what is concretely observed and generates overarching design themes.[23]

NARRATIVE COMMUNICATION   Alongside visually perceptible, spatial design characteristics, hand drawings are able to represent and discuss hidden content, ideas or conflicts affecting the architecture. The Japanese firm Atelier Bow-Wow is interested in the associated competence of acting as a medium of collective communication. Initially becoming known through drawn analyses of the city of Tokyo, they now research hand drawings and produce for example 'public drawings', for which several people work on a drawing at the same time (fig. 11). By developing the drawing not only alongside each other but also overlapping and in a transforming procedure, resulting in a communicative ensemble in which Atelier Bow-Wow establish analogies to action-related spatial production and its transformation.[24] The line as a primary drawing element has corresponding qualities, as it leaves the traces of the original visible. Beyond the temporality of the line as a visualised gesture, their drawings indicate a temporal dimension through the integration of actions, memories or future wishes of people; the drawing of the fishing village Momonoura before its destruction by the tsunami in 2011 was created for example only on the basis of stories of the population. Simultaneous time layers are combined,

11 | Atelier Bow-Wow Public Drawing 2012

ein Suchen in historischen Architekturen nach elementaren und metaphysischen Werten ausmachen.[22] Aspekte, die später von Kahn in seiner Architektur beschrieben werden, wie Monumentalität, tektonische Einfachheit oder die inszenierende Lichtwirkung, sind ebenso in den Reisezeichnungen auffindbar. Das Zeichenmedium und die künstlerische Transformation verstärken sinnliche Wahrnehmungen der Wechselwirkungen beispielsweise von Licht, Material oder Volumen. Mittels zeichnerischer Abstraktion erzeugt Kahn einen individuellen Wissenskorpus, welcher über das konkret Beobachtete hinausweist und übergreifende Entwurfsthemen generiert.[23]

NARRATIVE KOMMUNIKATION Handzeichnungen sind in der Lage, neben visuell wahrnehmbaren, räumlich-gestalterischen Charakteristika, außerdem die Architektur betreffenden, im Verborgenen wirkenden Sachverhalte, Ideen oder Konflikte darzustellen und zu diskutieren. Für die damit verbundene Kompetenz, als Medium kollektiver Kommunikation zu wirken, interessiert sich das japanische Büro Atelier Bow-Wow. Zunächst durch zeichnerische Analysen der Stadt Tokyo bekannt geworden, forschen sie mittlerweile zu Handzeichnungen und produzieren zum Beispiel ‚Public Drawings', bei welchen mehrere Menschen gleichzeitig eine Zeichnung erarbeiten (Abb. 11). Indem sie nicht nur nebeneinander, sondern überlagernd und transformierend prozessual die Zeichnung entwickeln, entsteht ein kommunikatives Gefüge, in welchem Bow-Wow Analogien zur handlungsbezogenen Raumproduktion und dessen Überformung vornehmen.[24] Die Linie als primäres Zeichnungselement hat entsprechende Qualitäten, da sie die Spuren des Ursprünglichen sichtbar belässt. Über die der Linie eigenen Zeitlichkeit als visualisierte Geste hinaus weisen ihre Zeichnungen durch die Integration von Handlungen, Erinnerungen oder Zukunftswünschen von Menschen eine zeitliche Dimension auf; so entstand die Zeichnung des Fischerdorfes Momonoura vor seiner Zerstörung durch den Tsunami 2011 nachträglich nur auf Basis von Erzählungen der Bevölkerung. Simultane Zeitschichten werden kombiniert, vervielfältigen die Perspektiven und bieten ein Diskussionsforum (Abb. 12).[25] Entstehen kann aus dieser Zeichenpraxis bei Atelier Bow-Wow eine Architektur, die zeitabhängige Verhaltenszyklen und Werte ‚rhetorisch' verkörpert, die anders nur schwer erklärbar wären.[26]

47

第6章
浜の将来図

浜の近くの高台につくられた住宅地は、低地の浜と一体的な風景を育てます。浜は漁業の後継者を育てる学校や、観光のためのヨットハーバー、レストラン、モバイル市場などに活用され、活気づいていきます。

12 | Atelier Bow-Wow Public Drawing Oshika Peninsula Pattern Book 2012

multiply the perspectives and offer a discussion forum (fig. 12).[25] This drawing practice at Atelier Bow-Wow can result in an architecture that 'rhetorically' embodies time-dependent behavioural cycles and values, which would otherwise be difficult to explain.[26]

IMAGINING IMPOSSIBILITY   The described examples focus in particular on what exists. However, hand drawings can also act as paper architecture, as the conception of (im)possibilities. There is a historical tradition of this, for example in the 18th century with the revolution architectures or with Giovanni Battista Piranesi's (1720-1778) 'Carceri d'Invenzione'. The latter is a printed graphic series, initially published in 1745 and as a revised and extended edition in 1761, showing visions of cellars that remain unclear in terms of their function, localisation and spatiality (fig. 15).[27] Apart from the evocative atmospheric density especially of the second edition, which is the reason for the ongoing referencing of the Carceri by architects or directors, they show impossible constructions that, like the Escher stairs or the Moebius strip, cannot be realised as constructions.

CONSTRUCTION THROUGH DRAWING   The Iraki-British architect Zaha Hadid also begins her creation with the unbuildable and fills many sketchbooks with geometric variations. Due to her initial education as a mathematician, as well as her fascination with Russian constructivists, she seeks fragmented, geometrically dissolved spaces.[28] For her first realisation, the Vitra fire station in Weil am Rhein (1991), these fragments come together as additive volumes (fig. 13-14). From then on, her drawings also increasingly show structures with dynamic directions of movement. With the technological development of constructional and parametric design possibilities, Hadid's drawings change in turn; they become more organic, like her architectures. They often include construction or façade elements which appear to set buildings in motion through dynamic lines. The lines on the paper become lines in space and time. For Hadid, drawing by hand is a spontaneous language which – contrary to Siza – invents: it invents new possibilities for rethinking, perceiving and constructing space. With her drawn designs, she not only imagines technological developments but instead, as for the Phaeno in

13-14 | Zaha Hadid Vitra fire station Weil am Rhein Oil painting, photo 1993

UNMÖGLICHKEIT IMAGINIEREN Die beschriebenen Beispiele fokussieren vor allem das Bestehende. Handzeichnungen können jedoch auch als Papierarchitektur, als Konzeption von (Un-)Möglichkeiten wirken. Hierfür gibt es zum Beispiel im 18. Jahrhundert mit den Revolutionsarchitekturen oder mit Giovanni Battista Piranesis (1720-1778) ,Carceri d'Invenzione' eine historische Tradition. Bei Letzteren handelt es sich um eine Druckgrafikserie, in einer ersten 1745 und in einer überarbeiteten und erweiterten Auflage 1761 erschienen, welche Visionen von Kellern zeigen, die unklar bleiben in Bezug auf ihre Funktion, Lokalisierung und Räumlichkeit (Abb. 15).[27] Neben der evokativen atmosphärischen Dichte insbesondere der zweiten Auflage, die Grund für die anhaltende Referenzierung der Carceri durch Architekten oder Regisseure ist, zeigen sie unmögliche Konstruktionen, die wie Escher-Treppen oder das Möbiusband nicht als dreidimensionale Realität baulich realisierbar sind.

ZEICHNEND KONSTRUIEREN Mit Unbaubarem beginnt die irakisch-britische Architektin Zaha Hadid ebenfalls ihr Schaffen und füllt zahlreiche Skizzenbücher mit geometrischen Variationen. Bedingt durch ihre Erstausbildung als Mathematikerin sowie ihre Faszination für die russischen Konstruktivisten sucht sie nach fragmentierten, geometrisch aufgelösten Räumen.[28] Für ihre erste Realisierung, die Vitra-Feuerwache in Weil am Rhein (1991), fügen sich diese Fragmente zu additiven Volumina (Abb. 13-14). Von da an zeigen auch ihre Zeichnungen vermehrt Strukturen mit dynamischen Bewegungsrichtungen. Mit der technologischen Entwicklung von Konstruktions- und parametrischen Entwurfsmöglichkeiten verändern sich Hadids Zeichnungen wiederum; sie werden wie ihre Architekturen organischer. Dabei finden sich häufig Konstruktions- oder Fassadenelemente, welche das Gebäude über dynamische Linien in Bewegung zu versetzen scheinen. Aus den Linien auf Papier werden Linien im Raum und in der Zeit. Die Handzeichnung ist für Hadid eine spontane Sprache, welche – im Gegensatz zu Siza – erfindet: Sie erfindet neue Möglichkeiten, Raum zu denken, wahrzunehmen und zu konstruieren. Mit ihren gezeichneten Entwürfen imaginiert sie technologische Entwicklungen nicht einfach, sondern gibt wie beim Phaeno in Wolfsburg (2005) Anlass zu diesen.[29] Das Digitale stellt hier keine Konkurrenz zur Handzeichnung dar. Vielmehr entwickeln und bedingen sich beide dialogisch und sind in ihrer Funktion nicht ersetzbar.

Wolfsburg (2005), prompts these.[29] The digital does not represent any competition for drawing here. Instead, they both develop and are dependent on each other dialogically and their functions are not replaceable.

COGNITIVE PRACTICE   Based on this insight, how can one describe the current and future significance of hand drawing for design and research in architecture? Drawing is of particular importance for the documentation that is often compiled on-site and the analysis of built, natural or cultural contexts, with which new architectures enter into a variety of relationships. The exploratory noting by hand allows abstractions and focusing on characteristic features: including the topography for Ponis, light and volumes for Kahn or everyday actions for Atelier Bow-Wow. Varying, transformating drawing by hand can for example interpret, confront or evaluate gained insights in design contexts.

In view of precise and detailed digital pictorial worlds, the capacities of hand drawing are of interest for the generation and visualisation of the not yet realizable future, owing to their vagueness and processuality. Released from buildable realities, novel ways of construction, design, communication, action and even living can be imagined. Examples of this also include Constant Nieuwenhuys' artistic considerations of the structures of an anticapitalist urban society in the project 'New Babylon' (1959-74), which enable flexible formations and usages (fig. 16). Especially the hand drawings show alterable architectures, freed from traditional ideas of time and space, which continuously adapt to the collective needs of a future society determined by the game.[30] The transcription of a four-dimensional reality onto the two-dimensional reality of the page need not be understood as a reduction but can open up a range of interpretations. Apart from the gestural thinking in the spontaneous sketch, the greatest architectural potential of drawing by hand therefore lies in the peripheral areas; in the imagination of what cannot (yet) be drawn.[31] Through artistic forms of application and the integration of plural perspectives, cultural circumstances or temporal dimensions, hand drawing can explore architecture beyond the built realisation, as well as transform and criticise conventions.[32]

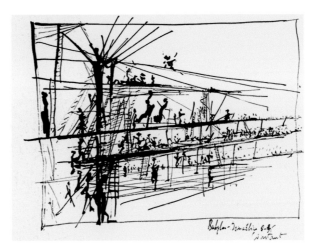

16 | Constant Nieuwenhuys Babylon-Domalizce Ink 1965

KOGNITIVE PRAXIS Wie lässt sich aus dieser Erkenntnis heraus die gegenwärtige und zukünftige Bedeutung der Handzeichnung für das Entwerfen und Forschen in
der Architektur beschreiben? Vor allem für die oft vor Ort entstehende Dokumentation
und Analyse gebauter, natürlicher oder kultureller Kontexte, zu welchen neue Architekturen verschieden geartete Beziehungen eingehen, ist die Handzeichnung von Belang.
Das erkundende Notieren mit der Hand ermöglicht Abstraktionen und Fokussierungen
auf charakteristische Merkmale: so unter anderem die Topografie bei Ponis, Licht und
Volumina bei Kahn oder alltägliche Handlungen bei Atelier Bow-Wow. Variierendes,
transformierendes Zeichnen mit der Hand kann daraus gewonnene Erkenntnisse in Entwurfszusammenhängen zum Beispiel interpretieren, konfrontieren oder in Wert setzen.

Im Angesicht präziser und detailreicher digitaler Bilderwelten sind die Kapazitäten der
Handzeichnung zur Generierung und Visualisierung noch nicht realisierbarer Zukunft auf-
grund ihrer Unschärfe und Prozessualität von Interesse. Losgelöst von baubaren Realitäten
können neuartige Konstruktions-, Entwurfs-, Kommunikations-, Handlungs- und vielleicht
sogar Lebensweisen imaginiert werden. Exemplarisch hierfür können auch die künstlerischen
Auseinandersetzungen Constant Nieuwenhuys' mit Strukturen einer antikapitalistischen
Stadtgesellschaft im Projekt ‚New Babylon' (1959–74) stehen, die flexible Formationen und
Nutzungen ermöglichen (Abb. 16). Vor allem die dazugehörigen Handzeichnungen zeigen
veränderbare Architekturen, befreit von tradierten Vorstellungen von Zeit und Raum, welche
sich kontinuierlich anpassen an die kollektiven Bedürfnisse einer zukünftigen, durch das
Spiel bestimmten Gesellschaft.[30] Die Transkription vierdimensionaler Wirklichkeit auf die
eigene, zweidimensionale Realität des Blattes muss nicht als Reduktion verstanden werden,
sondern kann vielfältige Interpretationen eröffnen. Neben dem gestischen Denken in der
spontanen Skizze liegt das größte architektonische Potenzial der Handzeichnung also in den
Grenzbereichen; in der Imagination des (noch) nicht Zeichenbaren.[31] Durch künstlerische
Anwendungsformen und die Integration pluraler Perspektiven, kultureller Bedingtheiten oder
zeitlicher Dimensionen kann die Handzeichnung die Architekturdisziplin über die gebaute
Realisierung hinaus erkunden und dabei Konventionen transformieren und kritisieren.[32]

1 Zur Historie vgl. z.B. | On history cf. e.g. Elisabeth Kieven, Architekturzeichnung, Akademische Entwicklungen in Rom um 1700, in: Wolfgang Sonne (ed.), Die Medien der Architektur, Berlin/München: Deutscher Kunstverlag 2011, 15-31, 16; zu CAD vgl. z.B. | on CAD cf. e.g. Mark Garcia, Emerging technologies and drawings. The futures of image in architectural design, in: Neil Spiller (ed.), Drawing architecture, AD 225 (2013), 28-35, 33   **2** Vgl. z.B. | Cf. e.g. Edward Robbins, Why architects draw, Cambridge: MIT Press 1994, passim; Helen Thomas (ed.), Drawing architecture, London/New York: Phaidon 2018, passim   **3** Vgl. | Cf. Paolo Belardi, Why architects still draw, Cambridge: MIT Press 2014, 11-18   **4** Vgl. | Cf. Adrian Forty/Sophie Read, Epilogue, The limits of drawing, in: Niall Hobhouse/Desley Luscombe/Helen Thomas (eds.), Architecture through drawing, London: Lund Humphries 2019, 196–219, 196-200   **5** Vgl. | Cf. Christian Gänshirt, Werkzeuge für Ideen, Einführung ins architektonische Entwerfen, Basel: Birkhäuser 2011, 121   **6** Vgl. | Cf. Andreas Kalpakci/Momoyo Kaijima/Laurent Stalder, Einführung, in: Archplus 238 (2020), 3-5, 3   **7** Vgl. | Cf. https://www.wiley.com/learn/chingshowcase/index.html, 21.07.2020   **8** Zu Kunst der Beziehungen vgl. | On art of relations cf. Gordon Cullen, The concise townscape, Oxford: Elsevier 1971, 7   **9** Vgl. | Cf. Julian Benny Hung: Aufmerksames Sehen. Townscape von Gordon Cullen, in: Margitta Buchert (ed.): Das besondere Buch. Architektur Theorie Praxis, Hannover: LUH 2019, 81-88, 83   **10** Vgl. | Cf. ibid., 82   **11** Vgl. | Cf. Brian Edwards, Understanding architecture through drawing, Abingdon: Taylor & Francis 2008, VII   **12** Vgl. | Cf. Adrian Forty/Sophie Read, Epilogue. The limits of drawing, in: Niall Hobhouse/et. al. (eds.) (2019), op. cit. (Anm. | note 4), 204   **13** Vgl. | Cf. ibid., 203   **14** Vgl. | Cf. Eva Prats, Drawing by hand, in: Atlantis 26 (2015), 21-22, 21   **15** Vgl. | Cf. Álvaro Siza, Construir a nova E(vo)ra, in: Niall Hobhouse/et. al. (eds.) (2019), op. cit. (Anm. | note 4), 178   **16** Vgl. | Cf. Christian Gänshirt (2011), op. cit. (Anm. | note 5), 118   **17** Vgl. | Cf. Hans Ibelings, Siza Modern, in: Jorge Figueira (ed.), Álvaro Siza. Modern redux, Ostfildern: Hatje Cantz 2008, 41-45, 42-43   **18** Zum digitalen Archiv der Zeichnungen Sizas bei der Fundação de Serralves vgl. | On the digital archive of Siza's drawings at the Fundação de Serralves cf. http://arquivos.serralves.pt/details?id=72490, 31.08.2020   **19** Zur Bedeutung von Grundrissen

in Kahns Arbeit vgl. | On the importance of plans in Kahn's work cf. Julian Benny Hung, Riss, Schnitt, Axonometrie | Plan, section, axonometry, in diesem Buch | in this book, 56-71 **20** Zu Entwurf vgl. | On design cf. Helen Thomas (2018), op. cit. (Anm. | note 2) 200; zu Reiseskizze vgl. | on travel sketch cf. Michael J. Lewis (2017), Louis I. Kahn: Light, pastel, eternity, (Vortrag | Lecture 21.04.2017) Fort Worth: Kimbell Art Museum, https://www.youtube.com/watch?v=cyjau_tZPx4, 30.05.2020 **21** Vgl. | Cf. Aurelio Vallespín Muniesa, Arne Jacobsen y Louis I. Kahn: dos formas de pensar a través de sus dibujos de la acrópolis de Atenas desde el teatro de Dionisos, EGA Expresión Gráfica Arquitectónica, 18(21) (2013), 74–83, 77 **22** Vgl. | Cf. Sarah Williams Ksiazek, Drawn from the source. The travel sketches of Louis I. Kahn, Journal of the Society of Architectural Historians 56(1) (1997), 93-95, 93 **23** Vgl. dazu | Cf. on this topic Jan Hochstim (ed.), The paintings and sketches of Louis I. Kahn, New York: Rizzoli 1991, 27, 29-32 und | and passim **24** Vgl. | Cf. Jennifer Sigler/Leah Whitman-Salkin (eds.), Architectural ethnography, Atelier Bow-Wow, The incidents, Berlin/Cambridge: Sternberg Press 2017, 9 **25** Vgl. | Cf. ibid., 17-19 **26** Vgl. | Cf. Yoshiharu Tsukamoto, Verhaltensforschung und Architekturethnografie, Die forschende Praxis von Atelier Bow-Wow, in: Archplus 238 (2020), 106-117, 111 **27** Vgl. | Cf. Helen Thomas (2018), op. cit. (Anm. | note 2), 249 **28** Zu Mathematik vgl. | On mathematics cf. ibid., 260; zu Konstruktivisten vgl. | on constructivists cf. ibid., 114; vgl. auch | cf. also Peter Cook, Drawing. The motive force of architecture, Chichester: Wiley 2014, 80-81 **29** Um die dynamisch geformte Kubatur bauen zu können, wurde unter anderem an Baustoffen wie selbstverdichtendem Beton geforscht. Vgl. hierzu | In order to be able to build the dynamically shaped cubature, research was carried out, e.g. on building materials such as self-compacting concrete. Cf. https://www.phaeno.de/ueber-uns/architektur/, 21.06.2020 **30** Vgl. | Cf. Valentina Ehnimb/Fredi Fischli/Niels Olsen, Introduction, in: Fredi Fischli/Niels Olsen (eds.), Cloud '68. Paper voice. Smiljan Radič's collection of radical architecture, Zürich: gta 2020, 4-7, 6 **31** Vgl. | Cf. Helen Thomas (2018), op. cit. (Anm. | note2), 219 **32** Vgl. | Cf. Desley Luscombe, Introduction. The dynamic metaphor, in: Niall Hobhouse/et. al. (eds.) (2019), op. cit. (Anm. | note 4), 10-17, 11

'Projection is not a thing in itself, but a relation between things.'

„Projektion ist nicht eine Sache für sich selbst, sondern eine Relation zwischen Dingen."

Stan Allen

PLAN, SECTION, AXONOMETRY

Julian Benny Hung

What these media – plan (ground plan, elevation), section and axonometry – have in common is their characteristic as a parallel projection. However, they each look back on different usage histories. The first plans go back to Babylonian times. This type of representation is mentioned later and especially prominently in 'De architectura libri decem' by Vitruvius.[1] Compared to this, axonometry is comparatively young – its history can be traced back to the late 16th century.[2] True to scale, orthographic plan drawings have generally been considered the primary basic tools of architecture design and architecture communication at the latest since Leon Battista Alberti's treatise of 1485.[3]

These are media that are created on the basis of strict geometric rules, gaining their special potential and significance for the various phases of the design trajectory precisely through this. In accordance with the Latin meaning of the word 'projectio', projection beams of a depicted three-dimensional construct are 'cast' onto a flat surface (fig. 1).[4] However, as the projection centre is moved infinitely far away, it is de facto omitted. This means that the singular point of view that is otherwise inherent in perspectival means of representation is lost. The projection lines become parallel (fig. 1a-b).

RISS,
SCHNITT,
AXONOMETRIE

Julian Benny Hung

Den vorliegenden Medien, bestehend aus Riss (Grundriss, Aufriss), Schnitt und Axonometrie, gemeinsam ist ihre Charakteristik als parallele Projektion. Sie blicken dabei auf
jeweils unterschiedliche Verwendungsgeschichten zurück. Erste Risse sind schon aus
babylonischer Zeit überliefert. Später und besonders prominent findet diese Darstel-
lungsart in Vitruvs ‚De architectura libri decem' Erwähnung.[1] Im Vergleich dazu erscheint
die Axonometrie vergleichsweise jung – ihre Historie wird bis ins späte 16. Jahrhundert
zurückverfolgt.[2] Insgesamt werden maßstäbliche, orthografische Planzeichnungen spätestens seit Leon Battista Albertis Traktat von 1485 als die primären Grundwerkzeuge
von Architekturentwurf und Architekturvermittlung betrachtet.[3]

Es handelt sich um Medien, die auf Grundlage strenger geometrischer Regeln erzeugt
werden und gerade dadurch ihr spezifisches Potenzial und ihre Bedeutung für die verschiedenen Phasen des Entwurfstrajekts entwickeln. Dem lateinischen Wortsinn von
‚proiectio' folgend, werden Projektionsstrahlen eines abzubildenden, dreidimensionalen
Konstrukts auf eine ebene Fläche ‚geworfen' (Abb. 1).[4] Mit dem Projektionszentrum
allerdings in unendliche Ferne gerückt, entfällt selbiges de facto wieder. Damit geht

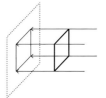 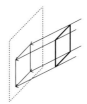 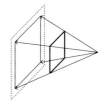

1 | Projection modes: orthographic, axonometric, perspective

The loss of perspective forms the unique feature and the cause of the degree of abstraction of the representations. Their use is based all the more on conventionalised ways of reading and interpreting and can therefore – depending on the predisposition of the recipients – appear more or less accessible. The absence of perspectival laws such as of standpoint and alignment enables, on the other hand, freedom in the choice of representational scope: in both their extent and scale, parallel projections are scalable at will and are thus conceivable in diverse usage scenarios.[5]

Plans, sections and elevations are orthographically projected. Apart from the latter, they initially disregard information outside of their sectional plane. Axonometry (fig. 1c) combines the orthogonal representation with corresponding elevations, which may appear oblique but even so with correctly scaled heights. In any case, if one follows Euclidean basic assumptions, geometric parameters are included that correspond to those of the physical and three-dimensional reality. This high geometric determination and the associated bindingness gives parallel projections a special role as a design medium in the tool kit of architects. Some of the following examples set out to show the facets of their effects.

ABSTRACTION—CONCRETION   In the translation of the spatial into the graphical and vice versa, conscious and subconscious decision and interpretation steps take place. The transformation of the three-dimensional into its two-dimensional representation can also be understood as an ordering and systemisation task, in which the pertinent spatial features are differentiated from those that are not, which allows conclusions to be drawn about the represented spatial figuration itself.[6] Once the graphic level has been created, it can help to find and develop superordinate themes, which in turn can be applied again creatively to the spatial.

This approach becomes especially clear in Oswald Mathias Ungers' recurring reference to basic geometrical forms (fig. 2). These form the key tool for what he calls his concept of morphological transformations.[7] Geometrisation is not only the result of spatial-analytical abstraction steps but represents on its part the starting point for design processes.

der singuläre Betrachtungsstandpunkt, welcher sonst in perspektivische Darstellungsweisen eingeschrieben ist, verloren. Die Projektionslinien verlaufen parallel (Abb. 1a-b).
Der Verlust der Perspektive bildet das Alleinstellungsmerkmal und die Ursache für den
Abstraktionsgrad der Darstellungen. Ihr Gebrauch basiert umso mehr auf konventiona-
lisierten Lese- und Interpretationsweisen und kann dadurch – je nach Vorbildung der
Rezipierenden – mehr oder weniger zugänglich erscheinen. Die Abwesenheit perspek-
tivischer Gesetzmäßigkeiten wie des Standpunkts, der Fluchtung und daraus folgender
Verdeckungen ermöglicht hingegen Freiheiten in der Wahl von Darstellungsumfängen:
Sowohl in ihrer Ausdehnung als auch in ihrem Maßstab sind Parallelprojektionen beliebig
skalierbar und so in umfassenden Anwendungsszenarien zu denken.[5]

Grundrisse, Schnitte und Ansichten sind orthografisch projiziert. Bis auf Letztere blenden
sie zunächst außerhalb ihrer Schnittebene liegende Informationen aus. Axonometrien
(Abb. 1c) kombinieren die orthogonale Darstellung mit entsprechenden Aufrissen, welche
zwar schräg, aber dennoch mit maßstäblich korrekten Höhen erscheinen können. In jedem
Fall sind geometrische Parameter enthalten, die jenen der physisch-dreidimensionalen
Wirklichkeit entsprechen – folgt man euklidischen Grundannahmen. Diese hohe geometrische Determinierung und damit einhergehende Verbindlichkeit gibt Parallelprojektionen
eine besondere Rolle als Entwurfsmedium im Instrumentarium der Architekturschaffenden. Einige nachfolgende Beispiele sollen dazu Wirkungsfacetten aufzeigen.

ABSTRAKTION—KONKRETION   Bei der Übersetzung des Räumlichen in das
Grafische und zurück erfolgen bewusste und unbewusste Entscheidungs- und Interpreta-
tionsschritte. Die Transformation des Dreidimensionalen in seine zweidimensionale Repräsentation kann auch als Ordnungs- und Systematisierungsarbeit verstanden werden, in der
die wesentlichen Raummerkmale von den unwesentlichen unterschieden werden und sich
damit Erkenntnisse über die dargestellte Raumfiguration selbst ableiten lassen.[6] Ist die
grafische Ebene geschaffen, können mit ihrer Hilfe übergeordnete Thematiken gefunden,
entwickelt und im Gegenzug entwerferisch wieder auf das Räumliche angewendet werden.

Im wiederkehrenden Bezug Oswald Mathias Ungers' auf geometrische Grundformen
(Abb. 2) wird diese Herangehensweise besonders deutlich. Jene bilden das Schlüssel-
werkzeug für sein sogenanntes Konzept der ‚morphologischen Transformationen'.[7] Die
Geometrisierung ist dabei nicht nur das Ergebnis räumlich-analytischer Abstraktions-
schritte, sondern stellt ihrerseits den Ausgangspunkt entwerferischer Verfahren dar. Laut
Ungers dienen geometrische Primärfiguren und -figurationen als per se neutrale, wertfreie
Gestaltungsmittel: Durch ihren Einsatz träten Materialität und Konstruktionsweisen in
den Hintergrund, während Raumkompositionen als solche deutlich und stilistisch-formale

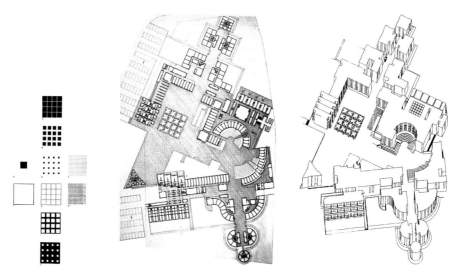

2-4 | Oswald Mathias Ungers Student housing Enschede (project) 1964

According to Ungers, primary geometric figures and figurations serve as neutral, valueless design means per se: through their use, materiality and construction methods become secondary, while spatial compositions as clear and stylistic-formal paradigms are bypassed as such.[8] This results in certain ambivalences: the reduction to elements such as squares, circles or triangles on the one hand increases the form-finding freedom – the abstraction can prevent an early specification. On the other hand, Ungers' reference to these primary forms also entails the implication of primary ordering principles – and therefore a certain set of rules that consists, for example, of rasterisation, point and axis symmetries (fig. 2-4). Ungers' designs thus always move in the field between generic principle and specifics.[9] On the one hand the design is characterised by a self-reference and independence of form; on the other hand conclusions and adaptations to given design intentions and contexts are possible and envisaged within this approach.[10] Ungers speaks in this regard of a design principle "that enables the designer to meaningfully combine diverging and seemingly irreconcilable contradictions."[11]

The design method of Louis I. Kahn also shows the potential of graphic abstraction. Both the design drawings and the typical media representations of his projects convey the essential role of orthographic projections. Other media appear to play an almost marginal role.[12] Ground plans, in particular, represent a means for Kahn of "thinking about space" – a level on which he develops constructional arrangements that initially appear fragmentary before they are put together as overall compositions.[13] Analytical and design dimensions of working with a ground plan are show by Kahn's considerations of the architecture of Scottish castles (fig. 5). Charmed by their typical spatial features – characterised by an introverted alignment and contemplative light effects – he deduces and defines spatial ideas from their ground plan structure that can be found in many of his own designs (fig. 6).[14] Kahn defines the principle of the wall as rooms and of the dialectic of serving and served spaces. The graphic plan makes these spatial themes identifiable as such and usable in the design process.

5 | Scottish Castle Plans　　6 | Louis I. Kahn　First Unitarian Church Rochester 1969

Paradigmen umgangen würden.[8] Einige Ambivalenzen entstehen: Die Reduktion auf Elemente wie Quadrate, Kreise oder Dreiecke erhöht einerseits Freiheiten in der Formfindung – die Abstraktion vermag eine frühe Konkretisierung zu verhindern. Andererseits ist durch Ungers' Bezug auf diese Primärformen auch die Implikation primärer Ordnungsprinzipien gegeben – und somit ein gewisses Regelwerk, das zum Beispiel aus Rasterungen, Punkt- und Achssymmetrien besteht (Abb. 2-4). Ungers' Entwürfe bewegen sich so immer wieder in einem Spannungsfeld aus generischem Prinzip und Spezifik.[9] Zum einen weist die Gestaltung einen Selbstbezug und formale Unabhängigkeiten auf, zum anderen sind auch innerhalb dieses Ansatzes Rückschlüsse und Anpassungen an gegebene Entwurfsabsichten und -kontexte möglich und vorgesehen.[10] Ungers spricht insofern von einem Gestaltungsprinzip, „das den Gestalter in die Lage versetzt, divergierende und unvereinbar scheinende Gegensätze sinnvoll miteinander zu verbinden."[11]

Auch die Entwurfsweise Louis I. Kahns zeigt Potenziale der plangrafischen Abstraktion auf. Sowohl die Entwurfszeichnungen als auch typische mediale Repräsentationen seiner Projekte vermitteln die essenzielle Rolle der orthografischen Projektionen. Andere Medien scheinen eine fast marginale Rolle zu spielen.[12] So stellen besonders Grundrisse für Kahn ein Mittel dar, „um Raum zu denken" – eine Ebene, auf der er zunächst fragmentarisch wirkende bauliche Anordnungen entwickelt und sie schließlich in Gesamtkompositionen zusammenfügt.[13] Analytische und entwerferische Dimensionen der Arbeit mit dem Grundriss zeigen Kahns Auseinandersetzungen mit der Architektur schottischer Burgen (Abb. 5). Angetan von ihren typischen Räumlichkeiten – gekennzeichnet durch die introvertierte Ausrichtung und kontemplative Lichtwirkungen – deduziert und definiert er aus ihrem Aufbau im Grundriss räumliche Ideen, die in einer Vielzahl seiner eigenen Entwürfe wiedergefunden werden können (Abb. 6).[14] Kahn prägt das Prinzip der raumhaltigen Wand und das der Dialektik aus dienenden und bedienten Räumen. Die plangrafische Ebene macht diese räumlichen Themen als solche erkennbar und im Entwurfsprozess handhabbar.

OBJECTIVISATION—ACTIVATION   Not only the material space but also further levels of meaning – "narrative moments", as Klaus Jan Philipp describes them – can be recorded on the plan.[15] This provides the possibility of visualising and comparing aspects of human perception and interaction in connection with constructional aspects. More diffuse, subjective levels can be objectivised, systemised and thereby be raised to a certain extent to the level of material factors. Interplays between built and experienced, static and animate, technical and sensory become a focus. At the same time, precisely the 'neutral' projection with a view 'from nowhere' can set the eye 'in motion' and thereby bring forth own interpretations and immersion into given sceneries.[16]

This objectivising moment of the orthographical representation method is also made use of by Momoyo Kaijima and Yoshiharu Tsukamoto with their Tokyo 'Atelier Bow-Wow' – albeit in order to consciously supplement it with perspective. In the drawings for which the firm has become known, the two representational modes are to a certain extent opposed: on the one hand the scaled building components, various line thicknesses, measurement chains, technical shading and visible construction methods – on the other hand the finely drawn, usually interior perspective with detailed furnishing, identifiable surface qualities and an array of accessory objects that in turn form lively scenes. In the graphic arrangement, both form an overall spatial impression. For Atelier Bow-Wow, work with this medium – it includes the sounding out of the correct section line position and perspective direction – represents an exploratory consideration of the spatial qualities of their own projects.[17] Furthermore, it is a means of expressing project-specific characteristics. Many different relationships between the means of construction and appearance, as well as the architectural form and human appropriation, can be identified through it (fig. 7).[18] It reveals the design focuses of the architects: perspective, interior space and indoor-outdoor relationships, individual preferences and appropriation possibilities of the residents, as well as the incorporation of elements that are not traditionally architectural play a special role.[19]

NOTATION—STATEMENT   Apart from their function as a graphic design tool and the role as a projection and therefore reflection and evaluation tool, a communicative level is no doubt always inherent in the parallel projections of the plan representations. This is to be illuminated further by the following examples – based on the basic assumption that means of graphic representation themselves can transport the architectural ideas of the designers. Valuing and interpreting factors can thus be integrated in the supposedly neutral representation mode of parallel projections.

In the design approach by the Portuguese architect brothers Francisco and Manuel Aires Mateus, one can identify a recurring consideration of corporeality, which is manifested in the formulation of built and space volumes. They achieve their design approach through geometric and archetypal basic forms, but their arrangement displays a freer compositional component. Primary volumes are arranged together, repeated, scaled and

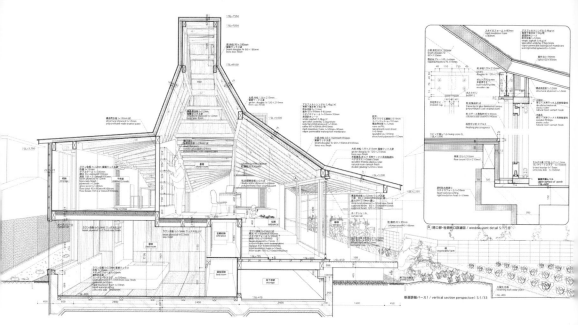

7 | Atelier Bow-Wow Nora House Sendai 2006

OBJEKTIVIERUNG—AKTIVIERUNG   Nicht nur der materielle Raum, sondern auch weitere Bedeutungsebenen – „erzählerische Momente", wie Klaus Jan Philipp sie beschreibt – lassen sich im Plan festhalten.[15] Dies bietet die Möglichkeit, Aspekte der menschlichen Wahrnehmung und Interaktion im Zusammenhang mit Eigenschaften des Gebauten zu visualisieren und abzugleichen. Diffusere, subjektiv wirksame Ebenen können objektiviert, systematisiert und damit gewissermaßen auf eine Ebene mit den materiellen Faktoren gehoben werden. Wechselbeziehungen zwischen gebaut und erlebt, statisch und belebt, technisch und sinnlich rücken in den Fokus. Zugleich kann gerade die ‚neutrale' Projektion mit Blick „von irgendwo" das Auge „in Bewegung" setzen und damit eigene Interpretationsleistungen und das Hineinversetzen in gegebene Szenerien hervorrufen.[16]

Dieses objektivierende Moment der orthografischen Darstellungsmethode machen sich auch Momoyo Kaijima und Yoshiharu Tsukamoto mit ihrem Tokioter ‚Atelier Bow-Wow' zunutze – jedoch um diese bewusst mit der Perspektive zu ergänzen. In den Zeichnungen, für die das Büro bekannt geworden ist, stehen sich beide Darstellungsmodi gewissermaßen gegenüber: hier die maßstäblich geschnittenen Bauteile, diversen Linienstärken, Maßketten, technischen Schraffuren und sichtbaren Konstruktionsweisen – dort die fein gezeichnete, meist innenräumliche Perspektive mit detaillierten Möblierungen, erkennbaren Oberflächenqualitäten und einer Vielzahl Staffageobjekten, die ihrerseits lebendige Szenen bilden. In der grafischen Anordnung erzeugen beide einen gesamträumlichen Eindruck. Für Atelier Bow-Wow stellt die Arbeit mit diesem Medium – sie beinhaltet das Herantasten an die richtige Lage des Schnitts und die Darstellungsperspektive – einerseits eine suchende Auseinandersetzung mit den räumlichen Qualitäten ihrer eigenen Projekte dar.[17] Andererseits ist es ein Mittel zum Ausdruck projektspezifischer Charakteristika. Eine Vielzahl diverser Beziehungen zwischen Konstruktionsweise und Erscheinung sowie architektonischer Gestalt und menschlicher

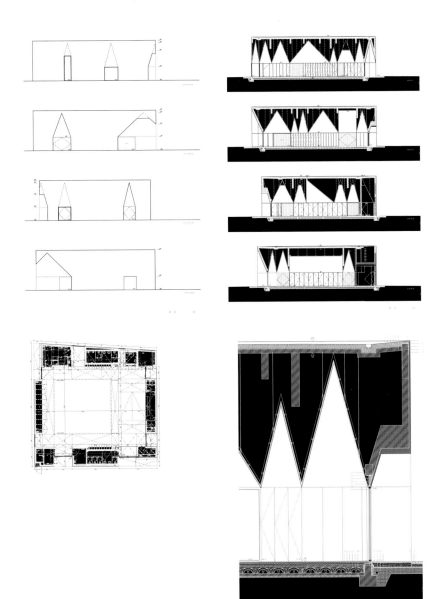

8-11 | Aires Mateus Centro de Convívio Grândola 2017

Aneignung lassen sich ablesen (Abb. 7).[18] Es offenbaren sich die Entwurfsschwerpunkte der Architekten: Blick-, Innenraum- und Innen-Außen-Beziehungen, individuelle Präferenzen und Aneignungsmöglichkeiten der Bewohnenden sowie der Einbezug nicht klassisch architektonischer Elemente spielen eine besondere Rolle.[19]

NOTATION—AUSSAGE   Neben ihrer Funktion als grafisches Entwurfswerkzeug und der Rolle als Projektions- und somit Reflexions- und Evaluationswerkzeug ist den parallel projizierten Plandarstellungen sicherlich immer eine kommunikative Ebene inhärent. Diese soll in den folgenden Beispielen näher betrachtet werden – basierend auf der Grundannahme, dass bereits Arten und Weisen der grafischen Wiedergabe selbst architektonische Ideen der Entwerfenden transportieren können. Im vermeintlich wertfreien Darstellungsmodus der Parallelprojektionen können also wert- und deutungsgebende Faktoren integriert sein.

Im Entwurfsansatz der portugiesischen Architektenbrüder Francisco und Manuel Aires Mateus lässt sich wiederkehrend die Beschäftigung mit Körperlichkeit feststellen, welche sich in der Formulierung von Bau- und Raumkörpern manifestiert. Die gestalterische Herangehensweise gelingt auch hier über geometrische und archetypische Grundformen – allerdings zeigt sich in ihrer Anordnung eine freiere kompositorische Komponente. Primärvolumen werden zueinander angeordnet, wiederholt, skaliert und wiederum mit anderen solcher Körper verschnitten (Abb. 8-11).[20] Die Arbeit am Modell scheint für diesen Ansatz naheliegend.[21] Dieses Instrument erschöpft sich aber insofern, als dass es im Weiteren um die Kontrastierung von Qualitäten wie Figur und Grund, gefüllt und leer, innen und außen sowie dienendem und bedientem Raum geht.[22] Die für Aires Mateus charakteristischen Schnitt- und Grundrissdarstellungen, in denen bestimmte Bereiche schwarz eingefärbt und damit invertiert sind, erscheinen in dieser Hinsicht zunächst als Repräsentations- und Erläuterungsinstrumente. Das Schneiden durch die Bauteile gewährt zudem einen Blick, der die Grenzen dieser Volumen selbst überschreitet und so ihr Zusammen- und Wechselwirken offenbart: In der Invertierung bestimmter Bereiche und Elemente sowie deren Proportionierungen und Anordnungen werden Spannungen, die sich auch im gebauten Zustand entfalten sollen, hervorgebracht und ihre gedanklichen und schließlich ästhetischen Zuordnungen gelenkt. Nicht nur – wie üblicherweise – geschnittene massive Bauteile und das Erdreich können in Schwarz erscheinen, ebenso kann dies bei sonstigen ‚geschlossenen' Raumzonen, Ausbaukonstruktionen und Einbaumöbeln der Fall sein. Bis in größere, detaillierte Maßstäbe hinein wird die Konstruktion mit ihrer Raumwirksamkeit und ursprünglichen Entwurfsabsicht abgeglichen. Im sogenannten Poché können dabei auch bautechnisch ‚leichte', veränderbare Teile eingeschlossen sein (Abb. 11).[23] Sie sind so, genau wie die im geometrischen Spiel entstehenden Resträume, einer morphologischen Idee untergeordnet. Der von Aires Mateus geäußerte Wunsch, „zu lernen, Kontrolle zu verlieren", wird so begünstigt, denn auf diese Weise muss auch nicht mehr jeder Verschnittraum funktional hergeleitet sein.[24] Die einzelnen baulichen Teile werden in der Plangrafik in Bezug zur übergeordneten Konzeption entwickelt und zueinander in Beziehung gesetzt.

12 | Junya Ishigami   Japanese Pavilion Venice Biennale   2008

then merged with other such volumes (fig. 8-11).[20] Working with models appears to
make sense for this approach.[21] However, this tool reaches limits when it is about the
contrasting of qualities such as figure and ground, filled and empty, inner and outer, as
well as serving and served space.[22] The section and ground plan drawings characteristic
of Aires Mateus, in which certain areas are coloured black and thereby inverted, appear
in this respect as representation and explanation tools. Cutting through the components
also allows a view that goes beyond the boundaries of each volume, thus revealing its
interrelations: the inverting of certain areas and elements, as well as their proportions
and arrangements, arranges their conceptional and aesthetic attribution and highlights
tensions that should also unfold in the built state. It is not only – as is customary – massive building components and the soil that can appear in black: this can also be the case
for other 'enclosed' spatial zones, finishing constructions and built-in furniture. Right
up to larger, detailed scales, the construction with its spatial effects is compared to the
original design intention. Structurally 'light', changeable elements can be included in the
'poché' (fig. 11).[23] Just like residual spaces generated in the geometrical interplay, they
are subordinated to a morphological idea. The wish expressed by Aires Mateus "to learn to
lose control" is thus promoted.[24] The individual constructional parts are developed in the
plan graphics in relation to the overarching concept and are set in relation to each other.

A content focus – albeit different – is evident in the use of media by the Japanese architect
Junya Ishigami. Recurring design themes can be described as a boundary between the
natural and artificial, as well as its dissolution (fig. 12). Ishigami is also interested in
the transferral of nature components and phenomena onto architecture.[25] Consequently,
natural elements drawn in detail are often included in the parallel projections (fig. 13-14).
Through the use of green and other colour tones they are further emphasised, while
traditional architectural elements such as façade contours and elements retreat into the
background as grey lines. The boundary between computer and hand drawing also seems
to blur through the fineness of the representational means. Traditional constructional
elements are thus on a par with natural ones. The way plants are drawn manifests to a
certain extent the underlying understanding of architecture.

13-14 | Junya Ishigami Plant buildings, plant house

Eine inhaltliche Fokussierung – wenn auch anders geartet – zeigt sich im medialen Einsatz des japanischen Architekten Junya Ishigami. Wiederholte Gestaltungsthemen können als Grenze zwischen dem Natürlichen und dem Künstlichen beziehungsweise als deren Auflösung beschrieben werden (Abb. 12).[25] Ebenso interessiert sich Ishigami für die Übertragung von Naturkomponenten und -phänomenen in die Architektur.[26] Folglich finden immer wieder detailliert gezeichnete, natürliche Elemente Eingang in die parallelen Projektionen (Abb. 13-14). Durch die Verwendung von Grün und anderen Farbtönen werden sie noch herausgestellt, während klassische architektonische Bestandteile wie zum Beispiel Fassadenkonturen und -elemente in grauen Linien in den Hintergrund treten. In der Feinheit der Darstellungsweise scheint auch die Grenze zwischen Computer- und Handzeichnung zu verschwimmen. Die klassisch-baulichen Elemente werden so den natürlichen gleichgestellt. Der zeichnerische Umgang mit den Pflanzen manifestiert gewissermaßen das zugrunde liegende Architekturverständnis.

FIXIEREN, EVALUIEREN, KOMMUNIZIEREN Den verschiedenen Ausgestaltungen von Rissen, Schnitten und Axonometrien ist zunächst gemeinsam, dass sie etwas Räumliches und eventuell auch etwas in zeitlicher Veränderung Befindliches in einem dezidierten Zustand fixieren können. Dies kann am Anfang eines Entwurfsprozesses wichtig sein: Die Ordnung einer Entwurfsidee zu einer geometrisch präzisierten Gestalt, festgehalten in der Parallelprojektion, vollführt einen ersten Schritt vom Gedanken- zum gebauten Konstrukt. Der Projektionscharakter entspricht schließlich auch einem gewissen projektiven Potenzial, wie es von Robin Evans herausgearbeitet wurde: „Wir scheinen es mit diesem Weg oder Übergang zwischen mental und real zu tun zu haben."[27] Auch in den aktuellen, dynamischen, computer- und modellbasierten Architekturprozessen bleibt dieser Akt des Fixierens von Bedeutsamkeit, da so bestimmte Zustände von Entwurfs- und Planungsprozessen dokumentiert, besprochen und als Bezugspunkt weiterer Bearbeitungsschritte dienen können.[28] Komplexe dreidimensionale Formationen selbst können durch ihre Reduktion auf die zwei Dimensionen einer Projektionsfläche unter Umständen erst verständlich gemacht werden. Die vielfachen Faltungen, Schrägen und Rundungen des Yokohama Passagierterminals, entworfen 1995 durch Foreign

FIXING, EVALUATING, COMMUNICATING   What the various types of plans, sections and axonometry have in common is that they can fix something spatial and perhaps something that is changing over time in a specific condition. This can be important at the beginning of a design process: the ordering of a design idea into a geometrically precise form, fixed in the parallel projection, corresponds to a first step from a thought construct to a built construct. The projection character ultimately also corresponds to a certain projective potential, as elaborated by Robin Evans: "We appear to be dealing with this path or transition between mental and real."[26] In the current, dynamic, computer-based and model-based architecture processes, this act of fixing remains important, as it allows certain states of design and planning processes to be documented, discussed and used as reference point for further steps in the process.[27] Complex three-dimensional formations themselves can in certain circumstances be made comprehensible through their reduction to the two dimensions of a projection surface. The range of folding, inclinations and curvatures of the Yokohama passenger terminal, designed in 1995 by Foreign Office Architects, are computer generated but needed to be represented in manifold section drawings in which the respective spatial situations and technical constructions could be checked (fig. 15).[28] This shows the evaluative effect of the representational method. Through the fragmenting effect, very particular spatial relations, proportions and measurements can be demonstrated in a localisable and understandable manner. They are visualisations of properties that allow spatial configurations to be evaluated and further design decisions to be made. In the literal distance created by the medium between designers and the architecture object, the design can be correlated to internal ideas, to other representations in more imprecise design media, as well as to given external conditions. Fixing thoughts in drawings is of course also an important communication tool: ideas that have been formed can thus be exchanged on a materially given, mediate and common basis, whether between the designers themselves or with others involved in planning, the public or executive powers.

In the traditionally preeminent role as universal architecture coding, in which all information is contained and from which all other means of representation can be derived, plans, sections and axonometry have received strong competition in the form of the digital 3D model. The plan graphics of our everyday perception also appears to be more distant, even though it brings about an abstraction of the spatial. It is especially this circumstance, however, that can open up conceptual freedom, foster thinking in (abstracted) images, evoke spatial interpretations and stimulate the subjective research of the image (and therefore also of space). The factual appearance of the parallel projections allows all the more subtle guidance of attention, can show connections clearly and understandably, transport understandings of architecture and design statements. It is therefore not limited to the 'neutral' representation of architecture but works in the field between the projection of design ideas and technical implementations. This enables the literal design formation and materialisation of architectural concepts.

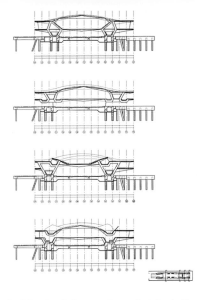

15 | FOA
Yokohama International
Passenger Terminal 1995-2002

Office Architects, sind computergeneriert, bedurften allerdings einer Wiedergabe in einer Vielzahl von Schnittdarstellungen, in denen die jeweiligen räumlichen Situationen und technischen Konstruktionen überprüft werden konnten (Abb. 15).[29] Dies veranschaulicht die evaluative Wirkungsebene der Darstellungsmethode. Durch den fragmentierenden Effekt können lokalisierbar und nachvollziehbar ganz bestimmte Raumrelationen, -proportionen und -abmessungen demonstriert werden. Sie sind Visualisierungen von Eigenschaften, anhand derer räumliche Konfigurationen bewertet und weiterführende Entwurfsentscheidungen getroffen werden können. In der durch das Medium geschaffenen, buchstäblichen Distanz zwischen Entwerfenden und dem Architekturobjekt kann der Entwurf mit inneren Vorstellungen, anderen Darstellungen in unpräziseren Entwurfsmedien und auch den gegebenen äußeren Bedingungen abgeglichen werden. Das Gedachte zeichnerisch zu fixieren ist natürlich auch wesentliches Kommunikationswerkzeug: In Form gebrachte Ideen können so auf einer materiell gegebenen, mittelbaren, gemeinsamen Basis ausgetauscht werden, ob zwischen Entwerfenden selbst oder mit anderen Planungsbeteiligten, einer Öffentlichkeit oder mit ausführenden Kräften.

In der traditionell herausragenden Rolle als universelle Architekturcodierung, in der alle Informationen enthalten sind und aus der alle anderen Darstellungsweisen abgeleitet werden können, haben Risse, Schnitte und Axonometrien starke Konkurrenz bekommen in Form des digitalen 3D-Modells. Auch scheint die Plangrafik unserer Alltagswahrnehmung ferner zu sein, findet durch sie doch eine Abstraktion des Räumlichen statt. Gerade dieser Umstand jedoch kann konzeptionelle Freiheiten eröffnen, das Denken in (abstrahierten) Bildern befördern, räumliche Interpretationen evozieren und zur subjektiven Erforschung des Bildes (und damit auch des Raumes) anregen. Der sachliche Anschein der parallelen Projektionen lässt umso subtilere Lenkungen der Aufmerksamkeit zu, kann Zusammenhänge dezidiert und nachvollziehbar aufzeigen, transportiert Architekturverständnisse und Entwurfsaussagen. Sie beschränken sich somit nicht auf die ‚neutrale' Wiedergabe von Architektur, sondern wirken im Spannungsfeld zwischen der Projektion entwerferischer Ideen und technischer Umsetzungen. Damit ermöglichen sie die buchstäbliche Gestaltwerdung und Materialisierung architektonischer Konzeptionen.

69

1 Vgl. z.B. | Cf. e.g. Klaus Jan Philipp, Von der Ichnographia Vitruvs zur DIN 1356-1. Prolegomena zu einer Geschichte der Grundrissdarstellung, in: Monika Melters/Christoph Wagner (eds.), Die Quadratur des Raumes. Bildmedien der Architektur in Neuzeit und Moderne, Berlin: Gebr. Mann Verlag 2016, 200–211 **2** Vgl. | Cf. Klaus Jan Philipp, Die Axonometrie als symbolische Form? Architekturdarstellung als visualisierte Theorie, Hamburg: Textem 2011, 15 **3** Vgl. z.B. | Cf. e.g. Peter Heinrich Jahn, Parallelprojektionen, in: Barbara Wittmann (ed.), Werzeuge des Entwerfens, Zürich: Diaphanes 2018, 155-178; Monika Melters, Zur Epistemologie der Architekturzeichnung. Leon Battista Alberti und die ‚freie Kunst' der Geometrie (1485), in: Monika Melters/Christoph Wagner (eds.) 2017, op. cit. (Anm. | note 1), 24-43; Lorena Valdivia, Über das legitime Medium der Architekturvermittlung, in: Wolkenkuckucksheim 1-2 (2007), https://www.cloud-cuckoo.net/openarchive/wolke/deu/Themen/061+062/Valdivia/valdivia.htm, 26.08.2020 **4** Vgl. z.B. | Cf. e.g. Reiner Thomae, Perspektive und Axonometrie, Stuttgart: Kohlhammer 1997, 9 **5** Tatsächlich entwickelten sich z.B. axonometrische Darstellungen historisch aus dem Bedürfnis heraus, mehr Informationen im zusammenhängenden Plan zu zeigen, vgl. | In fact, for example, axonometric representations historically evolved from the desire to show more information in a cohesive plan, cf. Philipp (2011) op. cit. (Anm. | note 2), 15 **6** Vgl. z.B. | Cf. e.g. Christian Gänshirt, Werkzeuge für Ideen. Einführung ins architektonische Entwerfen, Basel: Birkhäuser 2011, 134 **7** Vgl. | Cf. Christoph Mäcker/Wolfgang Sonne (eds.), Oswald Mathias Ungers. Die Thematisierung der Architektur, Sulgen/Zürich: Niggli 1982/2011, 17-34 **8** Vgl. | Cf. Sandra Schramke, Das autonome Quadrat. Zum Gebrauch von Millimeterpapier in der Architektur Oswald Mathis Ungers', in: Sara Hillnhütter (ed.), Planbilder. Formen der Architekturgestaltung, Berlin: De Gruyter 2015, 44-52, z.B. | eg. 48, 50 **9** Vgl. | Cf. André Bideau, Architektur und symbolisches Kapital. Bilderzählungen und Identitätsproduktion bei O. M. Ungers, Basel: Birkhäuser 2011; z.B. | e.g. 147-165 **10** Vgl. | Cf. Schramke (2015) op. cit. (Anm. | note 8), z.B. | e.g. 51 **11** Christoph Mäckler/Wolfgang Sonne (2011), op. cit. (Anm. | note 7), 19 **12** Vgl. | Cf. Micheal Merrill, Louis Kahn. Drawing to Find Out. The Dominican Motherhouse and the Patient Search for Architecture, Baden: Lars Müller 2010, passim **13** Ibid.,

12; zu Louis Kahns handzeichnerisch basierten Entwurfsansatz vgl. | on Louis Kahn's hand-drawn based design approach cf. Valerie Hoberg, Handzeichnung | Hand drawing, in diesem Buch | in this book, 38-53 **14** Vgl. z.B. | Cf. e.g. David B. Brownlee/ David G. De Long, Louis I. Kahn. In the Realm of Architecture, New York: Rizzoli 1991, 68 **15** Vgl. z.B. | Cf. e.g. Klaus Jan Philipp, Die Imagination des Realen, in: Jörg H. Gleiter/Norbert Korrek/Gerd Zimmermann (eds.), Die Realität des Imaginären. Architektur und das digitale Bild, Weimar: Bauhaus-Univ. 2008, 147-157, 150 **16** Vgl. | Cf. Klaus Jan Philipp (2011), op. cit. (Anm. | note 2), 22 **17** Vgl. | Cf. Atelier Bow-Wow, Graphic Anatomy 2, Tokyo: Toto 2014, 5 **18** Vgl. | Cf. Atelier Bow-Wow, Graphic Anatomy, Tokyo: Toto 2007, 5 **19** Vgl. | Cf. ibid., 109-119 **20** Vgl. | Cf. Luis Martínez Santamaría, Human Measure, in: El Croquis 186 (2016), 37 **21** Vgl. | Cf. Margitta Buchert et al., Über Modelle | On models, in diesem Buch | in this book, 96-137 **22** Vgl. | Cf. Juan Antonio Cortés, Building the Mould of Space. Concept and Experience of Space in the Architecture of Francisco and Manuel Aires Mateus, in: El Croquis 154 (2011), 21-41, 27 und | and passim **23** Zu einer Einreihung des Ansatzes von Aires Mateus in vorangegangene Auseinandersetzungen durch Bruno Zevi, Luigi Moretti, Louis Kahn, Robert Venturi und Colin Rowe unter Berücksichtigung des Poché-Begriffes vgl. | For a positioning of the concept of Aires Mateus in previous approaches by Bruno Zevi, Luigi Moretti, Louis Kahn, Robert Venturi and Colin Rowe, taking into account the concept of poché cf. ibid., 21-41, 21-25 **24** Vgl. | Cf. Luis Martínez Santamaría (2016), op. cit. (Anm. | note 20), 43 **25** Vgl. z.B. | Cf. e.g. Junya Ishigami, Small Images, Tokyo: LIXIL 2008/2012, 100-110 **26** Vgl. z.B. | Cf. e.g. Junya Ishigami, Another Scale of Architecture, Kyoto: Seigensha Art Publising 2010 **27** Robin Evans, The Projective Cast. Architecture and Its Three Geometries, Cambridge: MIT Press 1995, 354 **28** Vgl. | Cf. Sabine Ammon, Epilog. Vom Siegeszug der Bildlichkeit im Zeitalter der Modellierung, in: Sabine Ammon/Inge Hinterwaldner (eds.), Bildlichkeit im Zeitalter der Modellierung. Operative Artefakte in Entwurfsprozessen der Architektur und des Ingenieurwesens, München: Wilhelm Fink 2017, 399-426, 413 **29** Vgl. z.B. | Cf. e.g. https://www.archdaily.com/554132/ad-classics-yokohama-international-passenger-terminal-foreign-office-architects-foa, 02.09.2020

'In this way, space begins just with words, with signs put on white paper.'

„So beginnt der Raum nur mit Wörtern, mit aufs weiße Papier gebrachten Zeichen."

Georges Perec

LANGUAGE

Margitta Buchert

Language, whether written or spoken, represents an important and often underestimated means and medium in architecture and for design. Language is relevant not only in the everyday life of architecture offices, not only for conversation or for communication and argumentation of designs. In design contexts, it can also have an active effect as a driving force in the concrete design process, as well as in the development, modification and refinement of the basic concept, the stance and the habits of architects, and in this way represents also a creative component in the genesis of individual projects. In addition, linguistic articulation, for example in manifesto-like texts, can be associated with the aim of making a positive change to architecture and the future of the built environment.

Of course, language can be found fundamentally in all architecture theory books and in many contexts in which architecture is firmly present as a form of thought. In his first of the ten books about the building arts in the 1st century BC, Vitruvius already pointed out that architecture has two big competence areas. He referred to one as 'fabrica', as doing and producing, and to the other as 'ratiocinatio', as thinking, arguing, justifying, contextualising architecture and design.[1] Sometimes pictorial design manifestations or built architectures and cities are also characterised as linguistically active.[2] Álvaro Siza, for example, once stated that for him drawings are a language with which he talks to himself and with which one can also talk to others.[3] In addition, his

SPRACHE

Margitta Buchert

Sprache, ob geschrieben oder gesprochen, bildet ein wichtiges, oft unterschätztes Mittel und Medium der Architektur und für das Entwerfen. Nicht nur im Alltag des Architekturbüros, nicht nur für die Konversation, die Kommunikation und die Begründung von Entwürfen ist Sprache relevant. In Kontexten des Entwerfens kann sie zudem aktiv wirksam werden als treibende Kraft im konkreten Entwurfsprozess sowie in der Entwicklung, Modifikation und Verfeinerung der Grundkonzeption, der Haltung und des Habitus von Architekturschaffenden und so in der Genese der einzelnen Projekte eine schöpferische Komponente bilden. Darüber hinaus kann die sprachliche Artikulation, in manifestartigen Texten beispielsweise, mit dem Anspruch verbunden sein, Architektur und die Zukunft der gebauten Umwelt positiv zu verändern.

Selbstverständlich ist Sprache grundlegend in allen Architekturtheoriebüchern zu finden und in vielen Zusammenhängen, in denen Architektur dezidiert als Denkform auftritt. Vitruv hat in seinem ersten der zehn Bücher zur Baukunst im 1. Jahrhundert v. Chr. bereits darauf hingewiesen, dass Architektur zwei große Kompetenzbereiche umfasst. Einen bezeichnete er als ‚fabrica', als Machen, Produzieren, den anderen als ‚ratiocinatio', als das Denken, Argumentieren, Begründen, In-Zusammenhänge-Stellen von Architektur und Entwerfen.[1] Bisweilen werden auch bildliche entwerferische Manifestationen oder gebaute Architekturen und Städte als sprachlich agierend charakterisiert.[2]

75

1-2 | Aldo Rossi Quaderni azzurri 1968-1986

sketchbooks comprise both, alongside figurative line sketches and geometry-based drawings also notations with words and numbers. Language is also accorded importance as an instrumental medium for the current technical a priori, as a programming and script language for the formulation of data structures and algorithms, as well as on the new digital communication platforms as varying forms of text production.[4]

However, it is not these aspects that will be the focus of the following considerations. Instead they are guided by a descriptive, differentiating and interpreting perspective on usage connections of words, terms and texts in the areas in which they occur in the context of design as notations, lists and texts, scripts, linguistic diagrams and in general as tools and media and are described in self-reports by architects, with which it is possible to experiment, generate, produce, propagate, construct and project.

TRAJECTORIES   In the complex work canon of various inventors and architects, for example Leonardo da Vinci and Le Corbusier, one can find a whole array of products that were developed with language. These are explanations of their own work. But beyond this, they show how language can be mobilised in order to veer away from habitual perspectives and to give unfamiliar answers, to develop concepts and concrete design elements, such as a flying machine or the 'modulor' proportion system.[5] Le Corbusier documented everything that he created in terms of drawing, painting, sculpture and language and stated that the important aspect of his work was patient searching.[6] And this is evident, as also in the case of the exceptional artist of the Renaissance, not only with a multiperspectival but also an intermedial character.

For the Italian architect Aldo Rossi, language also played an important role for the development of basic concepts and concrete design elements. In combination with generating through drawing and painting, this is especially clear in his sketchbooks and diaries (fig. 1-3). As narrow books with blue envelope, called 'Quaderni azzurri', they accompany the research

3 | Aldo Rossi Quaderni azzurri 1968-1986

Álvaro Siza beispielsweise hat einmal geäußert, dass für ihn die Zeichnung eine Sprache ist, mit der er mit sich selbst spricht und mit der man auch mit anderen sprechen kann.[3] Seine Skizzenbücher umfassen darüber hinaus beides, neben figürlichen Strichzeichnungen und geometriebasierten Skizzen auch Notate mit Worten und Zahlen. Auch beim aktuellen technischen Apriori kommt Sprache als instrumentellem Medium Bedeutung zu, als Programmier- und Skriptsprache zur Formulierung von Datenstrukturen und Algorithmen sowie auf den neuen digitalen Kommunikationsplattformen in der Textproduktion unterschiedlichster Art.[4]

Doch sind es nicht die vorgenannten Aspekte, die bei den folgenden Ausführungen im Vordergrund stehen. Diese werden vielmehr geleitet durch den beschreibenden, differenzierenden und interpretierenden Blick auf Verwendungszusammenhänge von Wort, Begriff und Text in den Bereichen, in denen sie im Kontext des Entwerfens als Notate, Listen und Texte, Skripts, sprachliche Diagramme und insgesamt als Instrument und Medium auftreten, oder in Selbstreporten von Architekturschaffenden beschrieben werden, mit denen zusammen es möglich ist, zu experimentieren, generieren, produzieren, propagieren, konstruieren und projektieren.

TRAJEKTE   Im komplexen Werkkanon verschiedener Erfinder und Architekten, bei Leonardo da Vinci und Le Corbusier beispielsweise, sind eine ganze Anzahl von Produkten zu finden, die mit Sprache entwickelt worden sind. Es sind dies zunächst Erläuterungen zum eigenen Schaffen. Sie zeigen darüber hinaus auf, wie Sprache mobilisiert werden kann, um gewohnte Sichtweisen zu verlassen, um unbekannte Antworten zu geben, um Konzepte und konkrete Entwurfsbausteine zu entwickeln wie beispielsweise ein Fluggerät oder das Proportionssystem des Modulor.[5] Le Corbusier hat alles, was er zeichnerisch, malerisch, skulptural und sprachlich geschaffen hat, dokumentiert, und äußerte, dass das Wichtige seines Schaffens die geduldige Suche sei.[6] Und diese zeigt sich, wie auch bei dem überragenden Künstler der Renaissance, nicht nur multiperspektivisch, sondern vielmehr auch als intermedial geprägt.

4 | OMA, Rem Koolhaas, Bruce Mau S,M,L,XL 1995

and design work of the architect. Through a mix of these media, Rossi developed important concepts and ideas about architecture and the city, such as the analogous city and typological form.[7] Using this intermedial way of working, he also generated individual project designs and discovered language as a medium that can combine analysis and design.

Even more pronounced than with Rossi, the linguistic articulations of the Dutch architect Rem Koolhaas are not just about interpreting his own designs but also about preparing them proactively, generating them and also providing an incentive to perceive architecture and the city from various perspectives and developing fruitful concepts from them. He himself expressed on many occasions that for him, architecture also had something to do with writing and with developing concepts with words.[8] Publications in which he worked in various ways with language convey that the work of this firm is fundamentally characterised by a multilayered way of working with architectural and urbanistic theories and practice projects, with language and various graphic design media and models.

A significant example is presented by comprehensive book object 'S,M,L,XL' first published in 1995 together with the Canadian graphic designer Bruce Mau and OMA (fig. 4-6). In the interior it is expressive and rich in contrast, in part also provoking, with picture and text contributions, evoking thoughts, documenting and interpreting concepts and stimulating the further generation of ideas and forms in a variety of ways.[9] Some projects are built, some appear as manifestos expressed with words and graphics which – together with essays, stories and travel notes, alongside cartographic and diagrammatic representations, outlines, sections and photographs as well as models and modelling photographs, collages, computer modelling and a glossary – as a whole form an exciting media project.

The variety offered in this way is open to appropriation; it evokes a kind of wandering, strolling through the book in sequences, which therefore has the effect of a single trajectory that combines all the various themes and projects as an irregular route in

5-6 | OMA, Rem Koolhaas, Bruce Mau S,M,L,XL 1995

Auch für den italienischen Architekten Aldo Rossi spielte die Sprache in der Entwicklung von Grundkonzeptionen und konkreten Entwurfsbausteinen eine wichtige Rolle.
In ihrer Verschränkung mit dem zeichnerischen und malerischen Generieren wird dies
besonders deutlich in seinen Skizzen- und Tagebüchern (Abb. 1-3). Als schmale Hefte
mit blauem Einband, ‚Quaderni azzuri' genannt, begleiten sie das forschende entwerferische Schaffen des Architekten. Im Wechselspiel mit diesen Medien entwickelte Rossi
seine wichtigsten Konzepte und Ideen zur Architektur und Stadt, wie beispielsweise die
analoge Stadt und die typologische Form.[7] Ebenfalls in dieser intermedialen Arbeitsweise entwickelte er einzelne Projektentwürfe und entdeckte dabei Sprache als Medium,
welches Analyse und Entwurf verbinden kann.

Stärker noch als Rossi geht es dem niederländischen Architekten Rem Koolhaas in seinen
sprachlichen Artikulationen nicht nur darum, eigene Entwürfe zu interpretieren, sondern
sie auch proaktiv vorzubereiten, zu erzeugen und zudem dazu anzuregen, Architektur
und Stadt aus verschiedenen Perspektiven wahrzunehmen, um daraus verschiedene
fruchtbare Konzepte zu entwickeln. Er selbst hat mehrfach geäußert, dass Architektur
für ihn auch etwas mit Schreiben zu tun hat und damit, Konzepte mit Worten zu
entwickeln.[8] Koolhaas' Publikationen – in denen Sprache in unterschiedlicher Form
eingesetzt wird – vermitteln, dass das Schaffen seines Büros grundlegend durch eine
vielschichtige Arbeitsweise geprägt ist, die architektonische und urbanistische Theorien
und Praxisprojekte, Sprache sowie diverse zeichnerisch-grafische Entwurfsmedien und
Modelle umfasst.

Ein signifikantes Beispiel bildet das zusammen mit dem kanadischen Grafiker Bruce Mau
und OMA erstmals 1995 publizierte umfangreiche Buchobjekt ‚S,M,L,XL' (Abb. 4-6). Sein
aus Bild- und Textbeiträgen bestehender Inhalt fordert ausdrucksstark und kontrastreich,
teils auch provozierend, zum Nachdenken auf, dokumentiert und interpretiert Konzepte
und regt weiteres Ideen- und Formfinden vielfältig an.[9] Manche Projekte sind gebaut,

7-8 | Fabrizio Barozzi, Alberto Veiga Barozzi Veiga 2016

similar way as the basic concept is interlinked with the project concepts of the firm. Not least, this intermediality shows the working method of the design, even if it can still never be fully illuminated or grasped and furthermore changes over time against the background of various developments and contexts.[10]

NOTIONAL SPACES   It is not rare that various layers of design, in connection with monographic publications, are recognised, emphasised and communicated, in a context in which an effort is made to sum up one's own work, as well as design knowledge and design theory, in words. In the case of the Spanish architecture firm of Fabrizio Barozzi and Alberto Veiga, the planned presentation of their projects in a book led, alongside the usual descriptive design descriptions, to filtering out their terminology and characterising them with short texts, which form a conceptual framework in the design process of their projects and permeate the design contexts in individual projects in various combinations, such as specific, tradition or autonomy (fig. 7-9).[11] In terms of statements, all the themes are ordered theoretically next to each other as differentiated valuations and could thus sketch a contemporary architecture programme. The architects thereby seek to gain an overview and to understand the spectrum of terminology that accompanies the design of physical space and which can never fully but only rather vaguely be grasped linguistically, and also to convey these thoughts. The design performance associated with language is condensed in the selected terminology and short texts. With the characterisations that both incorporate tradition and integrate new perspectives, not only can the scope of communication be sharpened but possibilities of cognition and creation can also be extended.

PROJECTS   When it comes to the significance of language for design contexts, one also thinks of tendering and legal texts for concrete project concepts, as well as wishes, restrictions and framework conditions that are conveyed variously through language and can have varying degrees of influence on design processes.[12] At the same time,

9 | Barozzi Veiga Szczecin Philharmonic Hall 2014

manche erscheinen als in Worten und Grafiken ausgedrückte Manifeste, die – zusammen mit Essays, Geschichten, Reisenotizen, kartografischen und diagrammatischen Darstellungen, Rissen, Schnitten, Fotografien und Modell- und Modellbaufotografien, Collagen und Computermodellierungen sowie einem Glossar – als Ganzes selbst ein ereignisreiches mediales Projekt bilden. Die so dargebotene abwechslungsreiche Vielfalt ist aneignungsoffen. Beim Durchblättern, Lesen und Schauen wird eine Art Wandern, Flanieren durch das Buch angeregt. So erscheint es wie ein einziges Trajekt, das all die verschiedenen Themen und Projekte verbindet, vergleichbar der Weise, wie auch die Grundkonzeption mit den Projektkonzeptionen des Büros verschränkt ist. Nicht zuletzt scheint in dieser Intermedialität die entwerferische Arbeitsweise auf, auch wenn sie dennoch nie vollständig veranschaulicht oder erfasst werden kann und sich zudem mit der Zeit vor dem Hintergrund verschiedener Entwicklungen und Kontexte modifiziert.[10]

BEGRIFFLICHE RÄUME Es ist nicht selten, dass verschiedene Layer des Entwerfens im Rahmen von monografischen Publikationen in ihrer Prägnanz erkannt, geschärft und kommuniziert werden, in einem Zusammenhang, in dem die Anstrengung unternommen wird, das eigene Schaffen, aber auch Entwurfswissen und Entwurfslehren in Worte zu fassen. Bei dem spanischen Architekturbüro von Fabrizio Barozzi und Alberto Veiga hat die geplante Präsentation ihrer Projekte in einem Buch dazu geführt, neben den üblichen Entwurfsbeschreibungen die Begriffe herauszufiltern und mit kurzen Texten zu charakterisieren, die in ihren Entwurfsprozessen ein konzeptuelles Rahmenwerk bilden und die Entwurfskontexte der einzelnen Projekte in verschiedenen Kombinationen durchdringen, wie beispielsweise Spezifik, Tradition oder Autonomie (Abb. 7-9).[11] Im Sinne von Statements sind alle Themen als differenzierte Wertsetzungen gedanklich nebeneinander angeordnet und könnten so auch ein zeitgenössisches Architekturprogramm skizzieren. Damit versuchen die Architekten, den begrifflichen Raum, der das Entwerfen des physischen Raums begleitet und der nie vollständig, vielmehr nur vage sprachlich erfasst werden kann, zu überblicken und zu verstehen, und diese Gedanken

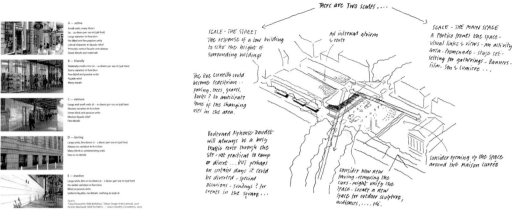

10 | Jan Gehl Cities for People 2010   11 | Norman Foster Carré d'Art Nîmes 1985-1993

in relation to projects it is also in particular interconnections between the basic and project concept in which language can be found as an intentional agent. The Danish architect and city planner Jan Gehl and his Copenhagen firm investigate the interplay of public space and urban life. This results, for example, in short texts or abbreviated descriptions as condensates of previously made observation sketches and notes, often accompanied by photographs or pictograms that show interactions in urban space (fig. 10).[13] In this manner, he and his teams developed a set of tools for the overall planning and design of individual projects such as streets, squares and parks.[14] The repertoire already gained through experience and the consideration of the respective local circumstances then form the design components and shape project ideas. Potential qualities for people-friendly cities, which integrate both aesthetic qualities and usage and appropriation possibilities, are presented in this manner in visual and verbal arguments and can be incorporated into further design concepts.

As an example of refined design genesis and communication in the context of very concrete design and project development, in which language can also be found as an important driving force, one can consider design sheets by Norman Foster, like those for the Carré d'Art in Nîmes or the Commerzbank in Frankfurt am Main, of which many are signed and dated by the architect (fig. 11-12).[15] Even the competition contributions are developed, often handwritten and hand-drawn, in such a way that they can be understood by the various participating groups of people, experts, clients and users, as investigating and structuring in relation to familiar meanings and new design arrangements. As a combination of partially coloured drawings and short conceptual descriptions, these draft sheets have a generative function for the architects, while also developing into instrumental-communicative tools for conveying the project to others, in presenting the various ideas for a building or architectural ensemble.[16] Also in the further course of design development, based on the primary postulations, individual conceptual steps, from the urban development contextualisation to constructive details, are presented and perceptible comparatively in a self-explanatory way.

82

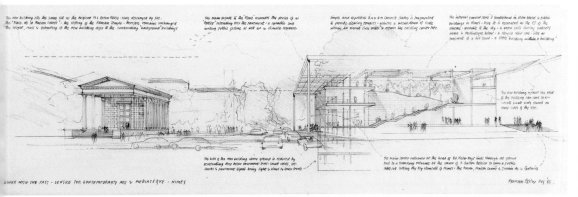

12 | Norman Foster Carré d'Art Nîmes 1985

auch zu transportieren. Die mit der Sprache verknüpfte entwerferische Performanz wird dabei in den gewählten Begriffen und Kurztexten kondensiert. Mit den Traditionsbindungen und zugleich neue Perspektiven integrierenden Charakterisierungen können so nicht nur Spielräume der Kommunikation geschärft, sondern auch Möglichkeitsräume der Kognition und der Kreation erweitert werden.

PROJEKTE   Bei der Bedeutung von Sprache für Entwurfskontexte ist bei konkreten Projektkonzeptionen auch an Ausschreibungs- und Gesetzestexte zu denken sowie an Wünsche, Restriktionen und Randbedingungen, die in verschiedener Weise sprachlich vermittelt werden und in unterschiedlichem Ausmaß auf Entwurfsprozesse einwirken können.[12] Gleichwohl sind es auch im Projektbezug insbesondere Verschränkungen von Grund- und Projektkonzeption, in denen Sprache als intentionales Agens zu finden ist. Der dänische Architekt und Stadtplaner Jan Gehl untersucht mit seinem Kopenhagener Büro die Wechselwirkungen von öffentlichem Raum und städtischem Leben. Dabei entstehen beispielsweise Kurztexte und stichwortartige Beschreibungen als Kondensate zuvor gemachter Beobachtungsskizzen und -notizen, oftmals begleitet von Fotografien oder Piktogrammen, die Interaktionen im städtischen Raum zeigen (Abb. 10).[13] So entwickelte er mit seinen Teams ein Instrumentarium für die Gesamtplanung und das Entwerfen einzelner Projekte wie Straßen, Plätze, Parks.[14] Das bereits durch Erfahrung gewonnene Repertoire und die Berücksichtigung der jeweils lokalen Gegebenheiten bilden dann die Entwurfsbausteine und gestalten Projektideen. Potenzielle Qualitäten für menschenfreundliche Städte, die ästhetische Qualitäten ebenso integrieren wie Nutzungs- und Aneignungsangebote, werden in visuellen und verbalen Argumenten vorgetragen und können in weitere Entwurfskonzeptionen integriert werden.

Als Beispiel verfeinerter Entwurfsgenese und -kommunikation im Kontext sehr konkreter Entwurfs- und Projektentwicklung, in der auch Sprache als eine wichtige treibende Kraft zu finden ist, können Entwurfsblätter von Norman Foster betrachtet werden wie die für

DESIGNING WITH WORDS   There are many variants of how language can be used graphically, in various fonts, large and small, in connection with an enlarged design section as a linear sequence, as a glossary, as a word chain or also in lists. A verbal image that presents two vertical lists with terms arranged parallel to each other, as chosen by the architects Arno Brandlhuber and Florian Hertwick and the graphic artist Thomas May-friedals for a content overview of a publication about the future of planning and design in the city of Berlin, is revealing (fig.13-14).[17] Through a horizontally readable word grouping of, for example, city and nature, fiction and reality, foreignness and intrinsic logic, which then vertically lines up city, fiction and foreignness, or nature, reality and intrinsic logic, impulses are imparted, as well as thoughts about how these terms may be connected in relation to design and reality, whether there should be an emphasis more on the horizontal or vertical reading, more on the empty spaces in the middle or on the overall meaning. The suggested thematisation is that of the 'dialogical city' in the sense of an action principle that anticipates a process, drives interpretation efforts, and is at the same time open to synergetic thinking.[18] In this constellation, language also marks valuations in a vague, unclear, undefined intermediate area and can thus compress complex phenomena, (re)organise their relations and convey contexts, in a way that images cannot.[19] With the way in which the terms are combined with potential ambiguities, levels of perception and understanding are opened up or stimulated that go beyond pure designations and generate new layers that can become a mediator for creative designing and planning.

A further, very specific example that shows how architects integrate the boundaries and potential of language into design contexts are the design and project descriptions by Jan de Vylder, Inge Vinck and Jo Taillieu (fig. 15-16). Due to stories about the projects being thought up and described lyrically in a balance between imagination and reality, they invite one to not only recognise the experienced and given everyday context as a design component but also to think poetically of architectural spaces. Language as a form of expression then becomes an exploration tool, contributing to the design process also as an open, 'flowing' thinking, which is furthermore strongly characterised by added and layered hand drawings.[20] In turn, intermediality appears as an intentional act and as a creative motor, for example when it is said in the context of the Melle psychiatric clinic in relation to the newly designed meeting and regeneration rooms that had been in a ruinous condition: "Seven empty rooms. Small ones. High ones. Big. Low. Rooms to allow a different function than what would be expected from the point of view of rules and regulations. An invitation to think differently. About therapy. About clinics. About care."[21]

13-14 | Brandlhuber+ Hertweck, Burlon The Dialogic City 2015

das Carré d'Art in Nîmes oder die Commerzbank in Frankfurt am Main, von denen viele vom Architekten signiert und datiert sind (Abb. 11-12).[15] Bereits die Wettbewerbsbeiträge werden, oftmals handgeschrieben und handgezeichnet, so entwickelt, dass sie für die Entwerfenden ebenso wie für unterschiedliche beteiligte Personengruppen, für Experten und Expertinnen, Auftraggebende und Nutzende untersuchend und strukturierend zwischen vertrauten Bedeutungen und neuen entwerferischen Arrangements verständlich werden. Als Kombination aus teilweise kolorierten Zeichnungen und gleichwertigen kurzen konzeptuellen Beschreibungen bieten diese für den Architekten generativ und zudem nach außen instrumentell-kommunikativ wirksam werdenden Entwurfsblätter verschiedene Ideen für ein Gebäude oder ein bauliches Ensemble dar.[16] Auch im weiteren Verlauf der Entwurfsentwicklung werden, ausgehend von den primären Setzungen, konzeptuelle Einzelschritte von der städtebaulichen Kontextualisierung bis zu konstruktiven Details vergleichbar ausgebildet und selbsterklärend wahrnehmbar.

MIT WORTEN GESTALTEN Es gibt zahlreiche Varianten davon, wie Sprache grafisch eingesetzt werden kann, in verschiedenen Schrifttypen, groß und klein, im Zusammenhang mit einem vergrößerten Entwurfsschnitt als lineare Folge, als Glossar, als Wortkette oder auch in Listen. Ein Sprachbild, das zwei vertikale Listen mit Begriffen nebeneinander präsentiert, wie sie von den Architekten Arno Brandlhuber und Florian Hertwick und dem Grafiker Thomas Mayfried als Inhaltübersicht einer Publikation zur Zukunft des Planens und Entwerfens in der Stadt Berlin gewählt wurde, ist aufschlussreich (Abb. 13-14).[17] Durch eine horizontal lesbare Wortgruppierung von beispielsweise Stadt und Natur, Fiktion und Realität, oder Fremdheit und Eigenlogik, die dann vertikal Stadt, Fiktion und Fremdheit bzw. Natur, Realität und Eigenlogik aufreihen, werden Impulse vermittelt und das Nachdenken darüber, wie diese Begriffe im Entwurfs- und Wirklichkeitsbezug zusammenhängen können, ob mehr die horizontale oder die vertikale Lesart in den Vordergrund treten soll, mehr die Leerstellen in der Mitte oder das Bedeutungsganze. Die vorgeschlagene Thematisierung ist die der ‚dialogischen Stadt' im Sinne eines Handlungsprinzips, das einen Prozess

[...]

Seven empty rooms.
Small ones. High ones. Big. Low. Rooms to allow a different
function then what would be expected from the point of view of
rules and regulations.
An invitation to think differently. About therapy. About clinics.
About care.

A tree.
A fireplace.
An amphitheater.
Lighting and benches. Jeu de boules and garden chairs. A winter
garden and a room for drawing.
And all the way to the top, a place to watch the stars.

[...]

15-16 | Architecten De Vylder Vinck Taillieu / Filip Dujardin PC Caritas Melle 2015

antizipiert, Interpretationsanstrengungen anspornt und gleichzeitig offen ist, die Dinge zusammenzudenken.[18] Sprache markiert in dieser Anordnung auch Wertungen in einem vagen, unscharfen, unbestimmten Zwischenbereich und kann so komplexe Phänomene komprimieren, deren Relationen (re-)organisieren und Kontexte vermitteln, wie es Bilder in dieser Weise nicht vermögen.[19] Mit der Art und Weise, wie die Begriffe kombiniert sind mit potentiellen Ambiguitäten, werden Wahrnehmungs- und Verständnisebenen geöffnet bzw. angeregt, die über pure Benennungen hinausreichen und neue Layer generieren, die zum Mittler für kreatives Entwerfen und Planen werden können.

Ein weiteres, sehr spezifisches Beispiel, das veranschaulicht, wie Architekturschaffende die Grenzen und die Potenziale der Sprache in Entwurfskontexten integrieren, sind die Entwurfs- und Projektbeschreibungen von Jan de Vylder, Inge Vinck und Jo Taillieu (Abb. 15-16). Indem Geschichten zu den Projekten in einer Balance zwischen Imagination und Wirklichkeit lyrisch erdacht und beschrieben werden, laden sie ein, nicht nur den gelebten und gegebenen Alltagskontext als Entwurfskomponente zu erkennen, sondern auch architektonische Räume poetisch zu denken. Sprache als eine Form des Ausdrucks wird dann ein Werkzeug des Entdeckens, wie sie auch als offenes, ‚fließendes' Denken mitwirkt am Entwurfsprozess, der zudem stark geprägt wird durch addierte und geschichtete Handzeichnungen.[20] Wiederum erscheint die Intermedialität als intentionaler Akt und als kreativer Motor, wenn es beispielsweise im Zusammenhang des Entwurfs für die im ruinösen Bestand neu entworfenen Begegnungs- und Regenerationsräume der psychiatrischen Klinik Melle heißt: „[...] Seven empty rooms. Small ones. High ones. Big. Low. Rooms to allow a different function then what would be expected from the point of view of rules and regulations. An invitation to think differently. About therapy. About clinics. About care [...]".[21]

TRIEBKRÄFTE   Bereits in den 1970er Jahren gab es Positionen, die eine rein sprachliche Artikulation in Texten als Architekturentwurf gesehen haben, nicht als Inspiration zu oder Komponente eines Entwurfs oder als sprachliche Präsentation nach einem Entwurf, sondern als Entwurf selbst. Der kreative Akt, der Architektur mit Worten hervorbringt, erscheint dabei als eigene Realität, wie es auch ein grafisch gezeichneter Entwurf ist. Auch der englische Architekt Will Alsop hat einen Entwurf ausschließlich mit Worten verfertigt und als ‚The other room' bezeichnet, und der französische Architekt Jean Nouvel hat seinen Diplomentwurf als reinen Text verfasst.[22]

Eine ganze Reihe von Architekturschaffenden haben darüber hinaus geäußert, dass ihre Projekte immer mit Worten oder auch Konzepttexten beginnen oder initiativ begleitet werden, Oscar Niemeyer, Valerio Olgiati, Wiel Arets, Anne Lacaton und Jean-Philippe Vassal, Heinz Tesar und Smiljan Radić beispielsweise, und sie haben darauf hingewiesen, dass die Definition von Architektur in Worten eine wichtige Rolle beim Entwerfen spielt.[23]

DRIVING FORCES   In the 1970s there were voices that saw a purely linguistic articulation in texts as an architecture design, not as inspiration for a design, as components of a design or as a linguistic presentation after a design, but as a design itself. The creative design act that brings forth architecture with words appears as an own reality, as it is also a graphically drawn design. The English architect Will Alsop likewise put together a design exclusively with words and called it 'The other room', and the French architect Jean Nouvel composed his diploma design as pure text.[22]

Furthemore, a whole string of architects have stated that their projects always start with words or conceptual texts, or serve to initiate them, for example Oscar Niemeyer, Valerio Olgiati, Wiel Arets, Anne Lacaton & Jean-Philippe Vassal, Heinz Tesar and Smiljan Radič, and they have pointed out that the definition of architecture in words plays an important role in design.[23] In a quote by Rem Koolhaas, the relevance for the concrete project design is expressed in a differentiated manner: "I would say that almost at the beginning of every project there is maybe not writing but a definition in words – a text, a concept, an ambition or a theme that is put in words, and only at the moment, that it is put in words can we begin to proceed, to think about architecture; the words unleash the design."[24]

THE CREATIVE POTENTIAL OF LANGUAGE   As an agent of design, beyond pure information and presentation content, language can take on a constitutive and generative role in architectural conception: as a medium for the understanding, comprehension and integration of principle themes, as well as to bring forth individual design ideas and decisions. Although intentionally motivated and subjectively tinged, as a medium it contains aspects of a disciplinary common ground, which at the same time shapes, reinforces, weakens or modifies it, and furthermore it can integrate invisible dimensions of architecture and envision the future. This varied generative impact can emerge through the vocabulary, through words and terms that illuminate complex connections, which are used, found and invented. Writing graphics and texts that arise can orientate, drive, (re)organise the design process and show it from new perspectives. If the writing can present itself as an intermediary phenomenon, this becomes especially evident where there are increased visual effects, where not only the readers but also the viewers, not only the writtenness but also the character and graphic expression are added to the design mix.[25] Which effective forces are brought forth in the performative acts in design contexts is also linked to the interplay of language with other means of creative expression, such as hand drawings, diagrams, outlines and sections, or photographs.[26] As a navigational aid and as orientation, it can also offer levels of understanding and decision-making aids, also for non-specialists, in the presentation and communication of designs. As a thought method and medium of architectural conception, it has explorative, cognitive and creative potential.

In einem Zitat von Rem Koolhaas kommt zudem die Relevanz für den konkreten Projektentwurf differenziert zum Ausdruck: „Ich würde sagen, dass fast von Beginn eines jeden Projektes vielleicht nicht ein Schriftstück, aber eine Definition in Worten, ein Text vorliegt oder entwickelt wird, ein Konzept, eine Ambition oder ein Thema, das in Worte gefasst ist. Und erst in dem Moment, wenn es in Worte gefasst wird, beginnt es sich fortzusetzen. Der Entwurf beginnt sich zu entwickeln als ein Denken über Architektur, die Worte entfesseln den Entwurf".[24]

DAS KREATIVE POTENZIAL DER SPRACHE   Als Agens des Entwerfens kann Sprache in der Architekturkonzeption über reine Informations- und Präsentationsgehalte hinaus eine konstitutive und generative Rolle einnehmen: Als Medium für das Verstehen, Nachvollziehen und Integrieren prinzipieller Themen wie auch zum Hervorbringen einzelner Entwurfsideen und -entscheidungen. Obwohl intentional motiviert und subjektiv gefärbt, enthält sie als Medium Anteile eines disziplinären Common Ground, den sie zugleich mitprägt, bestärkt, schwächt oder modifiziert, und sie kann darüber hinaus nicht sichtbare Dimensionen der Architektur integrieren und Zukunft vergegenwärtigen. Diese vielfältig generative Wirksamkeit kann entstehen über das Vokabular, über Worte und Begriffe, die komplexe Zusammenhänge verdichten, die eingesetzt, gefunden und erfunden werden. Schriftgrafiken und Texte, die entstehen, können den Entwurfsprozess orientieren, befeuern, (re-)organisieren und aus neuen Perspektiven darbieten. Kann sich bereits hierbei die Schrift selbst als intermediäres Phänomen zeigen, so wird dies dort besonders wahrnehmbar, wo visuelle Effekte verstärkt dazukommen, nicht nur die Lesenden, sondern auch die Betrachtenden, nicht nur Schriftlichkeit, sondern Schriftbildlichkeit und grafischer Ausdruck gestaltend hinzutreten.[25] Welche Wirkkräfte in den performativen Akten in Entwurfskontexten jeweils hervorgebracht werden, ist dabei auch verbunden mit dem Wechselspiel von Sprache mit anderen Gestaltungsweisen schöpferischen Ausdrucks wie beispielsweise Handzeichnungen, Diagrammen, Rissen und Schnitten oder Fotografien.[26] Als Navigationshilfe und als Orientierung kann sie zudem in der Präsentation und Kommunikation der Entwürfe Verständnisebenen und Entscheidungshilfen auch für Nichtfachleute bieten. Als Denktechnik und Medium der Architekturkonzeption hat sie exploratives, kognitives und kreatives Potenzial.

1 Vgl. | Cf. Marcus Pollio Vitruvius, Baukunst, (Übers. August Rode/Beat Wyss) München et al.: Artemis 1987, 12   **2** Vgl. z.B. | Cf. e.g. Bruno Zevi, The modern language of architecture, New York: Van Nostrand Reinhold 1981 passim; Adrian Forty, Words and buildings. A vocabulary of modern architecture, (Reprint) London: Thames & Hudson 2012, 39; Christoph Baumberger, Neue Arbeiten zur Architektursemiotik: Zur Einführung, in: Zeitschrift für Semiotik 36 (2014) 1/2, 3-12; Richard Sennett, Die offene Stadt, Berlin: Hanser 2018, 263   **3** Vgl. | Cf. Alvaro Siza, Writings on architecture, Milano: Skira 1997, 17, 25   **4** Vgl. hierzu | On this subject cf. Rivka Oxman, Die Rolle des Bildes im digitalen Entwerfen. Bildprozessierung versus Prozessverbildlichung, in Sabine Ammon/Inge Hinterwaldner (eds.), Bildlichkeit im Zeitalter der Modellierung, Paderborn: Wilhelm Fink 2017, 103-127, 104-106, 117-121; Kassandra Nakas, Manifeste, Diskurse, Chatter. Sprache als Medium der Architektur, in: Christophe Barlieb/Lidia Gasperoni (eds.), Media Agency. Neue Ansätze zur Medialität in der Architektur, Bielefeld: Transcript 2020, 52-68, 62-65   **5** Vgl. | Cf. Otto Letze/Thomas Buchsteiner (eds.), Leonardo da Vinci. Erfinder und Wissenschaftler, Tübingen: Institut für Kulturaustausch 2008, passim; Le Corbusier, Œuvre complète, 8. vol., 2. ed., Zürich: Girsberger 1995, passim; Le Corbusier, Mein Werk, (Reprint) Ostfildern-Ruit: Hatje 2001, passim   **6** Le Corbusier 1948, in: Le Corbusier (2001), op. cit. (Anm. 5 | note 5), 197   **7** Vgl. | Cf. Francesco Dal Co, Aldo Rossi. I quaderni azzurri, Indice, Milan: Electa 1999, passim und | and 6-23   **8** Vgl. z.B. | Cf. e.g. Rem Koolhaas, in: Cynthia Davidson/Rem Koolhaas, Why I wrote Delirious New York and other textual strategies (Interview), in: ANY 0 (1993), 42-43   **9** Vgl. | Cf. Rem Koolhaas/Bruce Mau/OMA, S,M,L,XL, Rotterdam et al.: 010 Publishers 1995; Margitta Buchert, Actuating Koolhaas' urban aesthetics, in: Jale N. Arzen (ed.), Aesthetics bridging cultures, Ankara: Sanart 2010, 33-39; Neil Leach, C<amo>uflage, in: Véronique Patteeuw (ed.), What is OMA: Considering Rem Koolhaas and the Office for Metropolitan Architecture, Rotterdam: 2003, 89-100   **10** Zu den Entwurfsprozessen vgl. | On the design processes cf. Albena Yaneva, Made by the Office of Metropolitan Architecture, Rotterdam: 010 Publishers 2009, passim   **11** Fabrizio Barozzi/Alberto Velga, in: Barozzi Velga, Zürich: Park Books 2016, 7-12, 62, 96, 224   **12** Vgl. | Cf. Bryan Lawson, What designers know, Oxford et al.: Elsevier 2004, 84-94; Carolin Stapenhorst, Concept. A dialogical instrument in architectural design, Berlin: Jovis 2016, 151-153, 163-165   **13** Vgl. | Cf. Jan Gehl/Brigitte Svarre, How to study public life, Washington: Island Press 2013, passim   **14** Vgl. z.B. | Cf. e.g. Jan Gehl, Cities for people, Washington et al.:

Island Press 2010, 251 **15** Vgl. z.B. | Cf. e.g. Luis Fernández-Galiano (ed.), Norman Foster, Drawings 1958-2008, London et al.: Ivory Press 2010, 116-121 (Carré d'Art Nîmes), 140-147 (Commerzbank Frankfurt/M.) **16** Norman Foster selbst betont dies, die Datierungen lassen es vermuten und Chris Abel berichtet davon in Bezug auf das Carré d'Art Nîmes. | Norman Foster himself emphasizes this, the dates suggest it, Chris Abel also reports it for the Carré d'Art Nîmes. Vgl. | Cf. Chris Abel/Norman Foster, Carré d'Art Nîmes. Foster + Partner, München et al.: Prestel 2011, 8-9, 26-32 **17** Arno Brandlhuber/Florian Hertweck/ Thomas Mayfried (eds.), Die dialogische Stadt. Berlin wird Berlin, Köln: König 2015, 5-6 **18** Vgl. | Cf. ibid., 9-12 **19** Zu Listen allgemein vgl. | On lists in general cf. Umberto Eco, Die unendliche Liste, München: Carl Hanser 2009, 327 und | and passim **20** Vgl. | Cf. Jan de Vylder et al., Architecten De Vylder Vinck Taillieu, 1 boek 2, Antwerpen: MER 2011, 99-101, 113-114 und | and 255 **21** De Vylder Vinck Taillieu mit | with Bavo, Caritas, in: Architecture and Urbanism 561 (2017), 78-87, 81 **22** Vgl. | Cf. Adrian Forty (2012), op. cit. (Anm. 2 | note 2), 34-35 **23** Oscar Niemeyer, Conversa de arquiteto, Porto: Campo das Letras 1999, 43; Ulrike Steiner/Heinz Tesar, Wortketten, in: Winfried Nerdinger (ed.), Architektur wie sie im Buche steht, Fiktive Bauten und Städte in der Literatur, München: Anton Pustet 2006, 445-446; Markus Breitschmid/Valerio Olgiati, Im Gespräch, in: Markus Breitschmid, Die Bedeutung der Idee in der Architektur von Valerio Olgiati, Sulgen: Niggli 2012, 8-48, 44; Wiel Arets/Matteo Schubert/Francesca Serra Zanetti, Inspiration and process in architecture, in: Matteo Schubert/ Francesca Serra Zanetti (eds.), Wiel Arets, Milano: Moleskine 2012, 18-26, 22; Anne Lacaton und Jean-Philippe Vassal, in: Elke Krasny, Architektur beginnt im Kopf, Basel et al.: Birkhäuser 2008, 79, 81; Smiljan Radič, zit. | cit. in: Manijeh Verghese, Weaving spaces with words, in: GAM 11 (2015) 68-83, 76-82 **24** Cynthia Davidson/Rem Koolhaas 1993, op. cit. (Anm. | note 8), 42 (Übersetzung aus dem Englischen mb | Translation from English mb); Rem Koolhaas/Nikolaus Kuhnert/Philipp Oswalt/Alejandro Zaera-Polo, Die Entfaltung der Architektur (Interview), in: Archplus 117 (1993), 22-33, 33 **25** Zu Schriftbildlichkeit allgemein vgl. | On writing picturality in general cf. Sybille Krämer, Schriftbildlichkeit, oder über eine (fast) vergessene Dimension der Schrift, in: id./Horst Bredekamp (eds.), Bild, Schrift, Zahl, München: Wilhelm Fink 2003, 157-176, 169-174 **26** Zu rhetorischen Eigenschaften vgl. | On rhetoric features e.g. Joan Mullin, Writing, reading and producing the visual, in: Michael Biggs/Henrik Karlsson (eds.), The Routledge companion to research in the arts, London et al.: Routledge 2011, 152-160, 152-154

'Models always convey their own world, they never replace the built architectural reality, as little as images do. They are different conditions of approaches [...].'

„Modelle transportieren immer eine eigene Welt, sie ersetzen niemals gebaute,

architektonische Realität, so wenig, wie es deren Bilder tun. Es sind unterschiedliche

Zustände von Annäherungen [...].“

Adrian Meyer

ON MODELS. A conversation

There is such a wide spectrum of models, model concepts and interpretations in the sciences and arts, as well as in everyday life and recently also of discussions about digital modelling and models, that it is difficult to compress the associated design-related layers into the abbreviated form of a single chapter.[1] It can only represent a partial attempt to show the various perspectives and to draw some outlines.

ÜBER MODELLE. Ein Gespräch

Es gibt eine so immense Bandbreite von Modellen, Modellbegriffen und Interpretationen in den Wissenschaften und den Künsten, aber auch im Alltag und in jüngerer Zeit zudem von Diskursen zu digitalen Modellierungen und Modellen, dass die damit zusammenhängenden entwurfsbezogenen Layer nur schwer in der Kurzform eines einzigen Beitrags zu fassen sind.[1] Dies können nur Annäherungen sein, die unterschiedliche Perspektiven aufzeigen und einige Konturen zeichnen.

MODEL UNDERSTANDINGS

MARGITTA BUCHERT_ Starting with the many levels of understanding surrounding the notion of a model, situated between an idea, and ideational dimension, on the one hand and a physical materiality on the other, the question emerges as to what concepts generally dominate in the architecture discipline.[2] You are all working in practice and academically. What levels of understanding, in your experience, are particularly predominant in architecture?

STEFFEN BÖSENBERG_ In architecture practice, the model in its physical form, as a miniature or mass model, is no doubt one of the many levels on which it is understood. Although one must say that in addition the understanding of the model as a digital depiction or paradigm, also outside of a specific parametric discussion as engaged in at the end of the 1990s and beginning of the 2000s, is increasingly playing an everyday role today.[3] Even in architecture concepts that previously did not necessarily engage explicitly with digital design strategies, the model is accorded an additional level of significance as part of Building Information Management (BIM).

SARAH WEHMEYER_ In my experience, designing with an analogue model is increasingly taking on a secondary role in daily office life, owing to time and money pressure. And even in teaching, the possibilities of the model are often not exploited as a specific approach to individual design development. Working models may be an elementary part of the design search, but in final colloquia they must ultimately make way for newly made presentation models. Even though over the course of the

MODELLVERSTÄNDNISSE

MARGITTA BUCHERT_ Beginnend mit den zahlreichen im Begriffsfeld von Modell liegenden Verständnisebenen, angesiedelt zwischen einer Idee, einer ideellen Dimension einerseits und einer physischen Materialität andererseits, öffnet sich die Frage, welche Vorstellungen in der Architekturdisziplin allgemein dominieren.[2] Sie sind alle in der Büropraxis und akademisch tätig. Welche Verständnisebenen treten Ihrer Erfahrung nach in der Architektur besonders hervor?

STEFFEN BÖSENBERG_ In der Architekturpraxis ist das Modell in seiner physischen Form, als Miniatur oder Massenmodell, sicherlich eine Hauptverständnisebene. Wobei man sagen muss, dass zudem das Verständnis des Modells als digitales Ab- oder Vorbild, auch abseits einer spezifischen parametrischen Diskussion, wie man sie Ende der 1990er, Anfang der 2000er geführt hat, heute immer häufiger eine alltägliche Rolle spielt.[3] Selbst in Architekturkonzeptionen, die sich zuvor nicht unbedingt explizit mit digitalen Entwurfsstrategien befasst haben, bekommt das Modell im Zuge des Building Information Management (BIM) eine zusätzliche Bedeutungsebene.

SARAH WEHMEYER_ Aus meiner Erfahrung nimmt das Gestalten am analogen Modell auf Grund von Geld- und Zeitdruck vermehrt eine Nebenrolle im Büroalltag ein. Und selbst in der Lehre werden die Möglichkeiten des Modells als spezifischer Zugang zur individuellen Entwurfsentwicklung häufig nicht ausgeschöpft. Arbeitsmodelle sind zwar elementarer Bestandteil der gestalterischen Suche, müssen in finalen Kolloquien aber schließlich neu angefertigten Präsentationsmodellen weichen. Dabei könnten sie die im Laufe des Entwurfsprozesses getroffenen Entscheidungen, Veränderungen

design process they could help to visually explain decisions, changes and newly gained ideas and to support overall reflection on one's own work. This offers potential that could be helpful for practice, in internal office communication and in the dialogue between architects and external parties.

MORITZ OTHMER_My work within a structural engineering firm gives rise to another point of view. Here it is the case that models serve as an interface for interdisciplinary communication between architects and structural engineers, as well as other involved parties. Then it is for example about the fact that there are support structure elements, joining principles or material properties that can have a great influence on the implementation of the design idea. An example of this is the façade for the extension building of the Sprengelmuseum Hannover, which was designed by the Zurich firm Meili and Peter. In this case, it was unclear before realisation whether the work phases of the casting of concrete on the facades would become apparent, so that a sample façade, or what is known as a mock-up, would be built beforehand, in order to test the grain, the colour intensity and the later polishing of the façade. Such an understanding of the notion of model can gain a great relevance for those involved in the realisation. In the context of design with models, the model concept does not represent a processual element of the design here but an interface between conception and realisation.

VALERIE HOBERG_I would like to add further thoughts to the function of the schematic depiction. Physical models can also explain – and therefore depict – programmes or zoning, for example. Detached from the physical, the notion of model also serves to abstractly characterise exemplary projects, planning systems or procedures. In urban development, we often ask ourselves how action models can create a framework that ensures quality and still permits development possibilities.

und neu gewonnenen Ideen visuell miterklären und eine übergreifende Reflexion der eigenen Arbeit unterstützen. Ein Potenzial, das ebenso für die Praxis, in der bürointernen Kommunikation sowie im Dialog zwischen Architektinnen und Architekten und Externen, hilfreich sein könnte.

MORITZ OTHMER_Durch meine Tätigkeit innerhalb eines Tragwerkplanungsbüros ergibt sich darauf noch eine andere Sicht. Hier ist es der Fall, dass Modelle als Schnittstelle zur interdisziplinären Kommunikation zwischen Architekturschaffenden und Tragwerksplanenden, aber auch weiterer Beteiligten dienen. Es geht dann zum Beispiel darum, dass es tragkonstruktive Elemente, Fügungsprinzipien oder Materialeigenschaften gibt, die einen großen Einfluss auf die Umsetzung der gestalterischen Idee haben können. Ein Beispiel dafür ist die Fassade für den Erweiterungsbau des Sprengelmuseum Hannover, welcher von dem Züricher Büro Meili und Peter entworfen wurde. Hier war vor der Realisierung unklar, ob sich die Bearbeitungsphasen des Betonierens an der Fassade abzeichnen würden, sodass zuvor eine Musterfassade, ein sogenanntes Mock-up, erbaut wurde, um die Körnung, die Farbintensität und das spätere Polieren der Fassade zu testen. Solch ein Verständnis des Modellbegriffs kann dann eine große Relevanz für diejenigen bekommen, die an der Umsetzung beteiligt sind. Im Kontext des Entwerfens mit Modellen bildet hier der Modellbegriff nicht ein prozessuales Element des Entwurfs, sondern eine Schnittstelle zwischen Konzeption und Realisierung.

VALERIE HOBERG_Die Funktion des schematischen Abbilds möchte ich noch ergänzen. Auch physische Modelle können zum Beispiel Programme oder Zonierungen erklären – also abbilden. Vom Physischen gelöst dient der Begriff ‚Modell' außerdem dazu, Vorbildprojekte, Planungssysteme oder Abläufe abstrakt zu charakterisieren. In der Stadtentwicklung fragen wir uns oft, wie Handlungsmodelle einen qualitätssichernden Rahmen schaffen und dennoch Entwicklungsmöglichkeiten zulassen.

M B _ You are referring here more to the model-like, the exemplary. And models of future actions may also be part of this. This also affects the repertoire of terms: analysis models, development models, design models, concept models, evaluation models, manufacturing models, geometric modelling, parametric modelling – these are many of the terms circulating that suggest the potential of models.[4] The question is whether it is possible that a reduced specification of terms can be useful?

S W _ A possible approach would be to differentiate between a model as a vague 'depiction' of inner ideas and a model as a concrete 'example' for what is to be made. Christian Gänshirt chooses this superordinate differentiation to emphasise the variance in types of model in relation to the terminology and how quickly a model can fluctuate in the design process between depiction and example.[5] Alongside the model 'for' the future reality – for the new – Antje Buchholz from BARArchitekten set the model 'of' reality, in reference to the model interpretation by the anthropologist Clifford Geertz. At her firm, building models is activated as a practice in order to examine something already existent in relation to its properties, intentions and effects and to reinterpret it, whether it is everyday street areas in Italy or architecture classics of the recent past.[6] In my view, this approach to the model is particularly interesting, as it brings the analytical capacities of the model into play.

S B _ In the case of the working model it is also interesting that it has iterative properties or moments in which depiction and example merge through working on the model. For example, one often starts, regardless of whether it is urban development contexts or constructive principles, with

MB_Sie meinen jetzt eher das Modellhafte. Und Modelle zukünftigen Handels gehören auch dazu. Das berührt auch das Repertoire der Begriffe: Analysemodelle, Entwicklungsmodelle, Entwurfsmodelle, Konzeptmodelle, Evaluationsmodelle, Fertigungsmodelle, die geometrische Modellierung, die parametrische Modellierung, das sind viele Begriffe, die im Umlauf sind, die zu Potenzialen von Modellen Andeutungen machen.[4] Die Frage ist, ob möglicherweise eine reduzierende Präzisierung von Begriffen nützlich sein kann?

SW_Ein möglicher Ansatz wäre es, zwischen einem Modell als vagem ‚Abbild' innerer Vorstellungen und einem Modell als konkretem ‚Vorbild' für das noch zu Entstehende zu differenzieren. Christian Gänshirt wählt diese übergreifende Unterscheidung, um zu betonen, welche Varianz an Modellarten sich zwischen den Begriffen aufspannt, beziehungsweise mit welcher Schnelligkeit ein Modell im Entwurfsprozess zwischen Abbild und Vorbild wechseln kann.[5] Neben das Modell ‚für' die zukünftige Realität – für das Neue – setzt Antje Buchholz von BARArchitekten in Referenz zur Modellinterpretation des Anthropologen Clifford Geertz wiederum das Modell ‚von' der Realität: In ihrem Büro wird das Modellbauen ebenso als Praktik aktiviert, um etwas bereits Vorhandenes in seinen Eigenarten, Intentionen und Wirkungsweisen zu untersuchen und neu zu interpretieren, seien es alltägliche Straßenräume in Italien oder Architekturklassiker der jüngeren Vergangenheit.[6] In meinen Augen ist diese begriffliche Annäherung an das Modell besonders spannend, da sie die analytischen Fähigkeiten eines Modells mit ins Spiel bringt.

SB_Beim Arbeitsmodell ist ja auch interessant, dass es iterative Eigenschaften hat oder Momente, bei denen Vorbild und Abbild über das Arbeiten am Modell miteinander verschmelzen. Zum Beispiel startet man häufig, unabhängig davon, ob es städtebauliche Kontexte sind oder konstruktive

models as a depiction of a physical reality, whereby abstraction, which inevitably takes place in physical modelling, triggers an evaluative process at each stage, in relation to the concrete and ideal. This is what is interesting about the working model, setting impulses in the design process that one would otherwise not have.

M B _ Yes, and this is how design is shaped, with working models, with concept and development models, and less with the presentation model.

S B _ One can find a concrete individual concept of the term 'model', for example, at the Dutch architecture firm UN Studio, where it describes rather abstract principles such as mathematical models, or geometric figures. Similar to a physical work model in the design process, these are also a generator or at least a catalyst. They represent something that brings certain properties, parameters or characteristics into the design process from the outside, thus driving it forwards.[7]

M O _ In my opinion, it is also true that a concept model and realisation influence each other mutually. In the aforementioned example of the Sprengelmuseum, the design changed through the experiences with the built reality. The guiding thought remains, even if the material implementation changes. I think that even the basic thought of the concept model first needs realisation. Initially one is moving in an imaginary space and then gradually, through specification, through the consolidation of the respective thoughts, the design becomes a haptic experience.

Prinzipien, mit Modellen als Abbildung einer physischen Realität, wobei über das Abstrahieren, das im physischen Modellbau unweigerlich stattfindet, mit jedem Zwischenstand ein evaluativer Prozess entfaltet wird in Rückkopplung von Konkretem und Ideellem. Genau das ist das Spannende im Arbeitsmodell und setzt Impulse im Entwurfsprozess, die man ohne die Arbeit am Modell nicht hätte.

MB_ Ja, und damit gestaltet man Entwerfen, mit Arbeitsmodellen, mit Konzept- und Entwicklungsmodellen und weniger mit dem Präsentationsmodell.

SB_ Eine konkrete eigene Konzeption des Begriffs ‚Modell' findet sich zum Beispiel bei dem niederländischen Architekturbüro UN Studio, wo damit eher abstrakte Prinzipien wie beispielsweise mathematische Modelle beschrieben werden – oder geometrische Figuren. Ähnlich wie ein physisches Arbeitsmodell im Entwurfsprozess sind diese auch ein Generator oder zumindest ein Katalysator. Sie bilden etwas, das bestimmte Eigenschaften, Parameter oder Charakteristika von außen in den Entwurfsprozess einbringt und diesen so vorantreibt.[7]

MO_ Meines Erachtens gilt auch, dass sich Konzeptmodell und Realisierung gegenseitig beeinflussen. Beim oben erwähnten Beispiel des Sprengelmuseums hat sich der Entwurf durch die Erfahrungen mit der gebauten Realität verändert. Der Leitgedanke bleibt bestehen, auch wenn sich die materielle Ausführung ändert. Ich glaube, dass auch der Grundgedanke des Konzeptmodells erst einmal einer Realisierung bedarf. Zunächst bewegt man sich in einem imaginären Raum und dann, sukzessive, durch das Konkretisieren, durch die Vergegenständlichung der jeweiligen Gedanken, wird der Entwurf zu einer haptischen Erfahrung.

SURPLUS

V H _ Contrary to this comparison with reality, there are also models that operate at the interface to art and can appear like sculptures. Ideas models, in particular, can consist of a wide variety of materials and thus embody more a theory or utopia for the future than a concrete design. The Chilean architect Smiljan Radič works a lot with such models, which consist of simple materials such as papier-maché or stones, as well as glass, kitchen graters or cow's udders. These models reminiscent of objets trouvés may become concepts for realisations but are initially conceived as autonomous objects.[8]

M B _ Models can also be conceived as a thought model, as practiced for example by Diller & Scofidio in the design for the Slow House, for which they built thematically varying models out of various materials.[9] With this they question what content levels of a project can be depicted with what type of models. Another thought model is the Lego House model made of Plexiglas by Herzog & de Meuron, with which they questioned the reality of architecture: does it lie in thinking, in images, in the model, or does it lie in the reality as it is experienced there afterwards?[10]

S W _ A model can consequently become an idea catalyst. The question arises as to what role the model can assume at the beginning of a new project. At OMA, for example, inspiration, which is initiated in a targeted manner through models outside the projects and everyday objects represents an important work method. The members of a team drift individually through the office, gather thought-provoking objects and put them together at the shared project table in new arrangements and constellations of meaning.[11] This playful approach in concept finding is also partly present in the reference collages by Tatiana Bilbao.[12]

SURPLUS

V H _ Im Gegensatz zu diesem Abgleichen mit der Realität gibt es ebenso Modelle, die an der Schnitt-stelle zur Kunst operieren und wie Skulpturen wirken können. Insbesondere Ideenmodelle können aus unterschiedlichsten Materialien bestehen und so eher eine These oder Utopie für die Zukunft, als einen konkreten Entwurf verkörpern. Der chilenische Architekt Smiljan Radič arbeitet viel mit solchen Model-len, die aus einfachen Materialien, wie zum Beispiel Pappmaché oder Steinen, aber auch aus Gläsern, Küchenreiben oder Kuheutern bestehen. Diese an Objets trouvés erinnernden Modelle können zwar Konzepte für Realisierungen sein, werden allerdings zunächst als autonome Objekte erzeugt.[8]

MB_Modelle können auch als Denkmodell konzipiert sein, wie es beispielsweise Diller & Scofidio beim Entwurf für das Slow House durchexerzierten, für das sie aus verschiedenen Materialien thematisch unter-schiedliche Modelle gebaut haben.[9] Sie fragten damit, welche inhaltlichen Ebenen eines Projekts mit welcher Art von Modellen abgebildet werden können. Ein Denkmodell ist ebenfalls das Legohaus-Modell aus Plexiglas von Herzog & de Meuron, mit dem sie die Wirklichkeit der Architektur befragten: Liegt sie im Denken, in Bildern, im Modell? Oder liegt sie in der darin nachher gelebten Wirklichkeit?[10]

S W _ Ein Modell kann auch zum Ideenkatalysator werden. Es stellt sich die Frage, welche Rolle das Modell zu Beginn eines neuen Projektes einnehmen kann. Bei OMA beispielsweise stellt die gezielt initiierte Inspiration durch projektfremde Modelle und alltägliche Dinge eine wichtige Arbeitsweise dar. Die Mitglieder eines Teams lassen sich individuell durch das Büro treiben, sammeln gedanken-anregende Objekte ein und fügen diese am gemeinsamen Projekttisch zu neuen Anordnungen und Bedeutungskonstellationen zusammen.[11] Dieses spielerische Vorgehen in der Konzeptfindung findet sich in Teilen auch in den Referenzcollagen von Tatiana Bilbao.[12]

M B _ In addition, there are ideal models associated with values, which flow into the design process, for example the human body as a benchmark. This reference is present in various cultures, for example in Indian architecture theory, as well as already described by Vitruvius in the Western world.[13] It starts with the cathedral dome in Florence in the 15th century that models are elaborately built and then presented, discussed in public and developed further. The importance of this wanes again later on. There are different waves.[14] For example, there was an increased exhibiting of architecture models since the 1970s in the context of concept art, which placed a focus on ideas in art.[15] This gave models a stronger relevance in the international architecture context and comparison. Work and concept models continue to be considered less and are often not stored or archived, except perhaps at those firms that work intensively with them, such as OMA. They work with whole series of models, store them and then also reuse them.[16]

S B _ The ideal models can also interact with working methods using physical models. In relation to the evaluation of structural concepts, but also in relation to what was remarked on for art and the objet trouvé, we talked about the fact that a physical reality can be the starting point of design on various abstract levels. And then on the other hand there are physical models, for example at UN Studio, as well as by Peter Eisenman, where basically the opposite applies: there one seeks to find a concrete physical language for an abstract idea or concept through the model. In the case of Eisenman there are Plexiglas models that represent in particular the layering of space and structure that is typical of Eisenman. At UN Studio it is representations of morphological influences, such as pathway or visual connections, that can be represented physically in the model.[17] I would guess, however, that they emerge later on in the process.

M B _ Zudem gibt es noch mit Wertsetzungen verbundene ideelle Modelle, die in den Entwurfsprozess einfließen, der Mensch als Maßstab beispielsweise. Diese Bezugnahme ist in verschiedenen
Kulturen überliefert, etwa in der indischen Architekturtheorie, aber auch im Abendland bereits von
Vitruv beschrieben.[13] Im 15. Jahrhundert mit der Domkuppel in Florenz fängt es an, dass physische
Modelle aufwendig gebaut und dann auch präsentiert, in der Öffentlichkeit diskutiert und weiter-
entwickelt werden. Das verliert später wieder an Bedeutung. Es gibt unterschiedliche Wellen.[14] So
zeigt sich beispielsweise ein vermehrtes Ausstellen von Architekturmodellen seit den 1970er Jahren
im Kontext der Concept Art, die die Idee in der Kunst in den Vordergrund rückte.[15] Damit erhielten
Modelle auch eine stärkere Relevanz im internationalen Architekturkontext und -vergleich. Nach
wie vor wenig thematisiert sind Arbeits- und Konzeptmodelle, die oftmals nicht aufgehoben, nicht
archiviert, nicht bewahrt werden, außer vielleicht bei solchen Büros, die damit intensiv arbeiten, wie
OMA. Sie arbeiten mit ganzen Serien von Modellen, lagern diese und verwenden sie auch erneut.[16]

S B _ Die ideellen Modelle können dabei auch in Wechselwirkung zu Arbeitsweisen mit physischen
Modellen stehen. Wir haben darüber gesprochen, beim Bezug auf die Überprüfung von Tragwerks-
konzepten, aber auch in Bezug auf das, was für die Kunst und das Objet trouvé angemerkt wurde,
dass eine physische Wirklichkeit auf unterschiedlichen, abstrakten Ebenen der Ausgangspunkt des
Entwerfens sein kann. Und dann gibt es auf der anderen Seite physische Modelle, zum Beispiel bei
UN Studio, aber ebenso bei Peter Eisenman, wo im Grunde der umgekehrte Weg gegangen wird:
Dort versucht man über das Modell für eine abstrakte Idee oder Konzeption eine konkrete physische
Sprache zu finden. Bei Eisenman gibt es Plexiglas-Modelle, die insbesondere die für Eisenman
typische Überlagerung von Raum und Struktur darstellen. Bei UN Studio sind es Repräsentationen
von morphologischen Einflüssen, wie Wege- oder Sichtverbindungen, die im Modell physisch repräsentiert sein können.[17] Ich würde allerdings schätzen, sie entstehen eher später im Prozess.

'Models are both design tool and design philosophy.'

„Modelle sind sowohl Entwurfsinstrumente als auch Entwurfsphilosophie."

Alice Foxley

WAYS OF WORKING

V H _ We have already touched various ways in which models are created. There is no definitive correlation between, for example, a soft and malleable model building material and resulting organic architecture forms, but nevertheless materials, as well as forming and joining techniques, influence the process of design in particular in the work model.[18] This relates primarily to formal design aspects as well as construction. Designers can of course have a conscious influence and endow a material with other attributes than those customarily ascribed to it. When using objets trouvés, for example, associations pertaining to the constituent elements play a role in the interpretation. In this way, conceptual properties that have less to do with the given physical form can be explored through the model.

M B _ A model also always has something to do with the personality and capabilities of the model designers. This is probably just as diversified as other media articulations.

S W _ An extreme case in this respect is no doubt Frei Otto and his unbounded interest in the diversity of form in nature.[19] Otto studied not only natural surface structures with their model properties for novel means of construction, he also integrated some of these into his form-finding processes. His years of model experiments with soap suds, through which he ultimately also discovered

ARBEITSWEISEN

VH_Wir haben bereits verschiedene Entstehungsarten von Modellen angesprochen. Zwar gibt es keine eindeutige Korrelation zwischen zum Beispiel einem weichen, formbaren Modellbaumaterial und daraus resultierenden organischen Architekturformen, nichtsdestotrotz beeinflussen Materialien sowie Formungs- und Fügungstechniken insbesondere im Arbeitsmodell das Entwerfen.[18] Das ist primär auf formal-gestalterische Aspekte sowie die Konstruktion bezogen. Dabei können Entwerfende natürlich bewusst Einfluss nehmen und einem Material andere als ihm für gewöhnlich zugeschriebene Anmutungen verleihen. Bei der Verwendung von Objets trouvés spielen zum Beispiel mit den Bestandteilen verbundene Assoziationen in der Interpretation eine Rolle. Auf diese Weise können auch konzeptionelle Eigenschaften, die weniger mit der physischen Gestalt zu tun haben, mittels des Modells erkundet werden.

MB_Ein Modell hat auch immer etwas mit der Persönlichkeit und mit den Fähigkeiten der Modellgestaltenden zu tun. Das ist wahrscheinlich ebenso weit gefächert wie andere Medienartikulationen auch.

SW: Ein extremer Fall in diesem Zusammenhang ist sicherlich Frei Otto und sein unbändiges Interesse für die Formenvielfalt der Natur.[19] Otto studierte nicht nur natürliche Oberflächenstrukturen in ihrer Modellhaftigkeit für neuartige Konstruktionsweisen, er integrierte diese auch in Teilen in seine Formfindungsprozesse. Seine jahrelangen Modellversuche mit Seifenlauge, durch die er schließlich

the principle of the minimal surface, are no doubt widely known. This work has a very experimental orientation and is by no means generally transferable. It shows us an individual appropriation of the model in accordance with personal competences and interests.

JULIAN BENNY HUNG_ I think that dealing with the model within design processes shows a certain understanding of architecture – a way of "according reality a meaning".[20] The offices of Aires Mateus and Junya Ishigama may show this quite well – even if in quite different ways. The architecture concept of Aires Mateus, which is often based on volumetric principles, is also expressed in their models. For example, abstract and white mass models show that not only the architecture itself but also the surroundings, the terrain and existing buildings are often perceived a something primarily volumetric.[21] Something can then be cut out or added and so on from the mass. The actual architecture design and this 'existing mass' overlap. Ishigami, on the other hand, works at the crossover between natural and artificial, as well as the translation from one to the other. All model materials appear to be made by hand or to be simulations of natural elements:[22] plants are often recreated painstakingly and appear abstracted despite their degree of detail. This shows a different theoretical approach to a given item and the possible ensuing developments.

auch das Prinzip der Minimalfläche entdeckte, sind sicherlich den meisten bekannt. Das ist sehr stark experimentell ausgerichtet und keineswegs generell transferfähig. Dafür zeigt es uns aber eine individuelle Aneignung des Modells entsprechend der persönlichen Kompetenzen und Interessen.

JULIAN BENNY HUNG_Ich denke, am Umgang mit dem Modell innerhalb von entwerferischen Arbeitsprozessen zeigt sich ein gewisses Architekturverständnis – eine Art und Weise, der „Wirklichkeit einen Sinn beizumessen".[20] Die Büros von Aires Mateus und Junya Ishigami zeigen das vielleicht ganz gut – wenn auch eben auf ganz unterschiedliche Arten und Weisen. Die Architekturkonzeption von Aires Mateus, die sich häufig auf volumetrische Prinzipien stützt, drückt sich auch in deren Modellen aus. So sieht man an abstrahierten, weißen Massenmodellen, dass nicht nur die Architektur selbst, sondern auch die Umgebung, das Terrain und Bestandsgebäude häufig als etwas vordergründig Volumetrisches aufgefasst werden.[21] Aus der Masse kann dann etwas herausgeschnitten, dazugegossen werden und so weiter. Der eigentliche Architekturentwurf und diese ‚Bestandsmasse' gehen ineinander über. Ishigami arbeitet dagegen an der Schnittstelle zwischen natürlich und künstlich sowie der Übersetzung des Einen in das Andere. Alle Modellmaterialien scheinen handwerklich hergestellt oder Artifizierungen natürlicher Elemente zu sein:[22] Pflanzen werden gerne in Feinstarbeit nachgebildet und erscheinen trotz ihres Detailgrads abstrahiert. Das zeigt einen anderen gedanklichen Umgang mit etwas Gegebenem und die möglichen Entwicklungen daraus.

HANDCRAFTS

M B _ In this respect it is suitable to ask what relevance handcrafts and the sensory have in the production and experience of models?

M O _ I see spatiality as a core thought of architecture. And relating this spatial aspect very concretely to the production process of architecture is perhaps something that we take for granted. Spatiality – as a phenomenon – is also characterised by the respective representation techniques, by the type of modelling, by the tool. And depending on which techniques are used and how, a spatial context is interpreted or understood differently. In relation to this multilayeredness and depth of information, modelling offers quite different possibilities of multimodal perception. Through precision and an intensity of detail, an aesthetic emerges that the recipients can also perceive later.

S B _ I believe that in connection with this sensory, haptic and handcrafted aspect that is behind it, a strong common ground emerges. Even if it is about an abstract model, all those involved view this model in a similar manner, perceive it in a relatively comparable way. BARArchitekten, already mentioned above, explicitly work with it.[23] If everyone can touch and change a model or is even just standing around it together, a very participative process can emerge that does not play such a role in other media, for example when compiling a diagram or drawing.[24]

J B H _ I would emphasise in this respect that one can see that a model has been made. And it is precisely because of this that one can see that there was a consideration of certain aspects. This also forms the difference between work, concept and other design models and the pure presentation models where the act of having been made is not visible.

SW_Direct designing of the (model) object will contribute both during studies and later in professional life to architects continuously developing their feeling for proportions, materials and fundamental structural frameworks. Even if the material is limited to cardboard and paperboard, the effects of one's

HANDWERK

M B _ Da ist die Frage passend, welche Relevanz Handwerk und Sinnlichkeit in der Produktion und in der Erfahrung von Modellen haben?

M O _ Ich sehe Räumlichkeit als einen Grundgedanken der Architektur an. Und dieses Räumliche sehr konkret auf den Produktionsprozess von Architektur zu beziehen, ist vielleicht etwas, was wir als selbstverständlich annehmen. Räumlichkeit – als Phänomen – wird auch geprägt durch die jeweiligen Darstellungstechniken, durch die Art des Modellierens, durch das Instrument. Und je nachdem, wie und welche Techniken angewendet werden, wird dadurch ein räumlicher Zusammenhang anders gelesen oder anders verstanden. In Bezug auf diese Mehrschichtigkeit und Informationstiefe bietet das Modellieren einen ganz anderen Zugang multimodaler Wahrnehmung. Durch Präzision und Detailintensität entsteht eine Ästhetik, welche auch die Rezipierenden später wahrnehmen können.

S B _ Ich glaube, dass in Verbindung mit dieser Sinnlichkeit, dieser Haptik und Handwerklichkeit, die dahintersteckt, ein starker Common Ground entsteht. Selbst wenn es sich um ein abstraktes Modell handelt, schauen alle Beteiligten dieses Modell ähnlich an, nehmen es in relativ vergleichbarer Weise wahr. Die oben bereits erwähnten BARArchitekten arbeiten damit explizit.[23] Wenn alle ein Modell anfassen und verändern können oder auch nur gemeinsam um dieses herumstehen, kann ein sehr partizipativer Prozess entstehen, der im Vergleich zu anderen Medien, zum Beispiel beim Erstellen eines Diagramms oder einer Zeichnung, keine derartige Rolle spielt.[24]

J B H _ Ich würde dazu hervorheben, dass man am Modell sehen kann, dass es hergestellt wurde. Und gerade dadurch kann man sehen, dass sich mit bestimmten Themen beschäftigt wurde. Das bildet auch den Unterschied zwischen Arbeits- oder Konzept- und weiteren Entwurfsmodellen und den reinen Präsentationsmodellen, wo das Gemacht-Sein nicht ersichtlich ist.

S W _ Das direkte Gestalten am (Modell-)Objekt wird sowohl im Studium als auch später im Berufsleben dazu beitragen, dass Architekturschaffende ihr Gefühl für Proportionen, Materialien wie auch grundlegende statische Zusammenhänge kontinuierlich weiterentwickeln. Selbst wenn das Arbeitsmaterial

own ideas can still be directly experienced and evaluated. For example, the way in which rays of sunshine with their casting of shadows can bring a model to life will always remain fascinating in itself. The model can shape the design process if it is associated with the concrete intention of making it possible to experience and evaluate self-defined design-related themes. If it is about, for example, the development of choreographic concepts and their effects, a model can be enriching, as one can see right into it. There are also endoscopes for observing the inner workings of models.

V H _ This gives rise to a question that is discussed in the retrospective of the model collection of the German Architecture Museum: how do we perceive models and the content they embody? Working models, in particular, are often disposed of after concluding the design process, so that only photo documentations remain. However, presentation models are also rarely presented physically but rather through photos. The link to the medium of photography is therefore fundamental: one can even assume that it was only with the spread of photography together with offset printing at the beginning of the 20th century that led to the increase in working with models.[25] In design it can help with evaluating, comparing and deciding, for example through light sources or the endoscopes mentioned before.[26] Of course, a photo is also an interpretation: the model, itself an abstraction and often an interpretation, is interpreted anew by the photo. This can open up other levels of perception. An example of this are the blue Styrodur models photographed by Schultes Frank architects in distinctive lighting, which possess a dramatic spatial presence.[27]

M O _ Through models, a form of design knowledge can be communicated, with the possibility on the one hand of clarifying the intention of the designers, reflecting on it and if necessary specifying it, and on the other hand of informing oneself and the recipients through the model. Identifying and thematising one's own guiding thoughts through the use of design principles, and illuminating them through abstraction, is a feature of design in general.

hierbei auf Pappe und Karton beschränkt ist, so lassen sich die Auswirkungen der eigenen Ideen doch unmittelbar erleben und überprüfen. Die Art und Weise wie Sonnenstrahlen beispielsweise mit ihrem Schattenwurf ein Modell zum Leben erwecken können, wird doch immer eine Faszination für sich bleiben. Das Modell kann das Entwerfen gestalten, wenn es mit der konkreten Intention verbunden wird, selbstgesteckte, gestaltungsbezogene Themen erlebbar und überprüfbar werden zu lassen. Geht es etwa um das (Weiter-)Entwickeln choreographischer Konzepte und ihrer Wirkungsweisen, so kann ein Modell bereichernd wirken, da ich mich auf Augenhöhe durch sein Inneres hindurchbewegen kann. Es gibt auch Endoskope zum Betrachten der Modellinnenräume.

V H _ Daran schließt eine Frage an, die in der Retrospektive der Modellsammlung des Deutschen Architekturmuseums diskutiert wird: Wie rezipieren wir Modelle und in ihnen verkörperte Inhalte? Insbesondere Arbeitsmodelle werden nach Abschluss des Entwurfsprozesses häufig entsorgt, sodass lediglich Fotodokumentationen bleiben. Aber auch Präsentationsmodelle werden nur selten physisch, sondern eher über Fotos präsentiert. Die Verbindung zum Medium Fotografie ist also grundlegend; man kann sogar davon ausgehen, dass erst die Verbreitung der Fotografie gemeinsam mit dem Offsetdruck Anfang des 20. Jahrhunderts zur Zunahme der Arbeit mit Modellen führt.[25] Im Entwurf kann sie, zum Beispiel durch Lichtquellen oder besagte Endoskope, beim Prüfen, Vergleichen und Entscheiden helfen.[26] Natürlich ist ein Foto auch eine Interpretation: Das Modell, selbst Abstraktion und oft Interpretation, wird durch das Foto erneut interpretiert. Dadurch können andere Wahrnehmungsebenen eröffnet werden. Ein Beispiel hierfür sind die von Schultes Frank Architekten in markanter Beleuchtung fotografierten blauen Styrodurmodelle, die eine dramatische Räumlichkeit besitzen.[27]

M O _ Durch Modelle kann eine Art von Gestaltungswissen kommuniziert werden, einerseits mit der Möglichkeit, die Intention der Entwerfenden zu veranschaulichen, zu reflektieren und gegebenenfalls zu konkretisieren und andererseits damit, sich und die Rezipierenden durch das Modell zu informieren. Über den Gebrauch von Gestaltungsprinzipien eigene Leitgedanken erkennen, thematisieren und durch Abstraktion veranschaulichen zu können, ist eine Eigenschaft des Entwerfens im Allgemeinen.

'It is not the 'ouvrage' or the completed building that is physically present [...] It is the œuvre, i.e. the project, the intellectual work crystallized in sketches, scale drawings, texts and of course, models.'

„Es ist nicht das eine Werk oder das vollendete Gebäude, das physisch präsent ist. [...] Es ist das Gesamtwerk, das Projekt, die intellektuelle Arbeit, welche sich in Skizzen, Maßstabszeichnungen, Texten und selbstverständlich Modellen zeigen."

Jean-Louis Cohen

ANALOGUE AND DIGITAL

M B _ The virtual level and the relations between analogue and digital are currently subjects of discussion. A way of characterising this is to say that present-day modelling methods are replacing analogue model production?

J B H _ I believe that a potential harboured by handmade models is the necessary degree of abstraction in the production process, in which decisions are made about what should be represented at all and what not. What is significant in and for the design, what do I emphasise and what do I generalise? The absolute precision of the digital leads more to specification than to abstraction. At the same time, scale is important. In digital media, one can zoom in and out – but the same information content is written into the model. In an analogue model, one must consider what scale to apply and therefore what degree of abstraction to correspond to. The same design as a 1:2000 model can show different aspects to that on a 1:50 scale. The abstraction can activate different levels of thought by evoking comparisons.[28]

M O _ Qualities that can be experienced with the senses are not automatically produced by computer-controlled modelling methods. One potential lies in the supplementation and extension of our repertoire. According to Umberto Eco, one possible understanding of architecture is based on the 'articulation of space'.[29] As sensory experience is necessary to perceive it, computer-controlled modelling methods can provide tools that are a supplement rather than a replacement.

V H _ I also see complementary potential for design. Through 3D printing methods, physical models can also be created efficiently out of digital models. On the other hand, I suspect its haptic quality will differ from the handmade model. Similar to hand drawings, the physical model possesses the

ANALOG UND DIGITAL

M B _ Die virtuelle Ebene und die Relationen von analog und digital sind sehr aktuelle Diskussionsfelder. Eine Art dies zu charakterisieren, ist zu sagen, heutige Modellierungsverfahren ersetzen die analoge Modellproduktion?

J B H _ Ich glaube, ein Potenzial der handwerklichen Modelle ist der notwendige Abstraktionsschritt im Herstellungsprozess, in welchem Entscheidungen getroffen werden über das, was überhaupt dargestellt werden soll und was nicht. Was ist im und für den Entwurf wesentlich, was arbeite ich heraus und was verallgemeinere ich? Die absolute Genauigkeit des Digitalen verleitet eher zur Präzisierung als zur Abstraktion. Gleichzeitig ist die Maßstäblichkeit von Bedeutung. Im Digitalen kann man rein- und rauszoomen – es ist aber der gleiche Informationsgehalt ins Modell eingeschrieben. Beim analogen Modell muss man sich überlegen, welchen Maßstab man nimmt und welchem Abstraktionsgrad man so entsprechen möchte. Der gleiche Entwurf kann im 1:2000-Modell eine andere Aussage treffen als im 1:50-Maßstab. Die Abstraktion kann dabei unterschiedliche gedankliche Ebenen aktivieren, indem Vergleichsbilder evoziert werden.[28]

M O _ Qualitäten sinnlicher Erfahrbarkeit werden ja nicht automatisch über computergesteuerte Modellierungsverfahren produziert. Ein Potenzial liegt darin, dass unser Repertoire ergänzt und erweitert wird. Laut Umberto Eco begründet sich ein mögliches Verständnis von Architektur in der ‚Artikulation des Raumes'.[29] Da zu dessen Rezeption die sinnliche Erfahrung notwendig ist, können computergesteuerte Modellierungsverfahren eher ergänzende Tools zur Verfügung stellen, nicht unbedingt ersetzende.

V H _ Ergänzungspotenzial für das Entwerfen sehe ich auch. Durch 3D-Druckverfahren können außerdem effizient aus digitalen Modellen physische erzeugt werden. Einen Unterschied zum händischen Modellbau vermute ich hingegen in der haptischen Qualität, dem oben angesprochenen Gemacht-Sein: Ähnlich wie die Handzeichnung besitzt das physische Modell ja das große Potenzial

great potential of uncertainty, in that for example decisions about exact measurements do not need to be made immediately. Furthermore, imprecisions or faults can provide the coincidence that generates further thoughts. The resistance or other specific material properties that challenge designers can significantly influence a design. For example, the Serpentine Pavilion 2012 by Herzog & de Meuron with the artist Ai Weiwei is digitally modelled, but the design idea emerged through experiments with a wax model. This design would not have come about with a purely digital tool.[30]

SW_The aspect of the imperfect, as well as the possibility of letting oneself be guided by the material and tool to a certain extent, represent for me the general potential of analogue design tools. It has appeal that the architects do not have complete control over their design actions, as the media can exert a certain dynamic of their own, coincidences can occur and leave their traces in the design.

S B _ This resulting degree of abstraction that the analogue model necessarily contains can be lost in the virtual, where there is the tendency to work one to one. It is inherent in a physical model that actually all those who work with it or see it have an understanding of it, that it is about abstract representations. Even if I then take photos with an endoscope, which can be quite realistic. Even so it is clear: it is a model and it has a particular uncertainty, a different scale, a degree of abstraction. The artist Thomas Demand plays with precisely this effect in his model photographs.[31] The digital more often prompts the claim to a precise depiction of reality early on in the design process, especially when it involves photorealistic renderings.

J B H _ The mentioned aspects could also be described with the notions of indirectness and directness. Digital modelling itself takes place on the screen and with the help of further input and playback

der Unschärfe, indem zum Beispiel Entscheidungen über exakte Abmessungen nicht sofort getroffen werden müssen. Außerdem können gerade Unsauberkeiten, Fehler oder Bruchkanten den Zufall bedeuten, der weitere Gedanken generiert. Der Widerstand oder andere spezifischen Materialeigenschaften, welche Entwerfende herausfordern, können einen Entwurf entscheidend beeinflussen. So ist zum Beispiel der Serpentine Pavilion 2012 von Herzog & de Meuron mit dem Künstler Ai Weiwei zwar digital modelliert, die Entwurfsidee entsteht allerdings durch Experimente mit einem Wachsmodell. Durch ein rein digitales Werkzeug wäre dieser Entwurf nicht zustande gekommen.[30]

S W _ Der Aspekt des Imperfekten ebenso wie die Möglichkeit, sich von Material und Werkzeug bis zu einem gewissen Grad leiten zu lassen, stellen für mich generelle Potenziale analoger Entwurfsinstrumente dar. Es ist der Reiz, dass die Architekturschaffenden nicht die gesamte Kontrolle über ihre gestaltenden Handlungen haben, da die Medien eine gewisse Eigendynamik entwickeln können, Zufälle auftreten und so ihre Spuren im Entworfenen hinterlassen.

S B _ Dieser dadurch entstehende Abstraktionsgrad, den das analoge Modell zwangsweise beinhaltet, kann sich im Virtuellen, wo man tendenziell eins zu eins arbeitet, verlieren. Bei einem physischen Modell gehört es dazu, dass eigentlich bei allen, die damit arbeiten oder die es sehen, ein Verständnis darüber vorhanden ist, dass es um abstrakte Repräsentationen geht. Selbst wenn ich dann mit einem Endoskop Fotos mache, die realitätsnah sein können. Trotzdem ist klar: Es ist ein Modell und es hat eine gewisse Unschärfe, einen anderen Maßstab, einen Abstraktionsgrad. Der Künstler Thomas Demand spielt ja in seinen Modellfotografien genau mit diesem Effekt.[31] Das Digitale verleitet häufiger dazu, gerade wenn es um fotorealistische Renderings geht, früh im Entwurfsprozess bereits eine genaue Abbildung von Realität zu behaupten.

J B H _ Die genannten Aspekte könnten auch mit den Begriffen der Mittelbarkeit und Unmittelbarkeit umschrieben werden. Das digitale Modellieren selbst findet am Bildschirm und mithilfe weiterer Ein- und Wiedergabegeräte statt und beginnt selbst oft sogar zweidimensional, indem

devices and even often starts two-dimensionally, for example by design sketches being drawn first which are then extruded three-dimensionally.[32] It is therefore more direct and does not have the indirectness of the physical model, which can be touched and for which the stated coincidence factors such as the incidence of light, temperatures, wind and materials lying around, which are used as model material, can influence the process. Some aspects of the analogue medium remain preserved, however, just in another form. The mentioned freedoms of scale, the zooming in and out, can be productive. Spatial effects can be grasped very quickly and more precisely. There is hardly any physical effort involved in the act of modelling; it is possible that in future this will be taken over even more by the parametric form-finding processes. Producing the quantity that working with models may be dependent on becomes a smaller obstacle. The coincidental and spontaneous that characterise the traditional work model remains preserved in some cases and on other levels.

M B _ Is it not also dependent on the programme and to a certain extent on the person and on the programming language it is based on?

J B H _ I would underline this emphatically. Within the digital there are also various modelling precon- ditions, in the way that in a physical model a variety of materials is used, for example. This could be the programme, the programming language or the way I approach it: various morphological principles.

M B _ However, this is still far removed from the complex processes that a person is capable of amalgamating with all their experiences and abilities. It is about an internalised knowledge and pool of experience, which starts to build up in childhood, is specifically fostered through education and develops individually into an expertise. These competences cannot be calculated.

zum Beispiel zunächst Entwurfsskizzen oder Risse gezeichnet werden, um sie entsprechend drei-dimensional hochzuziehen.[32] Es ist daher eher mittelbar und weist nicht die Unmittelbarkeit des physischen Modells auf, welches berührt werden kann und bei dem die genannten Zufallsfaktoren wie einfallendes Licht, Temperaturen, Wind und herumliegende Werkstoffe, die als Modellmate-rial verwendet werden, den Prozess beeinflussen können. Einige Aspekte des analogen Mediums bleiben aber erhalten, bloß in anderer Form. Die angesprochenen Freiheiten in der Maßstäb-lichkeit, das Rein- und Rauszoomen, können produktiv sein. Räumliche Wirkungen können sehr schnell und präziser nachvollzogen werden. Es gibt kaum einen physischen Aufwand für den Akt des Modellierens, womöglich übernehmen dies zukünftig noch mehr die parametrischen Formfin-dungsprozesse. Die Quantität herzustellen, von welcher das modellhafte Arbeiten unter Umstän-den auch lebt, wird zum geringeren Hindernis. Das Zufällige und Schnelle, was das klassische Arbeitsmodell mitunter ausmacht, bleibt an manchen Stellen und auf anderen Ebenen erhalten.

M B _ Ist das nicht auch abhängig von dem Programm und in gewisser Weise von dem Menschen und von der Programmiersprache, die dem vorausgeht?

JBH: Das würde ich total unterstreichen. Auch innerhalb des Digitalen gibt es verschiedene Model-lierungsvoraussetzungen, so, wie es im Physischen zum Beispiel verschiedene verwendete Materia-lien gibt. Das können das Programm, die Programmiersprache oder die Art und Weise, wie ich da herangehe sein: verschiedene morphologischen Prinzipien.

M B _ Das ist aber noch weit entfernt von den komplexen Prozessen, die ein Mensch mit all seinen Erfahrungen und Fähigkeiten zu verkoppeln imstande ist. Dabei handelt es sich um ein internali-siertes Wissen und einen Erfahrungsschatz, dessen Aufbau in der Kindheit beginnt, in der Ausbil-dung spezifisch gefördert wird und sich je individuell zur Expertise entwickelt. Diese Kompetenzen können nicht errechnet werden.

V H _ Is the playful approach in physical models, this experimentation and especially interpretation in an almost naïve, sometimes subconscious manner, also present in a digital model?

M B _ This potential may be harboured by the digital, but only in certain circumstances and especially not comparably networked. An interim action must repeatedly be instigated in order to link different aspects, whereas in my own analogue process they are linked more independently.

M O _ Computer-supported modelling methods can lead to a kind of arbitrariness, as the process in itself is strongly defined from the outset by the programmatic orientation. On the one hand there is something like a channelling through the medium and on the other hand a lack of a degree of freedom, which is inherent in an original handling of the physical world. One can choose from different tools and materials, while in the digital sphere the design process remains stuck in this highly precise, predictable but also channelled option. This is why I still stand by my starting argument: the digital can be a very good supplementary medium and enable other ways of seeing and perhaps thinking. But I do not see computer-supported modelling processes as an option for enabling, for example, playful or associative aspects of design.

J B H _ Perhaps it could be described once again in relation to the aforementioned 'uncertainty'. It doesn't exist correspondingly and therefore unconscious and subconscious, unpredictable processes do not occur. Without uncertainty there is to a certain extent no longer an incentive to engage consciously and creatively with the model because it is already there like a finished item.

M B _ I think one could bring in a 'playful' element, for example, with stochastic actions, but the question is what will then emerge. Multiple possibilities are already created without these actions. In addition, one of the problems of the digital is that in these work processes decisions are made on the one hand too quickly and on the other hand too subconsciously.

V H _ Den spielerischen Umgang beim physischen Modell, dieses Ausprobieren und insbesondere Interpretieren in fast naiver, zumindest manchmal unbewusster Art, gibt es das beim digitalen Modell auch?

M B _ Vorhanden sind diese Potenziale im Digitalen schon, aber sehr bedingt und vor allem nicht in vergleichbarer Weise vernetzt. Es muss immer wieder eine Zwischenaktion gestartet werden, um Ebenen zu verbinden, während sie sich in meinem eigenen analogen Prozess eher eigenständig verschränken.

M O _ Computergestützte Modellierungsverfahren können zu einer Art von Willkürlichkeit führen, da der Prozess an sich von vornherein durch die programmatische Ausrichtung relativ stark definiert ist. Auf der einen Seite gibt es so etwas wie eine Kanalisierung durch das Medium und auf der anderen Seite eben diesen mangelnden Freiheitsgrad, der wiederum in einem ursprünglichen Umgang mit der physischen Welt enthalten ist. Man kann auswählen aus unterschiedlichsten Instrumenten und Materialien, während im Digitalen der Entwurfsprozess dieser hochpräzisen, berechenbaren, aber eben auch kanalisierten Option verhaftet bleibt. Deswegen bin ich auch immer noch bei meinem Ausgangsargument: Das Digitale kann ein sehr gutes, ergänzendes Medium sein und zu anderen Sicht- und möglicherweise auch zu anderen Denkweisen befähigen. Aber ich sehe computergestützte Modellierungsverfahren eben nicht als Option, um zum Beispiel das Spielerische oder Assoziative des Entwerfens zu ermöglichen.

JBH_Vielleicht kann man das nochmals mit der zuvor erwähnten ‚Unschärfe' beschreiben. Damit, dass diese nun nicht mehr gegeben ist und so die un- und unterbewussten, nicht vorhersehbaren Prozesse entfallen. Ohne Unschärfen gibt es gewissermaßen keinen Anlass mehr, sich bewusst und kreativ mit dem Modell auseinanderzusetzen, weil es schon dasteht, als wäre es fertig.

M B _ Ich glaube, man könnte etwas ‚Spielerisches' beispielsweise mit stochastischen Aktionen einspielen, aber die Frage ist ja, was sich dann ausbildet. Es entstehen bereits multiple Möglichkeiten ohne diese Aktionen. Zudem ist eine der Problematiken des Digitalen, dass man in diesen Arbeitsprozessen einerseits viel zu schnell und andererseits viel zu unbewusst Entscheidungen trifft.

S B _ In my opinion, the digital harbours potential when it is used in combination with other design media. Which brings us back to the model as understood by UN Studio, in which digital models and parametric design strategies also play a significant role. However, as a rule they are within the conceptual framework of what UN Studio refers to as 'design models'. Parametric models then serve the purpose of evaluating and researching variants.[33] Computer-supported design also offers possibilities to assess concepts and principles that can be more easily depicted in a virtual than in a physical work model, for example in work with complex mathematical formulas or geometric figures. But it only works in conjunction with a superordinate idea, in the sense of a superordinate model and the resulting guidance of the design process.

S W _ Does the digital rob the analogue model of its strongest property – namely the quality of already being part of the built reality? Compared to other media, the model allows me a special appreciation of the space, as I can haptically feel it, move it and observe it visually. It helps me to engage with reality, while in digital modelling I am still only interacting medially. It is in this respect that the analogue model goes further than just being a servient and representative medium and becomes in itself a piece of architecture.

M B _ Digital manufacturing processes are also on the increase. There are milled or printed models and the possibilities are consistently widening. One can produce quite a lot with clay, for example. The medium is then once again the computer or the printing device, a machine, a robot. What appears important is how this potential can affect the design quality. For this, the competences of architects are very relevant.

J B H _ The question is once again who makes the design decision. Even the printing of a 3D model, to be produced on a reduced scale, requires an abstraction step in order to reduce unrealisable details and data volumes. This can be undertaken by programmes, or else a person reserves the right to decide in certain cases.

SB_Ein Potenzial besitzt das Digitale meiner Meinung nach dann, wenn es in Kombination mit anderen Entwurfsmitteln eingesetzt wird. Womit wir wieder beim Modellverständnis von UN Studio sind, in dem digitale Modelle, beziehungsweise parametrische Entwurfsstrategien, auch eine große Rolle spielen. Sie sind aber in der Regel konzeptuell gerahmt von eben dem, was UN Studio als ,design models' bezeichnet, zum Beispiel von einem mathematischen oder einem geometrischen Prinzip. Parametrische Modelle dienen dann der Evaluation und Erforschung von Varianten.[33] Das computergestützte Entwerfen bietet ja auch Möglichkeiten, Konzepte und Prinzipien zu überprüfen, die man im Virtuellen leichter abbilden kann als im physischen Arbeitsmodell, zum Beispiel in der Arbeit mit komplexen mathematische Formeln oder geometrischen Figuren. Aber es funktioniert eben nur in dieser Rückkopplung mit einer übergeordneten Idee, im Sinne eines übergeordneten Modells und einer dadurch entstehenden Leitung des Entwurfsprozesses.

SW_Nimmt das Digitale dem analogen Modell nicht ebenso seine stärkste Eigenschaft, nämlich die Qualität, bereits ein Teil der gebauten Realität zu sein? Im Vergleich zu anderen Medien ermöglicht mir das Modell doch einen besonderen räumlichen Zugang, da ich es haptisch erfühlen, bewegen sowie gleichzeitig visuell beobachten kann. Mit ihm schaffe ich den Sprung in die Wirklichkeit, während ich beim digitalen Modellieren weiterhin nur medial interagiere. Eben an diesem Punkt überwindet das analoge Modell dann auch seine Existenz als nur dienendes und darstellendes Medium und wird selbst zu einem Stück Architektur.

MB_Digitale Fertigungsverfahren nähern sich dem an. Es gibt gefräste oder gedruckte Modelle und die Möglichkeiten erweitern sich ständig. Mit Lehm zum Beispiel lässt sich schon einiges produzieren. Das Medium ist dann wieder der Computer oder das Druckgerät, eine Maschine, es ist ein Roboter. Wichtig scheint, wie sich diese Potenziale auf die gestalterische Qualität auswirken können. Dafür sind wiederum die Kompetenzen von Architekten und Architektinnen sehr relevant.

JBH_Die Frage ist erneut, wer die gestalterische Entscheidung trifft. Auch der Druck eines 3D-Modells, das in einem verkleinerten Maßstab entstehen soll, benötigt einen Abstraktionsschritt, um nicht herstellbare Details und Datenmengen zu reduzieren. Das können Programme übernehmen oder der Mensch behält sich an bestimmten Stellen das Entscheidungsrecht vor.

MODEL SPECIFICS

M B _ If we shift attention from comparing analogue and digital models to other media in design, how does the model present itself in relation to these?

J B H _ Especially the relationship of the model to other graphic and pictorial media has changed in some respects – particularly with the introduction of digital methods. From the architecture treatise by Alberti in the 15th century to high-profile, comparatively younger representatives such as Bruno Taut or Le Corbusier, the primacy of the ground plan is emphasised.[34] This is described more vice versa with regard to digital methods. Namely that a model comprises the whole architecture project with all its information, allowing any 2D projections to be generated from it.[35] The interplays between image and model media are no doubt significantly more complex.

S W _ I would emphasise its interface function as a particularity of the model – which upon closer consideration is also a fundamental characteristic of most of the media presented here. Depending on the focus and the scale, the model can be concrete and concise, as well as abstract and open to interpretation. It can become a projection screen for the thoughts of others and trigger new discussions, in the same way as collage. Even so, it raises the question of whether the model, through its corporeality, is not more direct and easier to grasp than other media and can therefore also be understood immediately by laypeople.[36]

MODELLSPEZIFIKEN

MB_Wenn sich der Blick nun weg vom Vergleich analoger und digitaler Modelle auf die anderen Medien im Entwerfen richtet, wie zeigt sich das Modell in Relation zu diesen?

JBH_Vor allem das Verhältnis des Modells zu anderen grafisch-bildlichen Medien hat sich in mancher Hinsicht verändert – gerade auch mit der Einführung digitaler Methoden. Vom Architekturtraktat von Alberti aus dem 15. Jahrhundert bis hin zu prominenten, vergleichsweise jüngeren Vertretern wie Bruno Taut oder Le Corbusier wird noch das Primat des Grundrisses betont.[34] Das wird im Hinblick auf digitale Methoden eher umgekehrt beschrieben. Und zwar so, dass ein Modell das gesamte Architekturprojekt mit all seinen Informationen umfasst und daraus beliebig 2D-Projektionen generiert werden können.[35] Die Wechselwirkungen zwischen bildlichen und modellhaften Medien sind dabei sicherlich deutlich komplexer.

SW_Als eine Eigenart des Modells – die bei genauerer Betrachtung auch eine grundlegende Charakteristik der meisten hier vorgestellten Medien ist – würde ich seine Schnittstellenfunktion hervorheben. Das Modell kann in Abhängigkeit der Fokussetzung und des Maßstabs konkret und anschaulich oder aber abstrakt und interpretationsoffen sein. Es kann zu einer Projektionsfläche für die Gedanken der anderen werden und neue Diskussionen anstoßen, ebenso wie die Collage. Trotzdem stellt sich die Frage, ob das Modell durch seine Körperlichkeit nicht unmittelbarer und leichter zugänglich ist als die anderen Medien und somit auch von Nichtfachleuten sofort verstanden werden kann.[36]

MB _ Language or photography also have this potential.

VH _ Especially miniatures of the overall object harbour great accessibility as models. While other media, such as collages or traditional sketches, display complexity due to focusing on juxtaposition, the model is perhaps the only medium that can convey to designers and recipients a notion and understanding of the overall architectural system.

MB _ And it became clear over the course of our discussion that models in design contexts can be associated with a wide array of intentions, working methods and effects. Models are not only work and presentation media. They also offer the possibility of experimenting with imaginary concepts and thematising dispositions in the architecture discipline. Even if we were not able here to address all these levels separately, it has become evident what a range of dimensions and potential there is still to explore and develop further.

MB _ Die Sprache oder die Fotografie haben auch dieses Potenzial.

VH _ Die große Zugänglichkeit von Modellen ist vor allem bei Miniaturen des Gesamtobjekts vorhanden. Während andere Medien wie Collagen oder auch die klassischen Rissdarstellungen durch ihre Fokussierung in der Nebeneinanderstellung Komplexität entwickeln, ist das Modell vielleicht das einzige Medium, das Entwerfenden und Rezipierenden eine Vorstellung und ein Verständnis des architektonischen Gesamtsystems vermitteln kann.

MB _ Und es wurde im Rahmen unseres Gesprächs deutlich, dass Modelle in Entwurfskontexten mit verschiedensten Intentionen, Arbeitsweisen und Wirkungsebenen verbunden sein können. Modelle sind nicht nur Arbeits- und Präsentationsmedien. Sie bieten zudem die Möglichkeit, mit imaginären Konzepten zu experimentieren und den Habitus in der Architekturdisziplin zu thematisieren. Auch wenn hier nicht all diese Ebenen differenziert angesprochen werden konnten, wurde deutlich, welche vielfältigen Dimensionen und Potenziale es noch zu entdecken und weiter zu entwickeln gibt.

1 Vgl. | Cf. Reinhard Wendler, Das Modell zwischen Kunst und Wissenschaft, Paderborn et al.: Wilhelm Fink 2013, passim **2** Vgl. | Cf. Werner Oechslin, Das Architekturmodell zwischen Theorie und Praxis, in: Bernd Evers (ed.), Architekturmodelle der Renaissance, München et al.: Prestel 1995, 40-49 **3** Vgl. hierzu z.B | Cf. on this subject ANY 23 (1998)/6: Diagram work, passim; Hélène Frichot, Drawing, thinking, doing. From diagram work to the superfold, in: ACCESS Critical Perspectives on Communication, Cultural & Policy Studies 1, Volume 30(1) 2011, 1-10 **4** vgl. hierzu auch | Cf. on this subject also Lorenzo de Chiffre, Begriffsbildung und Modellbau, in: id./Astrid Staufer/Thomas Hasler (eds.), Ikonen. Methodische Experimente im Umgang mit architektonischen Referenzen, Zürich: Park Books 2018, 43-50, 47-48 **5** Vgl. | Cf. Christian Gänshirt, Werkzeuge für Ideen, Basel: Birkhäuser 2007, 150-151 **6** Vgl. | Cf. Antje Buchholz, Modelle bauen, in: Margitta Buchert (ed.), Praktiken reflexiven Entwerfens, Berlin: Jovis 2016, 71-82, 74-75 **7** Vgl. | Cf. Caroline Bos/Ben van Berkel, Design Models. Architecture, urbanism, infrastructure, London: Thames & Hudson 2006, 10-23 **8** Vgl. z.B. | Cf. e.g. Fernando Márquez Cecilia/Richard Levene (eds.), Smiljan Radič: el peso del mundo : the weight of the world : 2013-2019, El Croquis 199 (2019), 204-207, 296-297; vgl. auch | c.f. also ibid. (eds.), Smiljan Radič: el juego de los contrarios : the game of opposites : 2003-2013, El Croquis 167 (2013), 196-197, 218-223 **9** Vgl. | Cf. Margitta Buchert, Fotografie | Photography, in diesem Buch | in this book, 180-199 **10** Vgl. | Cf. ibid. **11** Vgl. | Cf. Albena Yaneva, Made by the Office of Metropolitan Architecture: An ethnography of design, Rotterdam: 010 Publishers 2009, 55-56 **12** Vgl. | Cf. Sarah Wehmeyer, Collage, in diesem Buch | in this book, 202-218 **13** Zum menschlichen Maßstab in der indischen Architekturtheorie vgl. | On the human measure in Indian architectural theory cf. Vibhuti Chakrabarti, Indian architectural theory, Richmond: Curzon 1998, passim; Vitruv, Baukunst 2 vol., Zürich et al.: Artemis 1987, 114-122 **14** Vgl. | Cf. Oliver Elser, Zur Geschichte des Architekturmodells, in: Peter Cachola Schmal/Oliver Elser (eds.), Das Architekturmodell, Zürich: Scheidegger & Spiess 2012, 11-21 **15** Vgl. | Cf. Karen Moon, Modelling messages. The architect and the model, New York: Monacelli 2005, 18-32 **16** Vgl. | Cf. Albena Yaneva (2009) op. cit. (Anm. | note 11), 65-71, 86, 93 **17** Vgl. | Cf. Silvio Cassarà (ed.), Peter Eisenman. Feints, Mailand: Skira Editore 2006, 92-93; vgl. | cf. Patrick Lynch, UN Studio wins France's largest private architecture competition for Cultural Cinema Center in Europa City, https://www.archdaily.com/889575/unstudio-wins-frances-largest-private-architecture-competition-for-cultural-cinema-center-in-europacity, 31.05.2020 **18** Vgl. |

Cf. Christian Gänshirt (2011), op. cit. (Anm. | note 5), 155 **19** Vgl. | Cf. Matthew Mindrup, The architectural model, Cambridge, MA et. al.: MIT Press 2019, 158-202 **20** Der Elektrotechniker John Monk zitiert in: | The electronic technician John Monk as cited in: Inge Hinterwaldner, Prolog. Modellhaftigkeit und Bildlichkeit in Entwurfsartefakten, in: Sabine Ammon/Inge Hinterwaldner (eds.), Bildlichkeit im Zeitalter der Modellierung. Operative Artefakte in Entwurfsprozessen der Architektur und des Ingenieurwesens, Paderborn: Wilhelm Fink 2017, 13–31, 17-18 **21** Vgl. | Cf. Juan Antonio Cortés, Building the mould of space. Concept and experience of space in the architecture of Francisco and Manuel Aires Mateus, in: El Croquis 154 (2011), 24-41, 36 **22** Vgl. z.B. | Cf. e.g. Junya Ishigami, How small? How vast? How architecture grows, Ostfildern: Hatje Cantz 2014, hier insbesondere | here especially 15 **23** Antje Buchholz et. al., Modelle bauen, in: Archplus 166 (2003), 32-33 **24** Ein Beispiel für partizipative Zeichnungen bilden die sogenannten Public Drawings von Atelier Bow-Wow. | One example of participatory drawings are the so-called public drawings by Atelier Bow-Wow. Vgl. hierzu | Cf. on this subject Valerie Hoberg, Handzeichnung | Hand drawing, in diesem Buch | in this book, 38-53 **25** Vgl. | Cf. Oliver Elser (2012), op. cit. (Anm. | note 11), 13 **26** Vgl. hierzu auch | Cf. on this subject Margitta Buchert, Fotografie | Photography, in diesem Buch | in this book, 180-199 **27** Vgl. | Cf. Oliver Elser, Axel Schultes, Charlotte Frank, Leuchtmodelle, in: Peter Cachola Schmal et al. (eds.) (2012), op. cit. (Anm. | note 23), 260-264 **28** Vgl. z.B. | Cf. e.g. Nathalie Bredella, Modell, in: Barbara Wittmann, Werkzeuge des Entwerfens, Zürich: diaphanes 2018, 107-121, 113-114 **29** Vgl. | Cf. Umberto Eco, zitiert in | cited in: Sophie Wolfrum, Squares. Urban spaces in Europe, Basel: Birkhäuser 201, 18 **30** Vgl. | Cf. Michael Drobnik/Steffen Riegas im Gespräch mit Alexandra Nehmer/Anh-Linh Ngo, Komplexitätsmanagement, in: Archplus 233 (2018), 80-87, 81 **31** Zur Arbeitsweise Thomas Demands vgl. | On Thomas Demand's working methods cf. Roxana Marcoci, Thomas Demand, New York: The Museum of Modern Art 2005, 9-10 **32** Vgl. z.B. | Cf. e.g. Nathalie Bredella 2018, op. cit. (Anm. | note 28), 107-121, 114-121 **33** Vgl. | Cf. Caroline Bos et al. (2006), op. cit. (Anm. | note 7), 17-20 **34** Vgl. | Cf. Monika Melters, Zur Epistemologie der Architekturzeichnung. Leon Battista Alberti und die ‚freie Kunst' der Geometrie [1485], in: Monika Melters/Christoph Wagner (eds.), Die Quadratur des Raumes. Bildmedien der Architektur in Neuzeit und Moderne, Berlin: Gebr. Mann 2017, 24–43, 26 **35** Vgl. | Cf. Inge Hinterwaldner (2017), op. cit. (Anm. | note 19), 14-16; Zur Wechselwirkung des digitalen Modells mit anderen Medien vgl. z.B. | On the interaction of the digital model with other media c.f. e.g. ibid., passim **36** Vgl. auch | Cf. also Karen Moon (2005), op. cit. (Anm. | note 15), 11

'A diagram is the spatialisation of a selective abstraction and/or reduction of a concept of a phenomenon. In other words, a diagram is the architecture of an idea or entity.'

„Ein Diagramm ist die Verräumlichung einer gewählten Abstraktion und/oder Reduktion des Konzepts eines Phänomens. Mit anderen Worten, ein Diagramm ist die Architektur einer Idee oder eines Wesens."

Mark Garcia

DIAGRAM

Steffen Bösenberg

At the latest since the late 20th century, the diagram has been one of the leading media for practical and research considerations in architecture.[1] In various contexts, whether used for design or research, whether for urban development or building design, diagrams often go beyond the mere representative conveying of design ideas. As a methodological approach to the complexity of the environment to be designed, they enable the structured gaining of knowledge. The architecture diagram can already be found in ancient and medieval architecture representations and today is a central method in the work of world-renowned firms and young contemporary architecture studios. The wide methodological and graphic spectrum of these projects shows a complex and insightful use of the diagram as a work method that provides feedback between design and communication, as well as theory and practice.[2]

"WHAT'S A DIAGRAM ANYWAY?"[3]   The term diagram originates in ancient Greek and means a figure or outline. In the sense of a graphic translation of mathematical laws, it can already be found in antiquity. Contemporary views of the term extend this definition in general as a representation of abstract ideas, or as the abstraction of concrete situations, usually by means of graphic elements such as dots and lines.[4] Furthermore, a consideration of the diagram and especially of the architecture diagram can scarcely be defined through individual representational principles. Contrary to layouts, for example, that are based on certain orthographic construction methods and usually follow conventions of technical drawing, the specifics of the architecture diagram lie in its combinational versatility: it can bring together various task-related representations such as axonometries, cross sections, pictograms or collage-like montages and thus place various information, such as programmatic and spatial information, in context.

DIAGRAMM

Steffen Bösenberg

Das Diagramm ist mindestens seit dem späten 20. Jahrhundert eines der Leitmedien praktischer und forschender Auseinandersetzung in der Architektur.[1] In unterschiedlichen Kontexten, ob entwerferisch oder forschend verwendet, ob im städtebaulichen oder im Gebäudeentwurf, reichen Diagramme häufig über eine rein repräsentative Vermittlung von Entwurfsgedanken hinaus. Als methodischer Zugang zur Komplexität der zu gestaltenden Umwelt ermöglichen sie strukturierte Erkenntnisgewinne. Das Architekturdiagramm findet sich bereits in antiken und mittelalterlichen Architekturdarstellungen und ist heute eine zentrale Methode in den Arbeiten weltbekannter Büros und junger zeitgenössischer Architekturstudios. In einer breitenmethodischen wie grafischen Spannweite dieser Auseinandersetzungen zeigt sich ein komplexer und erkenntnisreicher Umgang mit dem Diagramm als einer Arbeitsweise der Rückkopplung von Entwerfen und Kommunizieren sowie von Theorie und Praxis.[2]

„WHAT'S A DIAGRAM ANYWAY?"[3] Der Begriff des Diagramms hat seinen Ursprung im Altgriechischen und bedeutet in etwa ‚Figur' oder ‚Umriss', wortwörtlich ‚mit Linien umzogen'. Im Sinne der grafischen Übersetzung mathematischer Gesetze findet es sich bereits in der Antike. Heutige Betrachtungen des Begriffs erweitern diese Definition im Allgemeinen als Repräsentation abstrakter oder aber auch Abstraktion konkreter Zusammenhänge, zumeist mittels grafischer Elemente wie Punkte und Linien.[4] Eine Betrachtung des Diagramms, und insbesondere des Architekturdiagramms, ist darüber hinaus kaum durch einzelne Darstellungsprinzipien einzugrenzen. Anders als etwa Grundrisse, die auf bestimmten orthografischen Konstruktionsmethoden beruhen und zumeist Konventionen technischen Zeichnens folgen, liegt die Spezifik gerade des Architekturdiagramms in seiner kombinatorischen Vielseitigkeit: Es kann höchst unterschiedliche

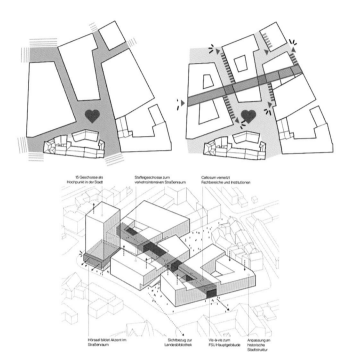

1 | Cityförster Campus Callosum Jena 2016

Designers and researchers in architecture therefore define the diagram, as described by Sonja Hnilica in relation to Stan Allen, as a "method of thinking about contexts", thereby indicating an interpretation of the diagram that is widespread in architecture, which understands it more as functioning as a tool than as a graphical application.[5] The diagram therefore here means a principle that can visualise complex interrelations and thus makes both the design and the communication understandable. How it does this is to be thought about anew by the user in the respective design or research context, thus – potentially – becoming a reflexive process. It therefore requires constant reflecting and a successive adaptation of one's own methodology.[6] The British architecture theorist Marc Garcia therefore also refers to diagrams as the "architecture of an idea"; they can thus be viewed to a certain extent as a design task in themselves and at least represent an additional design level.[7]

DIAGRAMS IN ARCHITECTURAL HISTORY   Variants of such representations that usually describe functional concepts can be found throughout architectural history, for example in the form of the well-known convent plan of St. Gallen, one of the earliest European architecture representations, or the diagrams of Leon Battista Alberti and other shapers of European architecture and art history. The layering of relatively concrete architectural ground plan representations with abstract typological or programmatic information is often a core aspect of the architectural diagram here.[8]

Darstellungen, wie Axonometrien, Schnitte, Piktogramme oder collageartige Montagen, aufgabenbezogen verknüpfen und so verschiedene Informationen, wie zum Beispiel programmatische und räumliche, in Beziehung setzen.

Gestaltende und Forschende der Architektur definieren das Diagramm daher als eine, wie es Sonja Hnilica in Bezug auf Stan Allen beschreibt, „Methode, um über Zusammenhänge [...] nachzudenken" und benennt damit eine in der Architektur verbreitete Lesart des Diagramms, die es stärker in seiner Funktionsweise eines Werkzeugs begreift als in seiner Eigenschaft als Medium grafischer Umsetzung.[5] Das Diagramm meint hier also ein Prinzip, das komplexe Zusammenhänge überhaupt erst visualisieren kann und damit sowohl im Entwerfen als auch im Kommunizieren begreiflich macht. Wie es dies tut, ist im jeweiligen Entwurfs- oder Forschungsbezug von der Anwenderin oder dem Anwender immer wieder selbst zu denken und wird hierin – potenziell – zu einem reflexiven Prozess. Es erfordert also ein ständiges Reflektieren und sukzessives Anpassen der eigenen Methodik.[6] Der britische Architekturtheoretiker Marc Garcia bezeichnet Diagramme daher auch als „Architektur einer Idee"; sie können also gewissermaßen als eine eigene Entwurfsaufgabe gesehen werden, zumindest aber eine zusätzliche Entwurfsebene darstellen.[7]

DIAGRAMME IN DER ARCHITEKTURGESCHICHTE Varianten solcher zumeist funktionale Konzepte beschreibenden Darstellungen finden sich in der gesamten Architekturgeschichte, zum Beispiel in Form des bekannten Klosterplans von St. Gallen, einer der frühesten europäischen Architekturdarstellungen, oder den Diagrammen Leon Battista Albertis und anderer Gestaltender der europäischen Architektur- und Kunstgeschichte. Die Überlagerung relativ konkreter architektonischer Grundrissdarstellungen mit abstrakten typologischen oder programmatischen Informationen zeigt sich hier häufig als ein Kernaspekt des architektonischen Diagramms.[8]

In der Neuzeit entwickelt sich das Diagramm von einem eher erläuternden Medium zu einem immer zentraleren Entwurfsmittel der Architektur. Beispielhaft können hier die Diagramme des französischen Architekten Jean-Nicolas-Louis Durand betrachtet werden, die sowohl analytische als auch entwerferische Funktion erfüllen. Durand hatte zu Beginn des 19. Jahrhunderts ein diagrammatisch-grafisches Prinzip zur Analyse von Gebäudetypologien entwickelt und dieses dann als Mittel zum Entwerfen neuer Architektur angewandt. Mittels eines einheitlichen grafischen Prinzips kann hier also aus bestimmten Parametern etwas Neues generiert werden (Abb. 2).[9] Als solch ein vermeintlich rationales Entwurfsinstrument hält es Einzug in die neuzeitliche Stadtplanung und wird dann im Zuge der Industrialisierung und insbesondere der frühen Moderne für den zunehmend technisch-rationalen Zeitgeist interessant. Optimierungen von räumlichen Organisationsweisen, insbesondere im Städtebau, oder Le Corbusiers programmatischen Studien für die Unité d'Habitation zeigen eine Überlagerung quasi-mathematischer oder naturwissenschaftlicher Diagramme aus Linien, Punkten und einfachen Geometrien mit konventionelleren architektonischen Darstellungen und Raumideen (Abb. 3).[10]

In recent times, the diagram has developed from a more explanatory medium to an increasingly central design medium of architecture. Diagrams by the French architect Jean-Nicolas-Louis Durand can be regarded as examples of this, which fulfil both an analytical and a design function. At the beginning of the 19th century, Durand had developed a diagrammatic-graphic principle for the analysis of building typologies and then applied this as a method for designing new architecture. By means of a uniform graphic principle, something new can therefore be generated here from certain parameters (fig. 2).[9] As such a purportedly rational design instrument, it entered the city planning of the modern era and then became of interest over the course of industrialisation and especially in the early modern era for the increasingly technical-rational zeitgeist. Optimisations of means of spatial organisation, especially in urban development, or Le Corbusier's programmatic studies for the Unité d'Habitation, show a layering of quasi mathematical or natural scientific diagrams formed of lines, dots and simple geometries with more conventional architectural representations and spatial ideas (fig. 3).[10]

Especially in the second half of the 20th century, this repertoire was extended and with it a constant specific architectural appropriation of the diagram. Artistic elements of pop art and comics, for example in the works by the British collective Archigram, became part of this discourse, as did overlaps with other techniques such as mapping or collage.[11]

The diagram became part of a specific theoretical discourse especially towards the end of the 20th century, where it was used in parametric and computer-supported design strategies for the conception and presentation of complex interconnections of geometric principles, programmatic relations and mathematical models. The work by the French philosopher Gilles Deleuze has had a significant influence on new examinations of the diagram. In the book 'A Thousand Plateaus' from 1980, together with the psychoanalyst Félix Guattari, on the basis of his own preliminary work and the work of Michel Foucault, Deleuze introduced an extended notion of the diagram that aimed to describe social power relationships in particular. As an 'abstract machine', the diagram processes information here through the interweaving of powers and dependencies; it is therefore explicitly to be considered as an abstract principle and less as a graphic medium.[12] At the turn of the millennium, this was followed by a multifaceted discussion in which architects such as Caroline Bos, Ben van Berkel, Karl Chu and architecture theorists such as Anthony Vidler, Robert E. Somol or Stan Allen appropriate the diagram as a conceptional basis for rethinking spatial and programmatic relations, especially in light of the possibilities of computer-generated designs.[13]

Today's uses of the architecture diagram cover a wide spectrum of complexity, incorporating all these facets, comprising both simple diagrammatic representations and complex 'diagrammatic' ways of thinking. It is not only a firm component of methodical design but also a distinctive outward impression. Bjarke Ingels can be mentioned here as one of the best-known examples of architecture communication based mainly on the diagram.

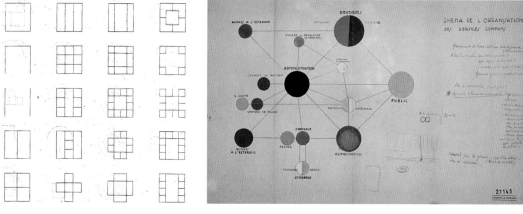

2 | Durand Récis des leçons d'architecture données 1802   3 | Le Corbusier Unité d'Habitation Marseille 1945

Gerade in der zweiten Hälfte des 20. Jahrhunderts erweitert sich dieses Repertoire und damit eine spezifisch architektonische Aneignung des Diagramms fortwährend. Künstlerische Elemente der Pop-Art und des Comics, zum Beispiel in den Arbeiten des britischen Kollektivs Archigram, finden ebenso Eingang wie Überschneidungen mit anderen Techniken wie dem Mapping oder der Collage.[11]

Teil eines spezifischen theoretischen Diskurses wird das Diagramm insbesondere gegen Ende des 20. Jahrhunderts, wo es in parametrischen und computergestützten Entwurfs- strategien zur Konzeption und Vermittlung komplexer Verschränkungen geometrischer Prinzipien, programmatischer Relationen und mathematischer Modelle Verwendung findet. Erheblichen Einfluss auf diese Neuerkundung des Diagramms hat dabei die Arbeit des französischen Philosophen Gilles Deleuze. Im Buch ‚Tausend Plateaus‘ von 1980 stellte er zusammen mit dem Psychoanalytiker Félix Guattari auf Grundlage eigener Vorarbeiten und dem Werk Michel Foucaults einen erweiterten Diagrammbegriff vor, der vor allem gesellschaftliche Machtverhältnisse beschreiben soll. Als ‚abstrakte Maschine‘ verarbeitet das Diagramm hier durch ein Ineinandergreifen von Kräften und Abhän- gigkeiten Informationen; es ist demnach explizit als abstraktes Prinzip und weniger als grafisches Medium zu denken.[12] Zur Jahrtausendwende entsteht daran anknüpfend eine vielseitige Diskussion, in der sich Architektinnen und Architekten wie Caroline Bos, Ben van Berkel, Karl Chu und Architekturtheoretikerinnen und Architekturtheoretiker wie Anthony Vidler, Robert E. Somol oder Stan Allen das Diagramm als konzeptionelle Grundlage aneignen zum Neudenken von räumlichen und programmatischen Relationen, insbesondere unter den Möglichkeiten computergenerierter Entwürfe.[13]

Die heutigen Verwendungen des Architekturdiagramms decken unter Einbezug all jener Prägungen ein breites Spektrum an Komplexität ab, das sowohl einfache diagrammatische Darstellungen als auch komplexe ‚diagrammatische‘ Denkweisen umfasst. Es ist dabei nicht nur fester Bestandteil des methodischen Entwerfens, sondern ebenso distinktiver Außenwir- kung. Bjarke Ingels kann hier als eines der bekanntesten Beispiele einer sich hauptsächlich

145

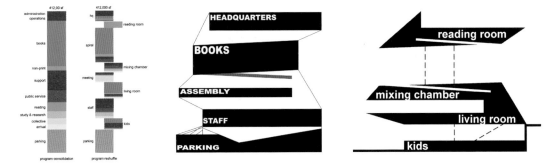

4 | Office for Metropolitan Architecture   Seattle Library   2004

The often axonometric, narrative design derivations are given a profile-defining character here with their consistent use and easy accessibility. As a former employee of the 'Office for Metropolitan Architecture' (OMA) under Rem Koolhaas, Bjarke Ingels is also part of a younger generation of architects who are strongly influenced by the previous discussions about the diagram as a leading medium of architecture (fig. 1).[14] Rem Koolhaas, as well as Peter Eisenman, Carolin Bos and Ben van Berkel, can be regarded here as exemplary and influential representatives. Based on them, the following sets out to trace an individual and continuously further developed consideration of the diagram.

DESIGN AND COMMUNICATION TOOL   The work of the Dutch architect Rem Koolhaas and his firm OMA often uses the diagram to link concrete forms of architecture with abstract levels, especially programmatic aspects, or to access overarching concepts. These diagrams serve not only to convey concrete building designs but are also part of theoretical publications.[15] Theory and practice are linked here through a rather playful approach. The development of architectural concepts thereby goes hand in hand with a direct and accessible communication. This can be seen as an example in the diagrams for the 'Seattle Library', which communicates programmes in its well-known cross section diagrams by means of typographically used language, furthermore also reflecting the longstanding focus of Koolhaas on the typology of the high-rise through the concentration on the vertical (fig. 4). This conveys not only programmatic but also spatial qualities – in a relatively concrete and easily readable means of expression, which establishes a direct connection between the visualisation of information and the conception of the building form.[16]

What is noteworthy in this is the constant but exceptionally adaptive appropriation of the diagram in the work of Koolhaas up until today, where graphic motifs, such as language or schematic cross sections, represent recurring elements but are used in new combinations and extensions from project to project. Comic-like sequences or collage-like photo montages, as well as overlaps with mapping or traditional architectural representation, are interwoven in relation to the design (fig. 5). Another noteworthy feature is the overlapping

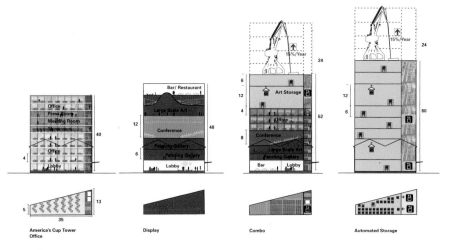

5 | Office for Metropolitan Architecture   Fondazione Prada   2008

auf das Diagramm stützenden Architekturvermittlung genannt werden. Die oftmals axonometrischen, narrativen Entwurfsherleitungen erhalten dabei in ihrer durchgängigen Verwendung und einfachen Zugänglichkeit einen profilprägenden Charakter. Als ehemaliger
Mitarbeiter des ‚Office for Metropolitan Architecture' (OMA) von Rem Koolhaas ist Bjarke
Ingels dabei auch Teil einer jüngeren Generation von Architektinnen und Architekten, die
stark von den vorhergehenden Diskussionen um das Diagramm als ein Leitmedium der Architektur geprägt sind (Abb. 1).[14] Rem Koolhaas, aber auch Peter Eisenman, Carolin Bos und Ben
van Berkel können hierbei als exemplarische und einflussreiche Vertreterinnen und Vertreter
betrachtet werden. An ihnen soll im Folgenden eine jeweils individuelle und kontinuierlich
fortentwickelte Auseinandersetzung mit dem Diagramm nachvollzogen werden.

INSTRUMENT DES ENTWERFENS UND VERMITTELNS   Das Werk des
niederländischen Architekten Rem Koolhaas und seines Büros OMA verknüpft mittels des
Diagramms häufig konkrete Formen der Architektur mit abstrakten Ebenen, insbesondere
programmatischen Zusammenhängen oder Erschließungskonzepten. Dabei dienen Diagramme nicht nur zur Vermittlung konkreter Gebäudeentwürfe, sondern sind ebenso Teil
theoretischer Veröffentlichungen.[15] Theorie und Praxis verknüpfen sich hier durch einen
eher spielerischen Ansatz. Die Entwicklung architektonischer Konzepte geht dabei mit
einer direkten, zugänglichen Vermittlung einher. Beispielhaft kann dies an den Diagrammen zur ‚Seattle Library' betrachtet werden, die in ihren bekannten Schnittdiagrammen
Programme mittels typografisch eingesetzter Sprache kommuniziert, darüber hinaus
jedoch auch durch die Konzentration auf das Vertikale die langfristige Beschäftigung von
Koolhaas mit der Typologie des Hochhauses reflektiert (Abb. 4). So vermitteln die Diagramme nicht nur programmatische, sondern ebenso räumliche Qualitäten – in einer relativ
konkreten und niederschwellig lesbaren Ausdrucksweise, die eine direkte Verbindung zwischen der Visualisierung von Information und der Konzeption der Gebäudeform herstellt.[16]

Bemerkenswert hierbei ist die bis heute stetige und gleichermaßen adaptive Aneignung des
Diagramms im Werk von Koolhaas, wo grafische Motive, wie Sprache oder schematische

147

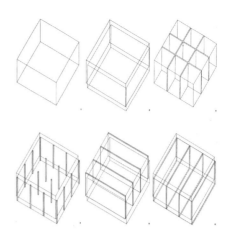

6 | Peter Eisenman Architects House II 1969

of internal building concepts and overarching urban development scales, as also set out by the British architecture theorist Anthony Vidler in his well-known text 'Diagrams of diagrams'. The adaptivity of the diagram harbours an appropriately multilayered form of representation and communication of complex urban contexts.[17] These considerations covering various tasks and scales often supplement diagrammatically readable models, for example in the Casa da Musica project in Porto. The design process is conveyed by means of photo sequences of the physical model, from which volumes are gradually removed.[18] The model is to be viewed here on the one hand in the traditional sense as an abstract miniature of a design. However, in the representation of elements that are not actually visible, such as the subtracted volumes, it is accorded functions of visualisation and layering that can be regarded as diagrammatic.

RESEARCHING SPATIAL CONCEPTS While Koolhaas's work with the diagram can be described as eclectic, in the sense of contextually varying ways of representation, the American architect Peter Eisenman takes a strongly scientific and analytical approach. In his doctorate of 1963, Eisenman already started a concentrated study of the diagram as an analytical tool, which was to explore spatial concepts of existing buildings through the use of lines and layered ground plans (fig. 7).[19] Eisenman later continued to develop the resulting graphic principles in his own building designs, alongside an ongoing analytical study of existing buildings. What is characteristic is the high degree of continuity of the representational means, which usually shows spatial layering in axonometric sequences. The use of axonometry throughout also generates a comparability with the inclusion of the three spatial dimensions.[20]

The diagram brings together abstract spatial ideas, whose layering and intertwining of architectural elements are presented as a graphic simplification. This can be seen as an example in Eisenman's early designs, such as the well-known 'House II' of 1969, in which numerous systematically built up, axonometric preliminary studies on the figuration of constructive elements culminate in an exceptionally complex built spatial

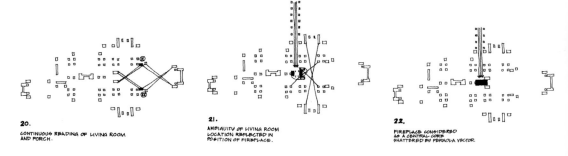

20.

CONTINUOUS READING OF LIVING ROOM
AND PORCH.

21.

AMBIGUITY OF LIVING ROOM
LOCATION REFLECTED IN
POSITION OF FIREPLACE.

22.

FIREPLACE CONSIDERED
AS A CENTRAL CORE
SHATTERED BY PERGOLA VECTOR.

7 | Peter Eisenman Studies 1963

Schnitte, wiederkehrende Elemente darstellen, jedoch von Projekt zu Projekt in jeweils neuen Kombinationen und Erweiterungen verwendet werden. Comicartige Abfolgen oder collagenartige Fotomontagen sowie Überschneidungen mit dem Mapping oder mit klassischer Architekturdarstellung verschränken sich dabei entwurfsbezogen. Ebenso auffällig ist zudem die Überschneidung interner Gebäudekonzeptionen und städtebaulicher Maßstäbe, wie es auch der britische Architekturtheoretiker Anthony Vidler in seinem bekannten Text ‚Diagrams of diagrams' herausstellt (Abb. 5). In der Adaptivität des Diagramms findet sich hier eine angemessen vielschichtige Darstellungs- und Vermittlungsform komplexer urbaner Zusammenhänge.[17] Oftmals ergänzen diese über unterschiedliche Aufgabenstellungen und Maßstäbe reichenden Auseinandersetzungen diagrammatisch lesbare Modelle, zum Beispiel im Projekt der Casa da Música in Porto. Der Formgebungsprozess wird dabei mittels Fotosequenzen am physischen Modell vermittelt, aus dem Volumen sukzessiv entfernt werden.[18] Das Modell ist hier einerseits im klassischen Sinne als abstrakte Miniatur eines Entwurfs zu betrachten. In der Darstellung von eigentlich nicht sichtbaren Elementen, wie den subtrahierten Volumina, kommen ihm andererseits Funktionen der Visualisierung und Überlagerung zu, die als diagrammatisch bezeichnet werden können.

ERFORSCHUNG VON RAUMKONZEPTIONEN   Ist Koolhaas' Arbeit mit dem Diagramm als eklektisch zu beschreiben im Sinne kontextuell unterschiedlicher Darstellungsweisen, findet sich beim US-amerikanischen Architekten Peter Eisenman ein stark wissenschaftlicher und analytischer Ansatz. Schon in seiner Promotion von 1963 begann Eisenman eine konzentrierte Auseinandersetzung mit dem Diagramm als analytischem Instrument, das durch die Verwendung von Linien und Grundrissüberlagerungen räumliche Konzepte bestehender Gebäude erforschen sollte (Abb. 7).[19] Die hierbei entstandenen grafischen Prinzipien entwickelte Eisenman später, neben einer fortwährenden analytischen Beschäftigung mit bestehenden Gebäuden, in eigenen Gebäudeentwürfen fort. Charakteristisch ist die hohe Kontinuität der Darstellungsweise, die zumeist räumliche Überlagerungen in axonometrischen Reihungen zeigt. Die durchgängige Verwendung der Axonometrie erzeugt auch eine Vergleichbarkeit unter Einbezug der drei räumlichen Dimensionen.[20]

149

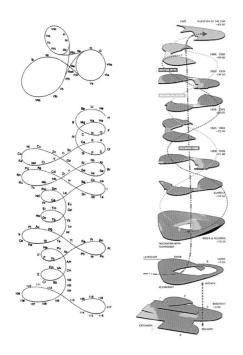

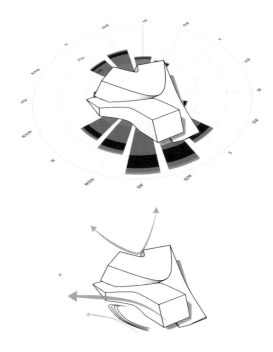

8 | UN Studio Mercedes-Museum Stuttgart 2006   9 | UN Studio Cultural Cinema Centre Paris 2018

structure (fig. 6).[21] For Peter Eisenman, the diagram is therefore an individually developed but principally transferable method that links analysis and design. Contrary to Rem Koolhaas, this occurs explicitly through a scientific, less associative or artistic approach that is reflected in serial representation, recurring elements such as the axonometry and a comparable application to research and practice.

DESIGNING COMPLEX MODELS   Caroline Bos and Ben van Berkel are founding members of the Dutch architecture firm UN Studios and protagonists of the already mentioned discourses about an extended definition of diagram at the turn of the millennium. The diagram is used here on the one hand for research purposes, for example in order to evaluate mathematical models or parametric concepts, and on the other hand to convey and understand complex design processes. A central feature of the design approach of UN Studios are the 'design models', whereby the term model should be understood here in the sense of an idea or a concept. Mathematical models such as the 'Klein bottle', or formal principles derived from nature such as the trefoil, are combined with programmatic or constructive considerations. The aim is to develop parametrically adaptable 'models', which are initially conceived devoid of concrete tasks and locations, but which can then be adapted specifically to the respective context. The abstract consideration of the trefoil thus led to the complex access and spatial figures of the Mercedes Museum in Stuttgart and the consideration of the Klein bottle to the interwoven geometries of the Arnhem Centraal railway station (fig. 8).[22]

10 | UN Studio Cultural Cinema Centre Paris 2018

Das Diagramm verbindet dabei abstrakte Raumideen, deren Überlagerung und Ineinandergreifen architektonischer Elemente überhaupt erst in der grafischen Vereinfachung
darzustellen sind mit der konkreten Übersetzung in Gebautes. Beispielhaft kann dies
bereits an Eisenmans frühen Entwürfen wie dem bekannten ‚House II' von 1969 betrachtet werden, bei dem zahlreiche systematisch aufgebaute, axonometrische Vorstudien
zur Figuration konstruktiver Elemente in eine äußerst komplexe gebaute Raumstruktur
münden (Abb. 6).[21] Bei Peter Eisenman zeigt sich das Diagramm also abermals als eine
individuell entwickelte, doch prinzipiell übertragbare Methode, welche Analyse und Entwurf miteinander verknüpft. Anders als bei Rem Koolhaas geschieht dies explizit über
einen wissenschaftlichen, weniger assoziativen oder künstlerischen Ansatz, der sich in
der seriellen Darstellung, sich wiederholenden Elementen wie der Axonometrie und einer
vergleichbaren Anwendung auf Forschung und Praxis widerspiegelt.

ENTWURF KOMPLEXER MODELLE Caroline Bos und Ben van Berkel sind
Gründungsmitglieder des niederländischen Architekturbüros UN Studios und Protagonisten
der bereits angesprochenen Diskurse um einen erweiterten Diagrammbegriff zur Jahrtausendwende. Das Diagramm ist hier einerseits forschend eingesetzt, um zum Beispiel
mathematische Modelle oder parametrische Konzepte zu evaluieren, und wird anderseits zur
Vermittlung und Nachvollziehbarkeit komplexer Formfindungsprozesse verwendet. Zentral
in UN Studios Entwurfshaltung sind die sogenannten ‚design models', wobei der Begriff des
Modells hier im Sinne einer Idee oder eines Konzeptes verstanden werden sollte. Mathematische Modelle wie die sogenannte ‚Kleinsche Flasche' – oder der Natur entlehnte formale
Prinzipien wie der Dreipass (engl. ‚trefoil') – werden in Verbindung mit programmatischen
oder konstruktiven Überlegungen gebracht. Ziel ist dabei, parametrisch anpassbare ‚Modelle'
zu entwickeln, die zunächst losgelöst von konkreten Aufgabenstellungen und Orten konzipiert, dann aber spezifisch an den jeweiligen Kontext angepasst werden können. So führen
abstrakte Auseinandersetzungen mit dem Dreipass zu den komplexen Erschließungs- und
Raumfiguren des Mercedes-Museums in Stuttgart, die Auseinandersetzung mit der Klein-
schen Flasche zu den verflochtenen Geometrien des Bahnhofs Arnhem Centraal (Abb. 8).[22]

Wie auch bei Eisenman und Koolhaas entstehen also komplexe Formfindungen, die sich
über eine zeitliche, typologische und maßstäbliche Spannweite ständig fortentwickeln.
Unterschiedliche Diagramme, von tabellenartigen Matrizen zu abstrakten, computergene-
rierten Axonometrien oder Perspektiven, spielen hierbei eine jeweils der Entwurfsaufgabe

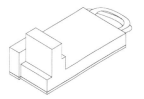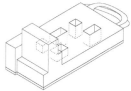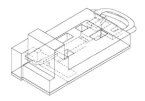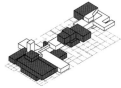

11-14 | Steffen Bösenberg Analysis EM2N Toni Areal Zurich 2018

As also for Eisenman and Koolhaas, this leads to complex form finding that continuously develops further over time and a range of typologies and scales. Different diagrams, from tabular matrices to abstract, computer-generated axonometries or perspectives, play a role adapted to the particular design task. To explore and convey these usually complex geometrical structures, diagrammatic physical models are also used, similar to those of Koolhaas, in which visual axes or pathway relationships are represented abstractly. Apart from the specific thought models of UN Studios shown by means of the diagram, urban development influence factors are shown by means of the targeted presentation as graphic – or modelled – elements (fig. 9-10).[23]

DIAGRAM AS LINK BETWEEN DESIGN AND RESEARCH The aspects shown reveal the diagram as a valuable tool for ordering the complexity of the real inter-relations that architecture is concerned with and for transforming them into a creative moment.[24] Especially in large-scale and urban development contexts, the diagram is suitable as a means of systematically understanding urban information levels, as is par-ticularly evident in the example of Koolhaas. Overall it may be less intuitive compared to manual sketches or work models, but in its potentially systematic structure it contains a reflexive moment that can bring insights for the creator as well as the viewer. This makes it interesting not only for design but also for research.

In the research work of the author, the diagram is used to examine complex reuse strategies. The aim of the work, which deals with the transformation of industrial sites, is the conception of specific design methods (fig. 11-17). Especially here, in the transition from research to design, the diagram appears to offer special potential, as outlined by the examples above. The resulting diagrams generate new insights, through the simultaneity of information levels otherwise only viewed separately, which would not be possible through verbal description alone. The conscious selec-tion of recurring graphic elements is according to transferability within the work. Conception and communication in design and research can mutually overlap to not only convey knowledge but also to generate it.

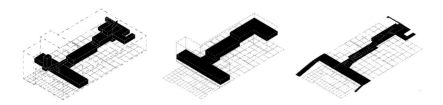

15-17 | Steffen Bösenberg Analysis EM2N Toni Areal Zurich 2018

angepasste Rolle. Zur Erkundung und Vermittlung dieser zumeist komplexen geometrischen Strukturen finden sich zudem, ähnlich wie bei Koolhaas, auch diagrammatisch
eingesetzte physische Modelle, in denen auch Sicht- oder Wegebeziehung abstrakt dargestellt werden. Abermals konstituieren sich hier mittels des Diagramms neben den spezifischen Denkmodellen von UN Studio also ebenso städtebauliche Einflussgrößen mittels
der gezielten Darlegung als grafische – oder eben modellierte – Elemente (Abb. 9-10).[23]

DAS DIAGRAMM ALS VERKNÜPFUNG VON ENTWURF UND FORSCHUNG Die
aufgezeigten Positionen zeigen das Diagramm als ein wertvolles Werkzeug, um die Komplexität der reellen Zusammenhänge, mit denen sich die Architektur befasst, zu ordnen
und in ein kreatives Moment zu verwandeln.[24] Insbesondere in großmaßstäblichen und
städtebaulichen Zusammenhängen eignet sich das Diagramm dabei als Mittel des sys-
tematischen Verstehens urbaner Informationsebenen, wie es am Beispiel von Koolhaas
besonders deutlich wird. Zwar ist es insgesamt gegenüber Handzeichnungen oder auch
Arbeitsmodellen weniger intuitiv, jedoch erhält es gerade in seinem potenziell syste-
matischen Aufbau ein reflexives Moment, das nicht nur für die Betrachtenden, sondern
ebenso für die Erstellenden erkenntnisgewinnend sein kann. Das macht es nicht nur für
das Entwerfen, sondern ebenso für das Forschen interessant.

In der Forschungsarbeit des Autors wird das Diagramm verwendet, um komplexe Umnut-
zungsstrategien zu untersuchen. Ziel der Arbeit, die sich mit der Transformation von
Industrieanlagen beschäftigt, ist die Konzeption spezifischer Entwurfsmethoden (Abb.
11-17). Gerade hier, im Übergang von Forschung zu Entwurf, scheint das Diagramm,
wie an obigen Beispielen skizziert, besonderes Potenzial zu bieten. Die entstehenden
Diagramme generieren über die Gleichzeitigkeit ansonsten nur separiert zu betrachtender
Informationsebenen neue Erkenntnisse, die allein durch sprachliches Beschreiben nicht zu
erzielen wären. Die bewusste Auswahl von sich wiederholenden grafischen Elementen ist
auf eine Übertragbarkeit innerhalb der Arbeit angelegt. Konzeption und Kommunikation
im Entwerfen und Forschen können dabei wechselseitig ineinandergreifen, um nicht nur
Wissen zu vermitteln, sondern dieses auch zu generieren.

1 Vgl. hierzu | On this subject cf. Sonja Hnilica, Diagramme. Architekturentwürfe schlingernd zwischen Kunst und Wissenschaft, in: Wolfgang Sonne (ed.), Die Medien der Architektur, München/Berlin: Deutscher Kunstverlag 2011, 164-194, 170-171; Mark Garcia, The diagrams of architecture, Chichester: Wiley 2010, 22 **2** Vgl. hierzu | On this subject cf. Stan Allen, Practice, architecture, technique and representation, Abingdon: Routledge 2009, 48-49 **3** ‚Was ist ein Diagramm überhaupt?' ist der Titel eines bekannten Beitrags zur zeitgenössischen Betrachtung des Diagramms des Architekturtheoretikers Anthony Vidler. Die provozierend direkt gestellte Frage grundsätzlicher Definition spielt dabei auf die Schwierigkeiten einer präzisen Eingrenzung des Begriffes dieses ansonsten selbstverständlich in der Praxis verwendeten Mediums an. | ‚What's a diagram anyway?' is the title of a well-known contribution to the contemporary examination of the diagram by architectural theorist Anthony Vidler. The provocatively and directly posed question of a fundamental definition alludes to the difficulties of precisely delimiting the term of this medium, which is otherwise naturally used in practice. Vgl. | Cf. Anthony Vidler, What's a diagram anyway?, in: Silvio Cassarà (ed.), Peter Eisenman. Feints, Mailand: Skira Editore 2006, 19-27 **4** Vgl. | Cf. Sybille Krämer, Figuration, Anschauung, Erkenntnis. Grundriss einer Diagrammatologie, Berlin: Suhrkamp 2016, 33, 37, 95-99 **5** Sonja Hnilica (2011), op. cit. (Anm. | note 1), 184; Zu Stan Allens Verständnis des Diagramms im Spezifischen vgl. | On Stan Allens understanding of the diagram in particular cf. Stan Allen, ‚Diagrams matter', in: ANY 23 (1998)/6, 16-19 **6** Zur Reflexivität im Kontext des architektonischen Entwerfens und Forschens vgl. z.B. | On reflexivity in the context of architectural design and research cf. e.g. Margitta Buchert, Praktiken der kreativen Mischung, in: id. (ed.), Praktiken reflexiven Entwerfens, Berlin: Jovis 2016, 17-31, 27-28 **7** Mark Garcia (2010), op. cit. (Anm. | note 1), 18 **8** Vgl. hierzu | On this subject cf. Stan Allen, Practice, architecture, technique + representation, Abingdon: Routledge 2009, 42 **9** Vgl. hierzu | On this subject cf. Sonja Hnilica (2011), op. cit. (Anm. | note 1), 173; sowie | and Anthony Vidler, Diagrams of diagrams. Architectural abstraction and modern representation, in: Representations 72 (2000), 1-20, 9-11 **10** Zu einem frühneuzeitlichen Beispiel diagrammatischer Planungsweisen im Städtebau am Beispiel Simon Stevins vgl. z.B. | On an early example of diagrammatic planning methods in urban planning using the example of Simon Stevins cf. e.g. Christof Baier, Goede rege I op onvolkomen oorden, in: Dietrich Boschung/Julian Jachmann (eds.), Diagrammatik der Architektur, München: Wilhelm Fink 2013, 30-39; Zu Le Corbusiers programmatischen Diagrammen der Unité im Vergleich zu Koolhaas' ‚Seattle Library' vgl. z.B. | On Le Corbusier's programmatic diagrams of the Unité compared to Koolhaas' ‚Seattle Library' cf. e.g. Lilian Wong, Adaptive reuse. Extending the lives of buildings, Basel: Birkhäuser 2017, 148-155 **11** Das ‚Archigram Archival Project' der Universität in Westminster bietet einen extensiven Überblick über die Arbeit und grafische Arbeitsweise der Gruppe. | The University of Westminster's Archigram Archival Project provides an extensive overview of the group's opus and its graphical work. Vgl. hierzu | On this subject cf. Archigram Archival Project, http://archigram.westminster.ac.uk/, 31.05.2020 **12** Sonja Hnilica (2011), op. cit. (Anm. | note 1), 183-184 **13** Eine von Caroline Bos und Ben van Berkel herausgegeben Ausgabe der Architekturzeitschrift ANY versammelt unter anderem diese genannten Positionen und kann als einflussreich für den Diskurs der Zeit bezeichnet werden. | An edition of the architecture magazine ANY edited by Caroline Bos and Ben van Berkel brings together these positions and can be described as influential for the discourse of the time. Vgl. hierzu | On this subject cf. ANY 23 (1998)/6: Diagram work. Zu Deleuze und Guattari vgl. | On Deleuze and Guattari cf. Robert E. Solomon, The diagrams of matter, in: ibid., 23-26 **14** Beispielhaft können hier Bjarke Ingels' bekanntes Projekt ‚8 Tallet' von 2009 oder auch aktuelle Bauten wie das ‚Musée Atelier Aude-

mars Piquet' von 2020 betrachtet werden. | Bjarke Ingels's well-known project '8 Tallet' from 2009 or current cuildings such as the 'Musée Atelier Audemars Piquet' from 2020 can be viewed as examples in this context. Vgl. hierzu | On this subject cf. Bjarke Ingels Group, 8 Tallet, https://big.dk/#projects-8, 27.05.2020; sowie | and Bjarke Ingels Group, APM, https://big.dk/#projects-apm, 27.05.2020 **15** Bekannte Publikationen von Rem Koolhaas sind u.a. ‚Delirious New York' oder ‚S,M,L,XL'. Zentrale Konzepte und Begriffe, wie jene des ‚vertikalen Schismas' oder der ‚Bigness' können hierin nachvollzogen werden und spielen in der praktischen Architekturkonzeption OMAs immer wieder eine Rolle. | Well-known publications by Rem Koolhaas are i.a. 'Delirious New York' or 'S,M,L,XL'. Central concepts and terms such as those of the 'vertical schism' or 'bigness' can be reconstructed here and play a recurrent role in OMA's practical architectural concept. Vgl. hierzu | On this subject cf. Rem Koolhaas, Delirious New York. Ein retroaktives Manifest für Manhattan, Berlin: Archplus 2011, passim; und | and Rem Koolhaas/Bruce Mau, S,M,L,XL, New York: Monacelli Press 1995, passim **16** Vgl. | Cf. Ingrid Böck, Six canonical projects by Rem Koolhaas: Essays on the history of ideas, Berlin: Jovis 2015, 261-304 **17** Anthony Vidler (2000), op. cit. (Anm. | note 9), 2-3 **18** Vgl. hierzu | On this subject cf. ‚Casa da Música', https://oma.eu/projects/casa-da-musica, 20.05.2020 **19** Vgl. hierzu | On this subject cf. Peter Eisenman, The formal basis of modern architecture (Dissertationsschrift von 1963), Faksimile, Baden: Lars Müller Publishers 2006 **20** Erläuternd zu Eisenmans Arbeit, auch in Bezug auf die Rolle des Diagramms in dessen Dissertation vgl. | For an explanation of Eisenman's work, also with regard to the role of the diagram in his dissertation cf. Caroline Höfer, 'Drawing without knowing', in: Dietrich Boschung et al. (eds.) (2013), op. cit. (Anm. | note 10), 149-169; Zu Eisenmans Verständnis des Diagramms vgl. auch | On Eisenman's understanding of the diagram cf. also Peter Eisenman, ‚Feints. The Diagram', in: Silvio Cassarà (ed.) (2006), op. cit. (Anm. | note 3), 202-205 **21** Vgl. hierzu auch | On this subject cf. also Anthony Vidler (2000), op. cit. (Anm. | note 9), 3-4 **22** Die sog. ‚Kleinsche Flasche' ist eine erstmals 1882 vom deutschen Mathematiker Felix Klein beschriebene geometrische Form, deren Besonderheit darin liegt, keine eindeutig definierbare Außen- und Innenseite zu besitzen. | The so-called ‚Klein bottle' is a geometric shape first described in 1882 by the German mathematician Felix Klein, whose special feature is that it does not have a clearly definable outside or inside. Vgl. hierzu | Cf. e.g. Kleinsche Flasche, https://de.wikipedia.org/wiki/Kleinsche_Flasche, 31.05.2020; Der Dreipass ist ein Ornament aus drei Kreisbögen. Der englische Begriff ‚Trefoil' lässt sich wörtlich ebenso als „Dreiblatt" übersetzen, greift also die visuellen Ähnlichkeiten zu einem Kleeblatt auf. Dessen wissenschaftlicher Name lautet ebenso ‚Trifolium'. | The trefoil is an ornament made up of three circular arcs. The English term can literally be translated as ‚three-leaf', so it picks up on the visual similarities to a shamrock. Its scientific name is also ‚Trifolium'. Vgl. hierzu | Cf. e.g. Dreipass, https://de.wikipedia.org/wiki/Dreipass, 31.05.2020; ‚Klee', https://de.wikipedia.org/wiki/Klee, 31.05.2020; Zu UN Studios Konzept der ‚design models' vgl. | On UN Studio's concept ‚design models' cf. Caroline Bos/Ben van Berkel, Design Models. Architecture, Urbanism, Infrastructure, London: Thames & Hudson 2006, 10-23; Zu den Projekten Mercedes-Museum und Arnhem Central vgl. | On the projects Mercedes Museum and Arnhem Central cf. ibid., 185-209, 272-289; Insbesondere zu UN Studios morphologischen Grundkonzeptionen vgl. | In particular on UN Studio's morphological conception cf. Verena Brehm, Komplexe Morphologie in der Architektur der Gegenwart. Morphogenese Physiognomie Ästhetik, Hannover: TIB 2015, 92-105 **23** Vgl. hierzu | On this subject cf. Patrick Lynch, UN Studio wins France's largest private architecture competition for Cultural Cinema Center in Europa City, https://www.archdaily.com/889575/unstudio-wins-frances-largest-private-architecture-competition-for-cultural-cinema-center-in-europacity, 31.05.2020 **24** Vgl. | Cf. Stan Allen (2009), op. cit. (Anm. | note 2), 16

155

'Mapping is a fantastic cultural project, creating and building the world as much as measuring and describing it.'

„Mapping ist ein fantastisches kulturelles Projekt, das die Welt ebenso kreiert und

erbaut, wie es sie vermisst und beschreibt."

James Corner

MAPPING

Moritz Othmer

In order to understand mapping as a projective and therefore creative approach to analysing, as well as to the architectural and developmental design of spaces, an introduction
to the terminology is necessary. Mapping or charting is a sketching method that can
allow the representation, alongside the concretely measurable spatial properties, of
relational levels of effect and the communication of these as qualities in their primarily
spatial conditionality. By tracing the surface of the earth, for example, an analogy to
reality is generated that makes it possible to understand what is represented by means
of measurements, data and facts. This analogy is in a direct correlation with the degree
of abstraction of the compiled map, which always gains a projective character due to
selection, omission, isolation and therefore the focusing on certain levels of information.[1]
The task of the draughtsperson, according to Roland Knauer, consists in considering what
is to be represented, the representation method and the chosen approach: "The drawing
is useful in order to gain a clear picture oneself of architectural interrelations and is at
the same time a means of representation and communication."[2]

CONVENTION   James Corner points out in his essay 'The Agency of Mapping'
that contemporary technical developments may be reflected within the use of mapping
to compose cartographical representations (satellites/GIS), but that there has not yet
been a sufficient conscious consideration of the representational tool and its power-
political effect. Most techniques such as planimetrics, iconography or triangulation were

MAPPING

Moritz Othmer

Um das Mapping als einen projektiven und damit gestalterisch-kreativen Zugang zum Analysieren sowie zum architektonischen und städtebaulichen Entwerfen von Räumen zu verstehen, bedarf es einer begrifflichen Einführung. Das Mapping, Kartografieren oder auch Mappen stellt sich als Zeichenmethode heraus, welche es ermöglichen kann, neben den konkret messbaren Raumeigenschaften relationale Wirkungsebenen darzustellen und diese in ihrer zuallererst räumlichen Bedingtheit als Qualitäten zu kommunizieren. Durch das Nachzeichnen der Erdoberfläche beispielsweise wird eine Analogie zur Realität erzeugt, die das Dargestellte anhand von Maßen, Daten und Kennzahlen nachvollziehbar werden lassen kann. Diese Analogie steht in direkter Wechselwirkung mit dem Abstraktionsgrad der erstellten Karte (Map), welche durch das Auswählen, Weglassen, Isolieren und damit Fokussieren bestimmter Informationsebenen stets einen projektiven Charakter erhält.[1] Die Aufgabe des Zeichnenden besteht in der Auseinandersetzung mit dem Darzustellenden, der Darstellungsmethode und dem eigens gewählten Zugang. „Die Zeichnung ist nützlich, um sich selbst Klarheit über architektonische Wirkungszusammenhänge zu verschaffen und ist gleichzeitig Mittel zur Präsentation und Verständigung."[2]

KONVENTION   James Corner weist in seinem Aufsatz ‚The Agency of Mapping' darauf hin, dass sich zwar die neuzeitlichen technischen Entwicklungen im Kontext des Mapping bei der Erstellung von kartografischen Darstellungen wiederfinden lassen (Satelliten/GIS), aber auch darauf, dass eine bewusste Auseinandersetzung mit dem Darstellungsinstrument

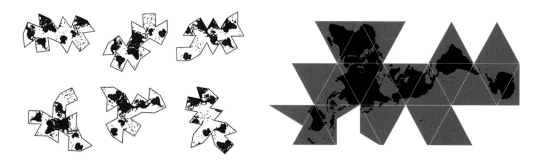

1 | Buckminster Fuller Dymaxion Map 1954

2 | Based on Buckminster Fuller One Continent 1954

already developed from the early 16th century, but usually without awareness of their social, imaginative and critical effects.[3] Through the example of the 'dymaxion map' by the architect, engineer and theorist Richard Buckminster Fuller, Corner points out that even just a change of the type of projection leads to a completely new perspective on reality (fig. 1-2).[4] By transferring the dymaxion projection developed by Fuller onto the representation of the globe, it is possible, alongside a more precise presentation of actual measurements than in the traditional presentation of the Mercator projections, to make an additional comparative observation of different interpretations in relation to the means of representation.[5] Depending on the incision through the spherical surface of the globe, different closeness and distance relationships can be represented, based on the purely geographical conditions, which can then be interpreted. Compared to the conventional Mercator projection (fig. 3), the 'dymaxion map' shows in this respect, by bringing together various levels of incision, the potential multiple interpretations of the geographical relationships of the continents. It should be noted that although the same object of examination (the earth) is represented, the way it is represented determines decisively what is seen, as well as which possible interpretations and findings can emerge. Representation and reception influence each other mutually.

SPATIAL LIMIT   The interpretation of an absolute spatial understanding was already sounded out by the copperplate engraver, cartographer and architect Giovanni Battista Nolli with his plans of the city of Rome completed in 1948 (fig. 4). For larger spatial volumes, the means of representation negates the separation of street areas and build-ings otherwise typical of a map. The 'Nolli plan' indicates (apart from the stating of street names and an index of the depicted buildings) the designation of the space as potentially open urban space only through differentiation into white and grey shaded areas. 'Public' buildings can be recognised as a building configuration through their spe-cific spatial configuration of the ground floor layout, based on the representation of the arrangement and the black colouring of e.g. supports (poché).[6] This shows the linking of

3 | Based on Gerhard Mercator World map 1569

und dessen machtpolitischem Wirkungsgrad noch nicht ausreichend erfolgt sei. So wurden schon seit dem frühen 16. Jahrhundert die meisten Techniken wie die Planimetrie, die Ichnografie oder die Triangulation in der Kartografie entwickelt, aber deren sozialen, imaginativen und kritischen Wirkungsebenen sich meist nicht bewusst gemacht.[3] Corner verweist durch das Beispiel der ‚Dymaxion Map' des Architekten, Ingenieurs und Theoretikers Richard Buckminster Fuller darauf, dass schon lediglich ein Wechsel der Projektionsart eine völlig neue Perspektive auf die Realität erstellt (Abb. 1-2).[4] Durch das Übertragen der von Fuller entwickelten Dymaxion-Projektion auf die Darstellung der Erdkugel wird neben einer genaueren Wiedergabe von tatsächlichen Maßen als bei der tradierten Darstellung der Mercator-Projektion zusätzlich eine vergleichende Betrachtung unterschiedlicher Lesarten in Bezug auf die Darstellungsweise möglich.[5] Je nach Schnittführung durch die sphärische Oberfläche der Erdkugel können sich verschiedene Nähe-Distanz-Verhältnisse aus den rein geografischen Bedingungen unterschiedlich darstellen und somit deuten lassen. Im Vergleich zu der üblichen Mercator-Projektion (Abb. 3) zeigt die ‚Dymaxion Map' in dieser Hinsicht durch unterschiedliche Zusammenführungen der Schnittebenen die potenzielle Mehrfachlesbarkeit der geografischen Beziehungen der Kontinente. Zu bemerken ist, dass obwohl der gleiche Untersuchungsgegenstand (die Erde) dargestellt wird, die Art und Weise, wie sie dargestellt wird, stark mitentscheidet, was gesehen wird und welche möglichen Deutungen oder Erkenntnisse damit evoziert werden können. Repräsentation und Rezeption stehen in Wechselwirkung zueinander.

RAUMGRENZE   Die Lesart eines absoluten Raumverständnisses wurde bereits von dem Kupferstecher, Kartografen und Architekten Giovanni Battista Nolli mit seinen 1748 fertiggestellten Plänen der Stadt Rom befragt (Abb. 4). Die Darstellungsweise negiert bei größeren Raumvolumina die ansonsten für ein Kartenwerk typische Trennung zwischen Straßenraum und Gebäude. Der sogenannte ‚Nolli-Plan' verweist dabei (neben der Benennung von Straßennamen und einer Legende der abgebildeten Bauten) lediglich durch die Differenzierung in grau schraffierte und weiße Flächen auf die Kennung des Raumes als potenziell

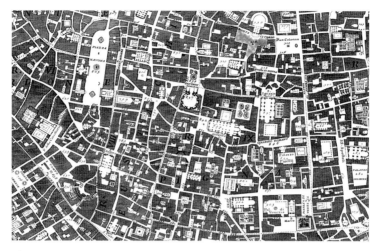

4 | Giovanni Battista Nolli La Nuova Topografia di Roma 1748

hodologically potentially accessible rooms via the threshold of the building cubature. The chosen representation frames the object of examination (the urban context of Rome) in a particular way (public space) and thereby offers information regarding a superordinate perspective on the space as an urban area, which can also include buildings and street areas. The emphasizing of the relational understanding of architecture therefore places a focus on the possibility of spatial design through volume design.

ABSOLUTE SPACE VS. SUBJECTIVE SPATIAL PERCEPTION Also in the 20th century, there was increased striving to dedicate oneself to the relationality of spatial understanding through the reinterpretation of the map as a representational tool. The art movement of the situationists surrounding Guy Debord tried to take the absolute character away from the medium of the map and to refer it to the situational spatial experience. In a presentation in Paris in 1957, Guy Debord emphasised his individual appropriation of urban space through aimless ambling ('dérive'), in the form of a psychogeographical map (fig. 5).[7] Through presenting his personal experience of the urban space by means of manipulation through cutting out and putting together individual 'areas', a sequentially represented arrangement of individual urban space sections with interim routes emerges in relation to the concrete overall area of the city of Paris. Through emphasising the personal approach, also symbolised by the use of the graphic element of the arrow, there is a disengagement from the actual spatial configuration for the routes, which also enables a vague tracing of movement in urban space. By isolating and then reconnecting the spatial fields, the narrative and subjective character of the 'dérive' strategy, in other words purposeless strolling, is once again emphasised.[8] The prioritisation of the individual approach pushes the boundaries of the continuity of the spatial experience otherwise assumed as a given, while at the same time maintaining the readability of the analogy to the original map. With this approach, Debord on the one hand questioned the medium, but also extended the spatial discourse with the interrelationship between the personal experiences of the surroundings and design.

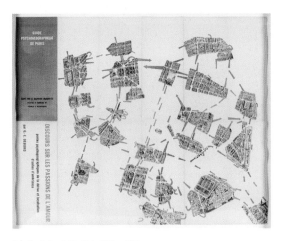

5 | Guy Debord The Naked City 1957

offener Stadtraum. ‚Öffentliche' Bauten werden durch ihre spezifische Raumkonfiguration des Erdgeschossgrundrisses anhand der Anordnung und schwarzen Einfärbung zum Beispiel von Stützen als Gebäudekonfiguration ersichtlich (‚poché').[6] Dabei wird die Verknüpfung von hodologisch potenziell zugänglichen Räumen über die Schwelle der Gebäudekubatur hinweg veranschaulicht. Die gewählte Darstellung rahmt den Untersuchungsgegenstand (den städtischen Kontext Roms) auf eine bestimmte Weise (offener Raum) und bietet somit Informationen bezüglich einer übergeordneten Sichtweise auf den Raum als Stadtraum an, zu dem gleichermaßen Gebäude und Straßenraum gezählt werden können. So tritt durch die Betonung des relationalen Verständnisses von Architektur die Möglichkeit der Raumgestaltung über Körpergestaltung in den Fokus der Betrachtung.

ABSOLUTER RAUM VS. SUBJEKTIVE RAUMWAHRNEHMUNG Auch im 20. Jahrhundert gab es vermehrt Bestrebungen, sich der Relationalität des Raumverständnisses durch die Neuinterpretation des Darstellungsinstrumentes der Karte zu widmen. Die künstlerische Bewegung der Situationisten um Guy Debord versuchte, dem Medium der Karte den absoluten Charakter zu nehmen und sie auf die situative Raumerfahrung zurückzubeziehen. Guy Debord betont in seiner Darstellung von Paris um 1957 in Form einer psychogeografischen Karte seine individuelle Aneignung des Stadtraums durch ein zielloses Umherstreifen (‚dérive') (Abb. 5).[7] Mit der Wiedergabe seiner persönlichen Erfahrung des Stadtraums über die Manipulation durch Ausschneiden und Zusammenfügen von einzelnen ‚Arealen' ergibt sich eine sequenziell mit Zwischenrouten dargestellte Anordnung einzelner Stadtraumausschnitte im Zusammenhang mit dem konkreten Gesamtraum der Stadt Paris. Durch die Betonung des persönlichen Zugangs, auch symbolisiert durch die Verwendung des grafischen Elements des Pfeils, entsteht eine Loslösung von der tatsächlichen Raumkonfiguration für die Routen, was ebenfalls ein vages Nachvollziehen der Bewegung im Stadtraum ermöglicht. Durch das Isolieren und erneute Verbinden der Raumfelder wird der narrative und subjektive Charakter der Strategie des ‚dérive', also das funktionslose Schlendern, nochmals betont.[8] Die Priorisierung

Harking back to the discourse about the aesthetic, programmatic and political meaning contexts of space, according to the sociologist and philosopher Henri Lefebvre a basic understanding of spatial production lies in its reciprocity between what is conceived, perceived and experienced, in other words space produced by each individual.[9] The relation between a person and their surroundings is reinforced by the knowledge that the ultimate production of the situation is only possible in the situation itself. However, this postulates not the exclusion of the plannability of relations but precisely the opposite. It is about conceiving possibilities in which the person can recognise and elaborate on the action potential of spaces.[10]

DERIVING   At the beginning of the 1970s, Bill Hillier put forward a geometric-mathematical approach to the representation and development of urban spaces in line with a variety of findings from social, perceptual and gestalt psychology. Hillier sought to approach space from the perspective of the urban space perceiver (hereinafter referred to as user). Even if one might see a certain analogy with the movement surrounding the situationists, the focus here is not on an artistic and activating but rather a conceptual approach for planners. Space should be understood here as an environment structured by delimiting surfaces, which people move through.[11] Hillier puts forward three theories for the analysis of spatial configurations in relation to the idealised user (fig. 6); firstly, if people moved in a linear fashion; secondly, if people potentially interacted more in convex spaces; and thirdly if the interpretation of the urban space was determined by the movement of people and therefore by a potentially visually coherent readability. In accordance with these three theories, the space is examined in relation to axial lines, convex spaces and possible visual spatial fields. These graphic analyses reveal the geometrically determined urban space configuration and allow conclusions about socio-psychological characteristics. In addition, the overlapping of graphic analysis values can allow the establishment of a degree of mathematical-spatial connectivity and centrality, which in turn can reveal the degree of visual-spatial understandability in the sense of an ability to orientate within the examined urban space (fig. 7). These examination parameters focused on the metric and topological space are coupled with the analysis tool of the isovists, in order to incorporate a rational-subjective point of view into the evaluation of the quality of the urban space. For Hillier, mapping therefore provides a strategy that allows assumptions to be made through the representation of measurable and describable spatial properties that can influence the movements and actions of the users. The clear determination of the procedure can also be questioned, however, as only socio-psychological constants are taken into consideration, but not individual decision moments.

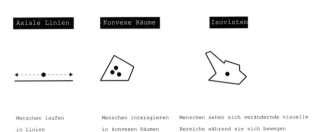

Axiale Linien   Konvexe Räume   Isovisten

Menschen laufen   Menschen interagieren   Menschen sehen sich verändernde visuelle
in Linien   in konvexen Räumen   Bereiche während sie sich bewegen

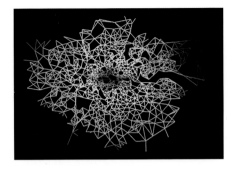

6 | Based on Bill Hillier Space Syntax 2014   7 | Michael Batty Street Accessibilities 2017

des eigenen Zugangs sprengt die ansonsten als faktisch angenommene Kontinuität der Raumerfahrung bei gleichzeitigem Aufrechterhalten der Lesbarkeit der Analogie zur originalen Karte. Mit dieser Herangehensweise hinterfragte Debord einerseits das Medium, erweiterte aber auch den Raumdiskurs um die Bedeutungszusammenhänge der persönlichen Erfahrung von Umwelt und Gestaltung.

Den Diskurs von ästhetischen, programmatischen und politischen Bedeutungskontexten von Raum aufgreifend verortet der Soziologe und Philosoph Henri Lefebvre ein Grundverständnis der Raumproduktion in dessen Wechselwirkung zwischen dem konzipierten, dem wahrgenommenen und dem gelebten, also durch jedwedes Individuum produzierten Raum.[9] Die Verbundenheit zwischen dem Menschen und seiner Umgebung wird durch die Kenntnis gestärkt, dass das letztendliche Produzieren der Situation lediglich in der Situation selbst möglich ist. Dabei wird aber nicht der Ausschluss der Planbarkeit von Relationen, sondern eben genau dessen Gegenteil postuliert. Es geht darum, Möglichkeitsräume zu konzipieren, in denen der Mensch das situative Aktionspotenzial erkennen und entfalten kann.[10]

ABLEITEN   Anfang der 1970er Jahre entwickelte Bill Hillier einen geometrisch-mathematischen Zugang zu der Darstellung und Entwicklung von Stadträumen entlang mehrerer Erkenntnisse aus der Sozial-, Wahrnehmungs- und Gestaltpsychologie. Hillier versuchte, sich dem Raum aus der Perspektive der Stadtraumwahrnehmenden (im Folgenden als Nutzende bezeichnet) zu nähern. Auch wenn eine gewisse Analogie zu der Bewegung um die Situationisten gesehen werden kann, steht hier nicht der künstlerisch-aktivierende, sondern mehr der konzeptionelle Ansatz für Planende im Vordergrund. Raum soll dabei als durch begrenzende Oberflächen strukturierte Umwelt verstanden werden, in der sich Menschen bewegen.[11] Hillier stellt drei Thesen zur Analyse räumlicher Konfigurationen in Verhältnis zu den idealisierten Nutzenden auf (Abb. 6): Erstens würden sich Menschen linear bewegen, zweitens würden Menschen potenziell mehr in konvexen Räumen

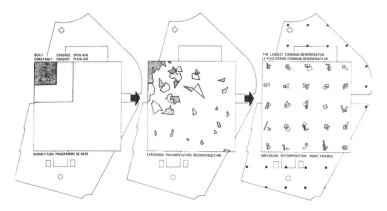

8 | Bernard Tschumi Parc de la Villette Paris 1980

OSCILLATING   An approach with more interpretation leeway can be found in the work by the architect and architecture theorist Bernard Tschumi, such as the example of Parc de la Villette. Primarily concerned with the ability to appropriate, in the sense of an urban, public space (park for the 21st century), the park design brings forth a conceptual idea that thematises the overlapping of event, movement and space.[12] Setting up the prescribed spatial programme not as mere building blocks was the core idea behind the project by Bernard Tschumi, which was based among other things on the thought of incorporating the whole site spatially into an open unit of building volumes, pathways and open areas (fig. 8).[13] The mapping methods used thereby reveal the conceptual approach on a strategic planning and concrete spatial level. If the use of a sequence of two-dimensional drawings points more to the conceptual level of the even spatial distribution of the programme and therefore to the conveying of a basic idea of openness, the axonometric explosion drawing reinforces the conceptual openness through the individual relational levels of the surface, the points and the lines, as a spatial and multilayered unit (fig. 9). The layering of the individual relational levels shows to what extent the conceptual procedure of the open framework is spatially specified through the individual levels, whereby these can show high degrees of freedom. The claim to a structural approach to the possibilities associated with urbanity is realised by the concept as an open and adaptive space with multiple interpretations.

INTERWEAVING   In the works by James Corner, one can also discern another strategy, namely the striving postulated by himself to understand and use mapping processes as multiple, non-hierarchical, knowledge-orientated processes.[14] Through the change of representational means, type of projection, scale and information source, the maps by James Corner are not linear but are to be read as multidimensional (fig. 10-12). The interweaving of information content allows a focus on the juxtaposition of information sources, thereby anticipating an information content from the overlapping. The viewer enters into

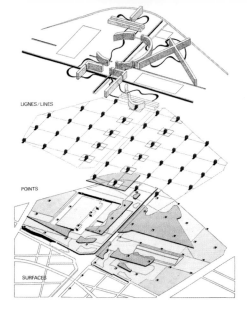

LIGNES/LINES

POINTS

SURFACES

9 | Bernard Tschumi Parc de la Villette Paris 1980

interagieren und drittens sei die Lesbarkeit des Stadtraums durch die Bewegung des Menschen und somit auch durch die potenzielle, visuell zusammengehörige Lesbarkeit gegeben. Begleitet von diesen drei Thesen wird der zu untersuchende Raum auf axiale Linien, konvexe Räume und mögliche visuelle Raumfelder hin analysiert. Diese grafischen Analysen geben Aufschluss über die geometrisch bedingte Stadtraumkonfiguration und lassen Rückschlüsse auf sozialpsychologische Merkmale zu. Überdies kann durch die Überlagerung der grafischen Analysewerte ein Grad an mathematisch-räumlicher Konnektivität und Zentralität ermittelt werden, welcher wiederum Aufschluss bietet über den Grad der visuell-räumlichen Verständlichkeit im Sinne einer Orientierungsfähigkeit im untersuchten Stadtraum (Abb. 7). Diese auf den metrischen und topologischen Raum fokussierten Untersuchungsparameter werden zusammen mit dem Analysewerkzeug der Isovisten, der Darstellung des von einem bestimmten Punkt sichtbaren Raumes, gekoppelt, um so einen rational-subjektiven Betrachtungswinkel mit in die Auswertung der Qualität des Stadtraumes einzubeziehen. Für Hillier stellt damit das Mappen eine Strategie zur Verfügung, welche es ermöglicht, durch die Wiedergabe von messbaren und beschreibbaren Raumeigenschaften Annahmen zu treffen, welche Bewegungen und Handlungsfelder der Nutzenden beeinflussen können. Die eindeutige Bestimmtheit des Verfahrens lässt sich aber auch hinterfragen, da hier lediglich sozialpsychologische Konstanten – nicht aber individuelle Entscheidungsmomente – Berücksichtigung finden.

OSZILLIEREN Ein Zugang mit mehr Interpretationsspielraum kann in der Arbeit des Architekten und Architekturtheoretikers Bernard Tschumi am Beispiel des Parc de la Villette gefunden werden. Vornehmlich um die Aneignungsfähigkeit im Sinne eines urbanen, öffentlichen Raums – eines Parks für das 21. Jahrhundert – bemüht, ist der Entwurf des Parks von der konzeptionellen Idee geleitet, die Überlagerung von Ereignis, Bewegung und Raum zu thematisieren.[12] Das vorgegebene Raumprogramm nicht in bloße Baublöcke umzusetzen, war Kerngedanke des Projektes von Bernard Tschumi

167

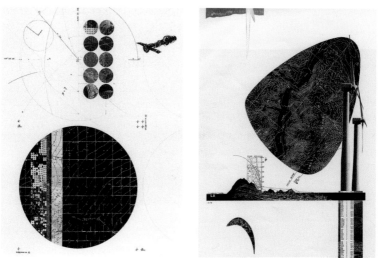

10-12 | James Corner   Hoover Dam and the Colorado River   1996,
Pivot Irrigation I   1996,   Windmill Topography   1996

und fußte unter anderem auf dem Gedanken, das gesamte Gelände räumlich zu einer offenen Einheit aus Baukörpern, Wegen und Freiraumflächen zusammenzufassen (Abb. 8).[13] Die verwendeten Mappingverfahren geben dabei Aufschluss über den konzeptionellen Zugang auf strategisch-planerischer und konkret-räumlicher Ebene. Verweist die Verwendung der Reihung an zweidimensionalen Zeichnungen mehr auf die konzeptionelle Ebene der gleichmäßigen räumlichen Verteilung des Programms und somit auf die Vermittlung des Grundgedankens der Offenheit, wird über die axonometrische Explosionszeichnung diese konzeptionelle Offenheit durch die einzelnen Bezugsebenen der Fläche, der Punkte und der Linien zu einer räumlich-mehrschichtigen Einheit verdichtet (Abb. 9). Das Schichten der einzelnen Bezugsebenen veranschaulicht, inwieweit das konzeptionelle Vorgehen der offenen Rahmung durch die einzelnen Ebenen räumlich konkretisiert wird, wobei diese hohe Freiheitsgrade aufweisen kann. Der Anspruch an eine strukturelle Annäherung an den mit Urbanität assoziierten Möglichkeitsraum wird durch die Konzeption als offener, mehrfach lesbarer und adaptiver Raum umgesetzt.

VERSCHRÄNKEN   In den Arbeiten von James Corner kann noch eine andere Strategie erkannt werden, nämlich die von ihm selbst postulierte Bestrebung, die Mappingverfahren als multiple, hierarchielose, erkenntnisorientierte Prozesse zu verstehen und anzuwenden.[14] Durch den Wechsel von Darstellungsmittel, Projektionsart, Maßstab und Informationsquelle sind die Maps von James Corner nicht linear, sondern mehrdimensional zu lesen (Abb. 10-12). Die Verschränkung von Inhalten ermöglicht es dabei, Informationsquellen nebeneinander zu fokussieren und dadurch einen Informationsgehalt aus der Überschneidung zu antizipieren. Der Betrachter tritt in Interaktion mit der Zeichnung. Der Grad der Bestimmtheit spielt hier eine wesentliche Rolle. Neben einfachen Datenquellen, denen ein messbarer Anteil zugeschrieben werden kann, variiert der Abstraktionsgrad je nach Verwendung und Positionierung der Information auf der Zeichenfläche. Werden die Bildinhalte nach Art der Darstellung geordnet, lassen sich Risse, räumliche Darstellungen wie Perspektiven, aber auch Materialcollagen und Überschneidungen von Plangrafiken mit Grundrissen finden. In dieser nicht willkürlich, sondern thematisch strukturierten Darstellung verdichtet sich neben den einzelnen Bezugsebenen ein Gesamteindruck – ein Mit- und Ineinander. Das gestalterische Konzept, welches wiederum die Beziehungen der einzelnen Bildinhalte sphärisch einbettet, bildet jeweils für sich einen eigenen themenbezogenen Charakter aus. Bei dem Projekt ‚Windmill Topography' beispielsweise ist zu bemerken, dass die Fläche des zu untersuchenden Gebietes in Form eines Ovals dargestellt wird und somit als Analogie einer Turbine von Windkraftanlagen verstanden werden kann.[15] Über solch eine subtile Transkription von Wissensinhalten lässt sich den Maps von James Corner eine atmosphärische Qualität zuweisen. Eben dieser Grad an nicht klaren Aussagen evoziert Erinnerungen und Assoziationen und verhilft dem Informationsgehalt neben der klaren Zuordnung von Parametern zu einer gerichtet-offenen Interpretation.

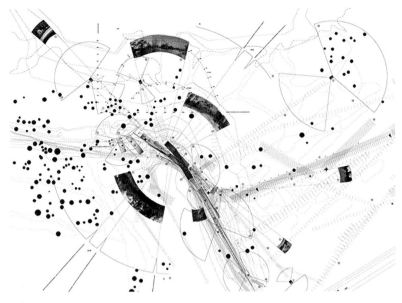

13 | draftworks*architects   Alikes Visitor Centre Cyprus   2006

an interaction with the drawing. The degree of determination plays a significant role here. Alongside simple data sources, to which a measurable proportion can be attributed, the degree of abstraction varies according to the use and positioning of the information on the sketch surface. If the pictorial content is arranged according to the type of representation, one can find ruptures, spatial representations and perspectives, as well as material collages and overlapping of plan graphics with layouts. In this representation that is not structured randomly but thematically, an overall impression emerges alongside the individual relational levels – a juxtaposition and merging of relational levels. The design concept in which the relationships between the individual pictorial contents are embedded forms its own respective theme-related character. In the project 'Windmill topography', for example, it is noticeable that the surface of the area to be examined is represented in the form of an oval and therefore an analogy can be drawn with the turbine of the wind power facilities.[15] Through such a transcription of knowledge content in a subtle manner, the maps by James Corner can be attributed an atmospheric quality. It is precisely this degree of unclear statements that evokes memories and associations and helps a targeted-open interpretation of the information content, alongside the clear allocation of parameters.

SPATIALISING   In the development of mapping processes, it should be noted that the purely analytical-conceptual notion of space is extended in representation through the understanding of the concrete spatial experience. An example of this overlapping of abstract, conceptual planning procedure and representational implementation, as well as of considerations of concrete realisation, can be shown by the Visitor Centre project by draftwork-architects (fig. 13). The concept is derived from the localisation of the design in the landscape situation on the edge of the salt lake on the east coast of Cyprus. The repertoire of mapping processes is extended by the representation of the overlapping of two-dimensional, spatial, original representation as a map with the perspectival representation of photographs. The respective determining visual relationships are integrated

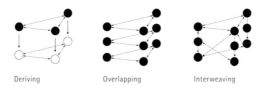

Deriving   Overlapping   Interweaving

14 | Moritz Othmer Potential effects of mapping 2020

VERRÄUMLICHEN   In der Entwicklung der Mappingverfahren ist zu bemerken, dass
die rein analytisch-konzeptionelle Raumauffassung durch das Verständnis der konkreten
Raumerfahrung auch in der Darstellung noch erweitert wird. Ein Beispiel, wie diese Über-
schneidung von abstraktem, konzeptionell-planerischem Vorgehen und darstellerischer
Umsetzung sowie Überlegungen zur konkreten Realisation ineinandergreifen, kann über das
Projekt des Visitor Centre der draftworks*architects veranschaulicht werden (Abb. 13). Die
Konzeption leitet sich aus der Verortung des Entwurfs in der landschaftlichen Situation
am Rand eines Salzsees an der Ostküste Zyperns ab. Dabei wird das Repertoire der
Mappingverfahren um die Darstellung der Überlagerung zweidimensionaler, räumlicher,
originärer Darstellungen als Karte mit der perspektivischen Darstellung von Fotografien
erweitert. Die jeweiligen bestimmenden Blickbeziehungen werden so in die Karte einge-
arbeitet, dass eine Kongruenz zwischen entwerferischem Leitgedanken und der konkreten
Position direkt aus der Plangrafik ersichtlich ist. Die Karte vermittelt demnach zeitgleich
Konzept und ausgewählte reale Bezüge.[16]

ÜBERLAGERN   Durch die Möglichkeit der Darstellung von assoziativen und unbestimmten räumlichen Qualitäten können Mappingverfahren auch zur Untersuchung von
urbanen Qualitäten dienlich sein. Innerhalb des Forschungsvorhabens ‚Erkenntnistools
für urbane Räume' wird der projektive und mehrschichtige Charakter der Mappingverfahren genutzt, um ästhetische, soziale und gestaltpsychologische Stadtraumbezüge
in ihrem räumlichen Wirkungsspektrum zu thematisieren und ihr Ineinanderwirken
zu verdeutlichen. Durch den präskriptiven Ansatz der Arbeit wird ein hoher Grad an
Bestimmtheit und Nachvollziehbarkeit der Zeichnung angestrebt. Das Ineinandergreifen
wird dabei über die Schichtung der einzelnen Wirkungsebenen versucht zu erreichen.
Die Überführung in die Axonometrie wird gewählt, um der dritten und, durch das
Thematisieren der Sukzessivität der Bewegungserfahrung, der vierten Dimension eine
Darstellungsform zu bieten.

into the map in such a way that there is a visible congruence directly in the plan graphics between the leading design principles and the concrete position. The map thus conveys both the concept and selected real relationships.[16]

OVERLAPPING   Through the possibility of the representation of associative and undetermined spatial qualities, mapping processes can also be useful for studying urban qualities. Within the research project 'Investigation Tools for Urban Spaces', the projective and multilayered character of mapping procesess is used to thematise aesthetic, social and gestalt psychological urban space relationships in their spectrum of spatial effects, as well as to clarify their interrelations. Due to the prescriptive approach of the work, a high degree of certainty and traceability of the drawing is striven for. There is an attempt to achieve the interrelations through the layering of the individual levels of effect. The transfer to axonometry is chosen to offer the third dimension a representational form, as well as to the fourth dimension through thematising the successiveness of the experience of movement.

POTENTIAL   The theory that people actively seek patterns of meaning within the environment was described as follows by Oswald Mathias Ungers in 'Thematisierung der Architektur' in 1982: "In each person there is the strong need to create a reality for themselves that corresponds to their imagination and in which objects do not gain a meaning by being testable and measurable but through the image that they convey. The way we grasp the world around us depends on how we perceive and feel it."[17] Shaping the sensory experience of our environment represents, also in the present day, a significant task for architects and urban planners. Mapping processes, beyond the presentation of concrete spatial measurements and topological features, enable projective attributions of meaning and can provoke, through the mixing of different representational sources and types, potentially associative interpretations of content that forges knowledge and meaning. Mapping processes make use of a spectrum of information media. Starting from the process of deriving knowledge content, the interrelation of determinable and indeterminable knowledge content is consolidated through the means of representation and harbours a projective potential through the simultaneous linking of information. The examined strategies therefore offer the possibility to approach relational spatial understandings through the presentation and development of processes regarding the derivation of potential spatial dynamics on a sociological, psychological, creative-atmospheric and cognitive level, leaving in the best case leeway for targeted and open interpretations (fig. 14).

POTENZIAL   Die These, dass die Menschen Sinnzusammenhänge innerhalb der Umwelt aktiv suchen, beschrieb Oswald Mathias Ungers in der ‚Thematisierung der Architektur' von 1982 wie folgt: „In jedem Menschen ist das starke Bedürfnis, sich eine Realität zu schaffen, die seinem Vorstellungsvermögen entspricht und in welcher die Objekte nicht eine Bedeutung danach erhalten, dass sie prüf- und messbar sind, sondern durch das Bild, das sie vermitteln. Die Art, wie wir die Welt um uns herum begreifen, hängt davon ab, wie wir sie wahrnehmen und empfinden."[17] Die sinnliche Erfahrung unserer Umwelt mitzugestalten, stellt nicht zuletzt in der heutigen Zeit ein wesentliches Aufgabenfeld für Entwerfende in Architektur und Städtebau/Stadtplanung dar. Mapping ermöglicht über die Darlegung von konkreten räumlichen Maßen und topologischen Eigenschaften hinaus projektive Bedeutungszuweisungen und kann durch die Vermengung von unterschiedlichen Darstellungsquellen und -arten potenziell assoziative Lesarten von wissens- und sinnstiftenden Inhalten provozieren. Dabei bedienen sich Mappingverfahren einer Bandbreite an Informationsvermittlungen. Ausgehend von dem Prozess der Ableitung von Informationen verstetigt sich das Ineinandergreifen von bestimm- und unbestimmbaren Wissensinhalten über die Darstellungsweise und beinhaltet eben durch das simultane Verschränken von Information ein projektives Potenzial. Die untersuchten Strategien bieten somit die Möglichkeit der Annäherung an relationale Raumverständnisse über die Darstellung und Entwicklung von Prozessen durch das Ableiten potenzieller Raumdynamiken auf soziologischer, psychologischer, gestalterisch-atmosphärischer und kognitiver Ebene und lassen im besten Fall Spielraum für gerichtet-offene Deutungen (Abb. 14).

1 Vgl. | Cf. James Corner, The Agency of Mapping: Speculation, Critique and Invention, in: Denis Cosgrove, Mappings, London: Reaktion Books 1999, 215   **2** Vgl. | Cf. Roland Knauer, Entwerfen und Darstellen, Berlin: Ernst & Sohn 2002, 7   **3** Vgl. | Cf. James Corner (1999), op. cit. (Anm. | note 1), 220-221   **4** Vgl. | Cf. ibid., 217; vgl. hierzu auch | cf. on this also Daniel López-Peréz, R. Buckminster Fuller. Pattern Thinking, Zürich: Lars Müller Publishers 2020, 8   **5** Vgl. | Cf. Robert W. Marks, The Dymaxion World of Buckminster Fuller, New York: Reinhold Publishing Corporation 1960, 50   **6** Zur Kritik am Begriff der Öffentlichkeit vgl. | For a critique of the term 'public sphere' cf. Eduard Führ, Schwarz-Weiß-Denken, in: Wolkenkuckucksheim 38 (2018), 117-146, 142   **7** Vgl. | Cf. Denis Cosgrove, Karto-City_Kartografie und Stadtraum, in: Yilmaz Dziewior/Galerie für Landschaftskunst/Nina Möntmann (eds.), Mapping a City, Ostfildern et al.: Hatje Cantz 2004, 32-47, 45   **8** Vgl. | Cf. Ken Knabb, Situationist International Anthology, Berkeley: Bureau of Public Secrets 1981, 50   **9** Vgl. | Cf. Christian Schmid, Stadt, Raum und Gesellschaft. Henri Lefebvre und die Theorie der Produktion des Raumes, Stuttgart: Steiner 2005, 317; vgl. auch | cf. also Martina Löw, Raumsoziologie, Frankfurt am Main: Suhrkamp 2001, 157; vgl. auch | cf. also James Corner (1999), op. cit. (Anm. | note 1), 227   **10** Vgl. | Cf. Martina Löw zitiert | cited in: Christa Kamleithner, Theorie des sozialen Raumes, in: Archplus 221 (2015), 135-139   **11** Vgl. | Cf. Sven Schneider (2012), Raummessen (Vorlesung | Lecture 2012), Weimar: Bauhaus Universität 2012, http://infar.architektur.uni-weimar.de/service/drupal-infar/sites/default/files/upload/Lehre/Master/WS_2012_13/DecodingSpaces/RaumMessen.pdf, 29.09.2020   **12** Vgl. | Cf. Margitta Buchert, Über Architektur. Bernard Tschumis Parc de la Villette in Paris, Universität Hannover 1997, 69-70   **13** Vgl. | Cf. ibid., 76   **14** Vgl. | Cf. James Corner (1999), op. cit. (Anm. | note 1), 250   **15** Vgl. | Cf. ibid., 247-248   **16** Vgl. https://archello.com/project/alikes-visitor-centre, 24.07.2020   **17** Oswald Mathias Ungers, Die Thematisierung der Architektur, Stuttgart: Deutsche Verlagsanstalt 1983, 109

'What varies is the intensity with which we are made aware of the poles of absence

and presence. Between these two poles, photography finds its proper meaning.'

„Was variiert, ist die Intensität, mit der wir auf die Pole von Abwesenheit und Präsenz aufmerksam gemacht werden. Zwischen diesen Polen findet die Fotografie ihre eigentliche Bedeutung."

John Berger

PHOTOGRAPHY

Margitta Buchert

The relations between architecture and photography are manifold and complex. The spectrum ranges from the design archives of architects to traditional architecture photography, from everyday photography to artistic works in which architectural and urban spaces are depicted variously, and to the integration of photographic elements into the genesis of concrete architecture concepts.[1] Large volumes of photographic or photographically based images are influencing the discipline today through internet platforms. Images are generated as renderings, or copies, manipulated and layered in Photoshop. This current situation is as helpful and fruitful as it is overburdening and distracting, obscuring qualities and prompting decision-making processes. The following characterises various roles, actions and effects of photography in the development of the basic concepts of architects, as an analysis and evaluation tool in the design process, as well as its potential for artistic-conceptual interpretation and insights. The purpose is to open up possibilities of differentiating and understanding seismographic dimensions in the context of design thinking and action, in the overlapping and interplay between creative architectural and photographic practice.

DRAWN-UPON   A working method with photographs that was taken up in architectural design from the beginning is the drawing-upon.[2] They are used especially for locational analysis, as well as to clarify the overlapping of existing contexts with the newly designed. They allow these interrelations to be grasped, developed and illuminated relatively quickly and clearly. The designs by the British architect Cedric Price for the Potteries Thinkbelt project, which had a significant influence on following generations, show this exemplarily (fig. 1-2). The project presented an alternative design to the traditional university system within the landscape environment of the former North Staffordshire Potteries, which were spread decentrally across different sites throughout the region. Price conceived the new

FOTOGRAFIE

Margitta Buchert

Die Relationen von Architektur und Fotografie sind vielfältig und komplex. Das Spektrum reicht von Entwurfsarchiven der Architekturschaffenden und klassischer Architekturfotografie über Alltagsfotografien und künstlerische Werke, in denen architektonische und städtische Räume in unterschiedlicher Weise ins Bild gesetzt werden, bis hin zur Integration von fotografischen Elementen in die Genese konkreter Architekturkonzeptionen.[1] Große Mengen an fotografischen bzw. fotografisch basierten Abbildungen wirken heute über Internetplattformen in die Disziplin hinein. Bilder werden als Renderings erzeugt, in Photoshop kopiert, manipuliert, überlagert. Diese gegenwärtige Situation ist gleichermaßen hilfreich und fruchtbar wie sie überlastend und zerstreuend wirkt, Qualitäten verschleiert und Entscheidungsprozesse fordert. Nachfolgend werden verschiedene Positionen, Aktionen und Wirkungsweisen von Fotografie in der Bildung der Grundkonzeption von Architekten und Architektinnen als Instrument der Analyse und Evaluation im Entwurfsprozess sowie als künstlerisch-konzeptuelle Interpretation und Erkenntnispotenzial charakterisiert. Dies soll die Möglichkeit öffnen, in Überschneidungen und Wechselwirkungen kreativer architektonischer und fotografischer Praxis seismografische Dimensionen im Kontext des entwerferischen Denkens und Handelns zu differenzieren und zu verstehen.

EINZEICHNUNGEN   Eine Arbeitsweise mit Fotografien, die seit ihren Anfängen im architektonischen Entwerfen aufgegriffen wurde, bilden Einzeichnungen.[2] Sie werden insbesondere zur Ortsanalyse genutzt sowie zur Veranschaulichung von Überlagerungen bestehender Kontexte mit neu Entworfenem. Sie ermöglichen, diese Zusammenhänge relativ schnell und deutlich zu erfassen, zu entwickeln und zu veranschaulichen. Die auf nachfolgende Generationen sehr einflussreichen Entwürfe des britischen Architekten Cedric Price für das Projekt ‚Potteries Thinkbelt' zeigen dies beispielhaft (Abb. 1-2). Das Projekt präsentierte einen Alternativentwurf zum traditionellen Universitätssystem in der

1 | Cedric Price Potteries Thinkbelt 1964–66

technical university as a flexible network.[3] The intended result was a world of scattered learning communities as a pioneering model for the revitalising repurposing of industrial sites, which also promotes economic growth in these areas. The linking of the university with the transport infrastructure of the region also allowed good connections to other universities. With additional mobile classrooms in the university's own trains, adaptive architecture and electronic networking, flexibility and technical progress were ensured.[4]

The linking with the existing infrastructure system was shown by Price through drawings upon an aerial shot. Aerial photographs present the ordering of visible structures from a distance as a top view and overview. With drawing-upon as method of architectural design actions, contextualisations and various relevant aspects can be highlighted. Price marked the transport system as a central mobility element of the project design with blue (street network) and red (rail network) felt pen lines. Other representations show photographic views of the site features, into which the designs for new and converted architectures and open spaces for faculties, housing and public communal areas were integrated as drawings using black or white ink. Within drawn-upons, photographs constitute one of the design levels that enable additional insights and a deeper understanding of the task and the potential of the design.

Drawn-upons are very closely related to photomontages in the design context, in the sense of compositions of independent, existing or made heterogeneous fragments into a new and meaningful whole, as one image or in a sequence. Photomontages were utilised in architecture publications from the late 19th century and then used in design contexts by modern avant-garde architects such as Mies van der Rohe or Le Corbusier. This procedure was repeatedly taken up especially in utopian urbanistic designs.[5]

The 'Option Lots' project developed since 2010 by the Berlin architects Brandlhuber+, Michael Emde and Thomas Burlon is part of this tradition and also goes beyond it in

2 | Cedric Price Potteries Thinkbelt 1964–66

landschaftlichen Umgebung der ehemaligen Nord Staffordshire Potteries, die an unterschiedlichen Standorten dezentral über die gesamte Region verteilt waren. Price konzipierte die neue technische Universität als flexibles Netzwerk.[3] Entstehen sollte eine Welt verstreuter Lerngemeinschaften als zukunftsweisendes Modell für den revitalisierenden Umbau von Industriearealen, der auch das ökonomische Wachstum in diesen Gebieten fördert. Die Vernetzung der Universität mit der Verkehrsinfrastruktur der Region ermöglichte zudem gute Anbindungen an weitere Universitäten. Flexibilität und technischer Fortschritt zeigten sich auch in zusätzlichen mobilen Unterrichtsräumen in universitätseigenen Zügen, adaptiven Architekturen und elektronischer Vernetzung.[4]

Die Verknüpfung mit dem bestehenden Infrastruktursystem zeigte Price durch Einzeichnung in eine Luftbildaufnahme. Luftbildfotografien präsentieren die Ordnung sichtbarer Erscheinungen aus der Ferne als Drauf- und Übersicht. Mit Einzeichnungen als Verfahren architektonischen Entwurfshandelns können Kontextualisierungen und verschiedene relevante Aspekte hervorgehoben werden. Price hat mit blauen (Straßennetz) und roten (Bahnnetz) Filzstiftlinien das Verkehrssystem als zentrales Mobilitätselement des Projektentwurfs eingezeichnet. Andere Darstellungen zeigen fotografische Ansichten der Standortgegebenheiten, in die die Entwürfe zu neuen und umgebauten Architekturen und Freiräumen für Fakultäten, Wohnen und öffentliche Gemeinschaftsbereiche mit schwarzer oder weißer Tusche zeichnerisch integriert wurden. Bei Einzeichnungen bilden Fotografien eine der Entwurfsebenen, die zusätzliche Einsichten und erweitertes Verstehen der Aufgabe und der Potenziale des Entwurfs ermöglichen.

Einzeichnungen sind sehr eng verknüpft mit Fotomontagen im Entwurfskontext im Sinne von Zusammenfügungen unabhängiger, vorgegebener oder angefertigter heterogener Fragmente zu einem neuen, sinnvollen Ganzen auf einem Blatt oder in einer Sequenz. Seit dem späten 19. Jahrhundert wurden Fotomontagen in Architekturpublikationen verwendet, dann von modernen Avantgardearchitekten wie Mies van der Rohe oder

183

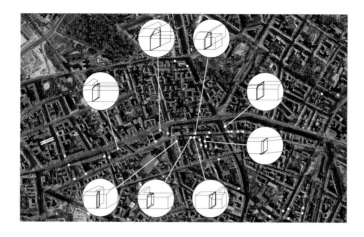

3 | Brandlhuber+ Option Lots Berlin since 2010

terms of structure and content (fig. 3-6).[6] It contains realisation-related dimensions and demonstrates ideas structurally in a variety of combinations. The concept shows research on small building gaps between historical constructions and GDR prefabricated buildings of the 1980s in inner city blocks, where these remaining residual areas were often disguised with façade simulations.[7] Cartographic marking was integrated in the form of circular, white planes with drawings of the respective building volumes integrated in Google aerial shots of the urban area as a photographical medium. Other visualisations order photographs of various building gaps in sequences and draw their narrow, high and often wedge-shaped volumes in a kind of morphological sequence on a strip of images running between it, or they show photographic views of individual provisional building gap closures with screen-like walls. Possibilities were exemplarily developed and presented as Option Lots – left-over areas with potential to appropriate communal urban locations with different programmes, as well as design options for a variety of small buildings. The integration of photographic images shows both the proximity to reality and the probability aspects of the speculative conceptual ideas.

TRAVEL PHOTOS   References to reality also flow into design processes through travel photo archives.[8] They contribute significantly to the basic concept and the repertoire that is activated in design and planning actions. Complex built, spatial, urban and sociocultural situations can be perceived in a more differentiated manner if they are experienced, photographically recorded and reflected on, even if the images only have a snapshot character. This is shown by the photographic research into buildings and their urban contexts in African capital cities by the London architect David Adjaye, which was published in 2011 as a multivolume publication with the title 'Adjaye Africa Architecture' (fig. 7-9). Adjaye himself grew up in Africa until the age of twelve. To enrich and sharpen the contours of the foundations of his own designs, he sought to understand through these studies the basic features and specifics of African cities, as well as the traditional and modern, often colonially influenced, architecture of this continent as a contribution to world architecture.[9]

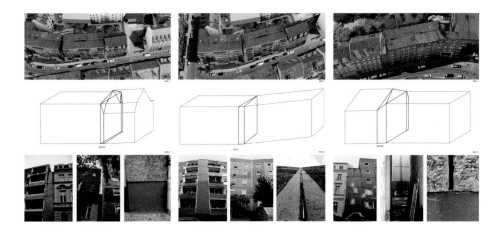

4-6 | Brandlhuber+ Option Lots Berlin since 2010

Le Corbusier in Entwurfszusammenhängen eingesetzt. Wiederholt wurde dieses Verfahren insbesondere in utopischen urbanistischen Entwürfen aufgegriffen.[5]

Das seit 2010 von den Berliner Architekten Brandlhuber+, Michael Emde und Thomas Burlon entwickelte Projekt ‚Option Lots' steht in dieser Tradition und geht strukturell und inhaltlich auch darüber hinaus (Abb. 3-6).[6] Es enthält realisierungsbezogene Dimensionen und veranschaulicht Ideen strukturell in vielfältiger Kombination. Das Konzept zeigt Recherchen zu Kleinstbaulücken zwischen Altbauten und DDR-Plattenbau der 1980er Jahre in innerstädtischer Blockrandbebauung, wo diese stehengebliebenen Restflächen oft mit Fassadensimulationen verkleidet wurden.[7] Medial integriert wurden Kartierungen in Form kreisförmiger, weißer Flächen mit Einzeichnungen der jeweiligen Bauvolumina über einer Google-Luftbildaufnahme des städtischen Gebiets. Andere Visualisierungen reihen Fotografien verschiedener Baulücken in Sequenzen und zeichnen deren schmale, hohe und oft keilförmige Körper in einer Art morphologischer Reihung in einer dazwischen verlaufenden Bildfläche oder sie zeigen fotografische Ansichten einzelner provisorischer Baulückenschließungen mit schirmartigen Wandflächen. Modellhaft entwickelt und präsentiert wurden damit Möglichkeitsräume, Option Lots, als Restflächen mit Aneignungspotenzial für gemeinschaftliche urbane Orte unterschiedlicher Programmatik, aber auch als Entwurfsoptionen für diverse Kleinstbauten. Die Integration fotografischer Bilder verdichtet dabei gleichermaßen die Realitätsnähe und die Wahrscheinlichkeitsaspekte der spekulativen konzeptuellen Ideen.

REISEBILDER Über Reisebildarchive fließen Realitätsbezüge ebenfalls in Entwurfsprozesse ein.[8] Sie tragen wesentlich zur Grundkonzeption und zum Repertoire bei, das im Entwurfs- und Planungshandeln aktiviert wird. Komplexe baulich-räumliche, städtische und sozio-kulturelle Situationen können differenzierter wahrgenommen werden, wenn sie erfahren und fotografisch aufgezeichnet und reflektiert wurden, selbst wenn die Bilder nur Schnappschusscharakter haben. Die fotografischen Recherchen von Bauten und ihren urbanen Kontexten in afrikanischen Hauptstädten durch den Londoner

185

7-9 | David Adjaye Adjaye Africa Architecture, The Sahel 2011

Over the course of eleven years, David Adjaye travelled throughout the continent, divided into seven different regions. Through these explorations and the subsequent studies of his photographs and cartographic depictions, he identified specifics of the city and countryside as well as relations to climate, topography and vegetation, regardless of whether these are public, residential or commercial buildings. With such perspectives, he sees a great complementary potential here for the modern contemporary world.[10] In projects realised later, it becomes clear how in addition characters from the 'found' African culture repeatedly flow into the designs by David Adjaye, characterised by modern Western influences. At the National Museum of African-American History and Culture in Washington, for example, there was a link between exterior and interior space in the semi-public foyer, a multilayered atmosphere characterised by geometry, material, light and ornament, as well as a reference to a caryatid-like sculpture of Yoruba with a crown (fig. 10).[11] What is noteworthy here is that the approx. 120 photographs are characterised neither by perfection nor by being true to detail, generally presenting primary formations of building volumes and façade structures, of usage levels and relations of open space, streets and buildings more as informal compositions. The camera as a device or a mobile phone acts like a sketchbook that integrates photographic images as a generative medium in design contexts.

For the Basel architects Christ and Gantenbein, recorded photographs also form collections of examples that store impressions and impulses and contribute motivically to design as visual references. In their teaching at ETH Zurich, they carry out research into various major cities in the world, with which they ask how specific characteristics of typologies can be made fruitful for new designs in their own city. They carry out this research with various media and present it through ground plans, sections, axonometry, texts and own photographs, as case studies that can illuminate a spectrum of possibilities. Photographs take on a prominent role in this. In juxtapositions, they show urban contexts and specific, distinctive architectural motifs.[12]

10 | David Adjaye National Museum of African American History and Culture Washington 2011

Architekten David Adjaye, die 2011 als mehrbändige Publikation mit dem Titel ‚Adjaye Africa Architecture' veröffentlicht wurden, veranschaulichen dies (Abb. 7-9). Adjaye selbst ist bis zum zwölften Lebensjahr in Afrika aufgewachsen. Um die Fundamente seines eigenen Entwerfens schärfer zu konturieren und zu bereichern, wollte er mit diesen Untersuchungen die Grundzüge und Spezifik der afrikanischen Städte sowie die traditionelle und moderne, oftmals kolonialistisch beeinflusste Architektur dieses Kontinents als Beitrag zur Weltarchitektur verstehen.[9]

In sieben unterschiedliche Regionen aufgeteilt, hat David Adjaye den gesamten Kontinent über elf Jahre lang bereist. Mittels dieser Erkundungen und der nachträglichen Studien seiner Fotografien und kartografischer Abbildungen hat er Spezifika von Stadt und Land sowie Zusammenhänge zu Klima, Topografie und Vegetation der Region erkannt, unabhängig davon, ob es sich um öffentliche, Wohn- oder Geschäftsgebäude handelt. Aus diesen Blickwinkeln betrachtet sieht er hier für die Moderne der zeitgenössischen Welt ein großes ergänzendes Potenzial.[10] In später realisierten Projekten wird zudem nachvollziehbar, wie Charaktere der ‚gefundenen' afrikanischen Kultur immer wieder in die von modernen westlichen Einflüssen geprägten Entwürfe von David Adjaye einfließen und sich mit den Ortsbezügen zum jeweiligen Standort verbinden. Beim Nationalmuseum für afroamerikanische Geschichte und Kultur in Washington beispielsweise waren dies die Verknüpfung von Außen- und Innenraum im halböffentlichen Foyer und der durch Geometrie, Material, Licht und Ornament geprägten, mehrschichtigen Atmosphäre sowie zusätzlich ein Bezug zu einer karyatidenartigen Skulptur der Yoruba mit Krone (Abb. 10).[11] Bemerkenswert ist dabei, dass die rund 120 Fotografien weder durch Perfektion noch Detailtreue charakterisiert sind und insgesamt eher Formationen von Baukörper und Fassadenstrukturen, von Nutzungsebenen sowie Relationen von Freiraum, Straße und Gebäude als informelle Kompositionen präsentieren. Die Kamera als Apparat oder Mobiltelefon wirkt wie ein Skizzenbuch, das fotografische Bildlichkeit als generatives Medium in Entwurfskontexte integriert.

Christ and Gantenbein thus build on their own experiences, as well as on a tradition that had become important for architects at the latest since the middle of the 19th century: the educational tour, on which the study of architectural, urban and rural areas on site was to contribute to the forming of motifs and spatial sensibility, reinforced not least by graphic and photographic recordings.[13] After their studies, Christ and Gantenbein had set out together on a journey to Italy to the Gulf of Naples, where beyond understanding individual icons of architectural history they wanted to find out about its architectural essence, various themes and continuities that they could then make use of in their own designs (fig. 11-13).[14] The striving to appropriate and interpret the enormous architectural wealth of Italy resulted in around 1200 shots from which they made a selection to publish in the book 'Pictures from Italy'.

They refer to this bundle as their first architectural project and repeatedly point out that their journey fundamentally shaped the development of their identity as architects and has a significant influence on their own architecture designs up until today.[15] The photographs from Italy in their book are set alongside images of their own realised architectures taken by various architecture photographers. This shows analogies, relating for example to mass, plasticity and monumentality, opening and closing of the surface, or material properties and light. At the same time, it shows what is inherent in photography: through the choice of motif, sections, perspectives and zoom, valuations and scales of meaning become evident, which are of an individual as well as culturally determined nature. The photographic images that give a form to and interpret the experiences of architectures and places, as well as the subsequent analytical selection, become fundamental aspects of the ensuing design procedure.[16]

THE REALITY OF ARCHITECTURE   The architects Herzog & de Meuron describe architecture repeatedly and emphatically as a form of perception of reality and engagement with it.[17] In their own development, in artistic contextualisation and the questioning of codes of the architecture discipline in the formation of their own repertoire and for individual architecture projects, photography as well as cooperation with photographers and finally photography as a communication tool play a distinctive role.

Early artistic video work and installations by Jacques Herzog from the period 1978-1986, a time when this form of artistic expression was increasingly starting to emerge more sharply, as well as the integration of video and video still photographs in architecture concepts by Herzog & de Meuron, not only show a consideration of the possibilities and the methods of the medium but also thematise the relationship to people's lives in spaces and environments. An example of this is the Lego House installation as a contribution to ideal house designs, upon the invitation of the Lego company in 1985. They responded to the architectural theme in a rather artistic-conceptual manner (fig. 14).[18] It questions the representation means of the architecture discipline, asking about the reality of the model, the reality of the images, the reality of the architecture. The physical reality of the model designed as a Plexiglas house almost disappears. Only an attic room was formed with Lego blocks, whose programmatic aspect was presented with video still photographs on the surrounding exhibition walls as an

11-13 | Christ & Gantenbein Pictures from Italy 2011

Auch bei den Basler Architekten Christ & Gantenbein bilden aufgezeichnete Fotografien Beispielsammlungen, die Eindrücke und Anregungen speichern und das Entwerfen als visuelle Referenzen motivisch mitgestalten. In ihrer Lehre an der ETH Zürich führen sie Recherchen zu verschiedenen großen Städten der Welt durch, mit denen sie fragen, wie spezifische Eigenschaften von Typologien für neue Entwürfe in der eigenen Stadt fruchtbar gemacht werden können. Sie führen diese Recherchen mit unterschiedlichen Medien aus und präsentieren sie in Grundrissen, Schnitten, Axonometrien mit Texten und eigenen Fotografien als Case Studies, die ein Spektrum an Möglichkeiten veranschaulichen können. Fotografien nehmen dabei eine hervorgehobene Bedeutung ein. Sie zeigen in Gegenüberstellungen städtische Kontexte und spezifische, prägnante architektonische Motive auf.[12]

Damit knüpfen Christ & Gantenbein an eigene Erfahrungen ebenso an wie an eine Tradition, die spätestens seit Mitte des 19. Jahrhunderts für Architekturschaffende wichtig geworden war: die Bildungsreise, bei der das Studium architektonischer, städtischer und landschaftlicher Räume vor Ort zur Ausprägung von Motivschätzen und zu räumlicher Sensibilität nachdrücklich beitragen sollte, verstärkt nicht zuletzt durch grafische bzw. fotografische Aufzeichnungen.[13] Nach ihrem Studium waren Christ & Gantenbein gemeinsam zu einer Reise nach Italien bis zum Golf von Neapel aufgebrochen, wo sie über das Verstehen einzelner Ikonen der Architekturgeschichte hinaus vor allem architektonische Essenz herausfinden wollten, verschiedene Themen und Kontinuitäten, die sie dann für die eigenen Entwürfe nutzbar machen könnten (Abb. 11-13).[14] Aus dem Bestreben der Aneignung und Interpretation des enormen Architekturschatzes Italiens entstanden rund 1200 Aufnahmen, aus denen sie eine Selektion vornahmen und eine Auswahl im Buch ‚Pictures from Italy' veröffentlichten.

Sie bezeichnen dieses Konvolut als ihr erstes architektonisches Projekt und weisen immer wieder darauf hin, dass die Reise ihre Identitätsbildung als Architekten grundlegend geprägt und bis heute einen großen Einfluss auf die eigenen Architekturentwürfe hat.[15]

14 | Herzog & de Meuron   Lego House   1985   15 | Herzog & de Meuron   Architektur Denkform   1988

atmospheric impression of life in the interior. Then there was a text printed on a front wall of the model house that raised questions about the reality of the three levels.

Construction as only a part of the reality of architecture was also emphasised by Herzog & de Meuron in the exhibition of their early works at the Basel Architecture Museum in 1988 (fig.15).[19] It bore the title 'Architektur Denkform' (Architecture Thought Form) and was characterised, alongside models and plans, by views of the buildings printed on the glass-steel façade using silk-screen printing, so that they overlayered the façade structure and the images of the built and spatial surroundings outside of the building. In connection with further exhibitions, for example for the Biennale in Venice in 1991, as well as for journalistic project documentations, they instruct their projects to be shot by photographers. Through their artistic articulation, the architectural forms of expression and effect qualities are given a specific interpretation: for example, the digitally processed work 'Ricola Laufen' by Thomas Ruff, a montage of two photographs, shows the cladding designed by the architects for a given warehouse by means of a layered structure with great clarity, slightly retouched, factual and idealising as an autonomous artistic interpretation (fig. 16).[20] With Ruff, who is also a friend, they have additionally worked together on various projects, such as the Eberswalde library building (fig.17). It was designed as a simple box whose façade, following the architectural concept, received conciseness by imprinted and serially arranged photographic images from the artist's archive of newspaper images selected according to theme and location.[21]

New powerful images, which generate resistance against the ubiquity of the ugly in the urban context as well as characteristics that define a place as adaptable and forge an identity, are a goal that Herzog & de Meuron seek to achieve with their designs.[22] In the current renderings, suggestive representational schemes are also integrated, such as the diagonal into the spatial depth immersed in light modulations of an inside view with staffage figures for the Museum des 20. Jahrhunderts Berlin, which at the same time anticipated future appropriation possibilities (fig. 18-19).[23] In the concrete design context of the office, photographic images are also a means of communication with and among the many employees from around the

190

In ihrem Buch sind den Fotografien aus Italien Bilder eigener realisierter Architekturen von verschiedenen Architekturfotograf:innen zur Seite gestellt. In dieser Weise werden Analogien veranschaulicht, bezogen beispielsweise auf Masse, Plastizität und Monumentalität, Öffnung und Schließung der Fläche oder Materialeigenschaften und Licht. Gleichzeitig wird auch sichtbar, was dem Fotografieren inhärent ist: Über die Motivwahl, über Ausschnitte, Blickwinkel und Zoom zeigen sich Wertungen und Bedeutungsmaßstäbe, die individuell und zugleich auch kulturell geprägt sind. Die fotografischen Bildakte, die Erfahrungen von Architekturen und Orten Form geben und das gesuchte Elementare interpretieren, sowie die anschließende analytische Selektion werden zu grundlegenden Anteilen nachfolgenden Entwurfshandelns.[16]

DIE WIRKLICHKEIT DER ARCHITEKTUR   Wiederholt und nachdrücklich beschreiben die Architekten Herzog & de Meuron Architektur als eine Art der Wahrnehmung von Wirklichkeit und der Auseinandersetzung mit ihr.[17] In der eigenen Entwicklung, in der künstlerischen Kontextualisierung und Befragung von Codes der Architekturdisziplin bei der Herausbildung des eigenen Repertoires und für einzelne Architekturprojekte spielen die Fotografie sowie die Zusammenarbeit mit Fotografen und Fotografinnen und schließlich die Fotografie als Kommunikationsinstrument eine prägnante Rolle.

Frühe künstlerische Videoarbeiten und Installationen von Jacques Herzog aus der Zeit von 1978-1986, einer Zeit, als diese künstlerische Ausdrucksform stärker hervorzutreten begann, wie auch die Integration von Video bzw. Videostillfotografien in Architekturkonzeptionen von Herzog & de Meuron zeigen nicht nur eine Auseinandersetzung mit den Möglichkeiten und der Technik des Mediums, sondern thematisieren auch den Bezug zum Leben der Menschen in Räumen und Umwelten. Ein Beispiel dafür ist die Legohausinstallation als Beitrag zu Idealhausentwürfen auf Einladung der Firma Lego 1985. In eher künstlerisch-konzeptueller Weise haben sie auf das architektonische Thema geantwortet (Abb. 14).[18] Es befragt die Darstellungsmittel der Architekturdisziplin, fragt nach der Wirklichkeit des Modells, der Wirklichkeit der Bilder, der Wirklichkeit der Architektur. Die physische Wirklichkeit des als Plexiglashaus gestalteten Modells verschwindet fast. Mit Legosteinen wurde nur ein Dachzimmer ausgebildet, dessen programmatischer Anteil mit Videostillfotografien an den umliegenden Ausstellungswänden als atmosphärischer Ausdruck des Lebens in den Räumen präsentiert wurde. Schließlich gab es noch einen auf eine Stirnwand des Modellhauses gedruckten Text, der die Wirklichkeit der drei Ebenen befragte.

Das Gebaute als nur einen Teil der Wirklichkeit der Architektur betonten Herzog & de Meuron ebenfalls in der Ausstellung ihrer frühen Arbeiten im Basler Architekturmuseum 1988 (Abb. 15).[19] Sie trug den Titel ‚Architektur Denkform' und war dadurch charakterisiert,

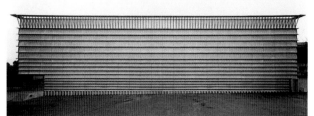

16 | Thomas Ruff Ricola Laufen 1992

17 | Herzog & de Meuron Bibliothek Eberswalde 1996

world. They provide help when language is not enough. These contexts were also presented by Herzog & de Meuron in an exhibition about their design processes, in which excerpts from project books could be seen with a variety of images. Internet research accompanies the design process. The design develops from the masses of images from the web as well as own locational photographs, as a selection through discussion and through the exclusion of images, in order to generate new distinctive images and architectural realities.[24]

The questioning attitude to images as well as to perception and interpretation codes of the discipline continues and also refers to the thematisation of their own sources, such as Farnsworth House by Mies van der Rohe.[25] In a publication of 2016, in which transparency as a phenomenon in art and architecture is described by Jacques Herzog with the often idealised properties as well as with weaknesses, photographs by Pierre de Meuron show the iconic house factually, with an unusual focus on contextualisation, sections and details. The photographic observation and recording form a relevant aspect of the reflexive orientation of the architects, which can repeatedly be activated to provide impulses for architectural concepts.

IMAGE AND CONSTRUCTION   As an overarching as well as project-specific analysis and design instrument of different kinds, photography also plays a role in the work of the architect Christian Kerez, who worked as a photographer for a number of years. Examples such as shots of big infrastructure buildings in black and white photographs and of the Locherboden pilgrimage chapel show that his photographic interpretations have an architectural character (fig. 20-21). Constructive structures and spatial relations, as well as light and materials, are emphasised. These are properties that also characterise the tectonic expressive power of his architecture designs. In photographic post-project analyses, with which Christian Kerez assesses how his architectural designs take effect and the spaces are appropriated, he also seeks to identify levels and aspects that have not yet been perceived, in order to see new facets that trigger further development (fig. 22).[26] When creating the design, the interaction with models can also play a both evaluative and generative role. Christian Kerez uses models as a work medium in relation to spatial organisation and

18-19 | Herzog & de Meuron Neue Nationalgalerie - Museum des 20. Jahrhunderts Berlin since 2016

dass, neben Modellen und Plänen, Ansichten der Bauten im Siebdruckverfahren auf die Glas-Stahlfassade gedruckt waren, sodass sie sich mit der Fassadenstruktur und den Bildern der baulich-räumlichen Umgebung außerhalb des Gebäudes überlagerten. Im Zusammenhang weiterer Ausstellungen, beispielsweise für die Biennale in Venedig 1991, sowie für publizistische Projektdokumentationen ließen und lassen sie ihre Projekte von Fotografen und Fotografinnen abbilden. Durch deren künstlerische Artikulation erfahren die architektonischen Ausdrucksformen und Wirkqualitäten eine spezifische Interpretation: Das digital bearbeitete, aus zwei Fotografien zusammenmontierte Werk ‚Ricola Laufen' von Thomas Ruff beispielsweise zeigt die von den Architekten gestaltete Verkleidung einer vorgegebenen Lagerhalle durch eine geschichtete Struktur in großer Klarheit, leicht retuschiert, sachlich und idealisierend als autonome künstlerische Interpretation (Abb. 16).[20] Mit dem befreundeten Künstler gab es zudem Zusammenarbeiten an verschiedenen Projekten, beispielsweise dem Bibliotheksbau Eberswalde (Abb. 17). Er wurde als einfache Box entworfen, deren Fassade entsprechend dem Architekturkonzept Prägnanz erhält durch aufgedruckte und seriell angeordnete, vom Künstler themen- und standortspezifisch kuratierte fotografische Bilder aus seinem Archiv von Zeitungsbildern.[21]

Neue starke Bilder, die Prägnanz gegen die Allgegenwart des Hässlichen im städtischen Kontext und Charakteristiken erzeugen, die ortsprägend, aneignungsfähig und identitätsstiftend wirken, sind ein Ziel, das Herzog & de Meuron mit ihren Entwürfen erreichen möchten.[22] In den aktuellen Renderings werden auch suggestive Darstellungsschemata integriert wie beispielsweise die über Eck entwickelte Diagonale in die Raumtiefe bei einer in lichte Modulationen getauchten Innenansicht mit Staffagefiguren zum Museum des 20. Jahrhunderts Berlin, die gleichzeitig zukünftige Aneignungsmöglichkeiten antizipiert (Abb. 18-19).[23] Im konkreten Entwurfskontext des Büros sind fotografische Bilder zudem Kommunikationsmittel mit und unter den vielen Mitarbeitenden aus aller Welt. Sie bilden eine Hilfe, wenn die Sprache nicht ausreicht. Diese Kontexte wurden von Herzog & de Meuron auch in einer Ausstellung zu ihren Entwurfsprozessen präsentiert, bei der Ausschnitte aus Projektbüchern mit verschiedenartigsten Abbildungen zu sehen waren.

193

20-21 | Christian Kerez Wiederin, Federle Nachtwallfahrtskapelle Locherboden 1996   22 | Christian Kerez Housing Fosterstrasse Zurich 2003

atmosphere (fig. 23-24).[27] He produces photographs and video stills of models that in some cases include miniature figures and furniture, in order to sound out connections between the interior and exterior, as well as light effects and the ways in which people can move around in the buildings. This reinforces further design decisions.[28]

It is surprising how many architects address the phenomenon of images in connection with architecture and what levels are thereby repeatedly thematised and accorded meaning. The artistically motivated architecture project of the internationally renowned architects Diller & Scofidio in New York for a holiday house for the real estate manager Koji Itakura on Long Island incorporates cultural conventions and media realities that can be associated with architecture assignments (fig. 25-26).[29] The widespread vision, the inner image that people associate with a weekend house at the sea forms the conceptual idea for various model interpretations of the planned house, which include photographs and video images. In one of the models, movable glass negative photographs, which show everyday situations in various sections of the building volume such as relaxing, eating or retreating, localise future usages and therefore what is fundamentally associated with architecture as a matter of course.[30] This is another way in which fields of thought and action can be opened up in the design context.

PHOTOGRAPHY AS A SEISMOGRAPH Photographs explore understandings of reality. They reinforce or question familiar notions and illuminate the constitution of different forms of perception of reality, with which they always remain linked ambivalently.[31] Photographic images influence ways of seeing, perceiving and experiencing and therefore also have an effect on design and design genesis. Photography in architectural conception increases and promotes visual and tactile sensitivities, as well as attention to searching and finding. In the design process, photographing enables orientation in various ways, supports decision-making processes and the discovery of unknown potential. Photographs bring about and strengthen creative architecture concepts and furthermore can contribute fundamentally and seismographically to the discussion about the reality of architecture.

23-24 | Christian Kerez   Museum of Modern Arts Warsaw   2007-14

Es sind Internetrecherchen, die den Entwurfsprozess begleiten. Aus den Massen an Bildern aus dem Netz sowie eigenen Standortfotografien entwickelt sich der Entwurf dabei als Selektion über die Diskussion und durch das Ausschließen von Bildern, um neue prägnante Bilder und Wirklichkeiten der Architektur zu erzeugen.[24]

Die befragende Haltung zu Bildern sowie zu Wahrnehmungs- und Interpretationscodes der Disziplin besteht fort und bezieht sich auch auf die Thematisierung eigener Quellen wie beispielsweise auf das Farnsworth House von Mies van der Rohe.[25] In einer Veröffentlichung von 2016, in welcher Transparenz als Phänomen in Kunst und Architektur mit ihren oft idealisierend gerühmten Eigenschaften und auch Schwächen von Jacques Herzog beschrieben wird, zeigen Fotografien von Pierre de Meuron das ikonische Haus sachlich, mit ungewöhnlichem Fokus auf Kontextualisierungen, Ausschnitte und Details. Die fotografische Beobachtung und Aufzeichnung bildet einen relevanten Anteil der reflexiven Ausrichtung der Architekten, die immer wieder impulsgebend für Architekturkonzeptionen aktiviert werden kann.

BILD UND BAU   Als übergreifendes wie projektspezifisches Analyse- und Entwurfsinstrument verschiedener Art wirkt die Fotografie ebenfalls im Werk des Architekten Christian Kerez, der einige Jahre auch als Fotograf gearbeitet hat. Beispiele wie die Aufnahmen großer Infrastrukturbauten in Schwarz-Weiß-Fotografien und der Nachtwallfahrtskapelle Locherboden zeigen, dass seine fotografischen Interpretationen architektonisch geprägt sind (Abb. 20-21). Es werden konstruktive Strukturen und Raumrelationen sowie Licht und Material hervorgehoben. Das sind Eigenschaften, die auch die tektonische Ausdruckskraft seiner Architekturentwürfe prägt. In fotografischen Postprojektanalysen, mit denen Christian Kerez prüft, wie seine architektonischen Gestaltungen wirken und die Räume angeeignet werden, versucht er zudem Ebenen und Aspekte zu erkennen, die noch nicht wahrgenommen wurden, um so neue Facetten zu sehen, die Weiterentwicklung anstoßen (Abb. 22).[26] Beim Gestalten des Entwerfens kann die Interaktion mit Modellen zudem eine zugleich evaluative wie generative Rolle spielen.

195

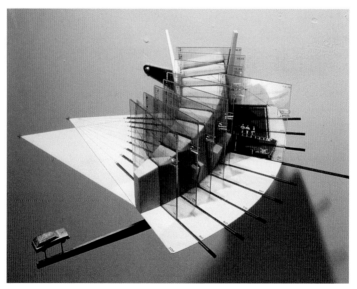

25-26 │ Diller & Scofidio Slow House 1989-1991

Christian Kerez nutzt Modellaufnahmen als Arbeitsmedium in Bezug auf Raumorgani-
sation und -atmosphäre (Abb. 23-24).[27] Er produziert Fotografien und Videostills von
Modellen, die teilweise mit kleinen Figuren und Möbeln ausgestattet sind, um Verbindungen von Innen und Außen sowie Lichtwirkungen und die Weisen zu ergründen, wie
sich Menschen in den Gebäuden bewegen können. Damit werden weitere Entwurfsentscheidungen gestärkt.

Es ist erstaunlich, wie viele Architekturschaffende sich mit dem Phänomen der Bilder im
Zusammenhang mit Architektur befassen und welche Ebenen dabei wiederholt thematisiert werden und Bedeutung erhalten. Das künstlerisch motivierte Architekturprojekt der
international renommierten Architekturschaffenden Diller & Scofidio in New York für ein
Ferienhaus des Immobilienmanagers Koji Itakura auf Long Island bezieht dabei kulturell
geprägte Konventionen und Medienwirklichkeiten ein, die sich mit Architekturaufträ-
gen verbinden können (Abb. 25-26).[28] Die verbreitete Vorstellung, das innere Bild, das
Menschen mit einem Wochenendhaus am Meer verbinden, bildet die konzeptuelle Idee
für unterschiedliche Modellinterpretationen des geplanten Hauses, die Fotografien und
Videobilder einbeziehen. So wird beispielsweise veranschaulicht, wie mit dem Auto das
Idealbild bereits gedanklich zum Haus gebracht, als Naturpanorama im Panoramafenster
erfahrbar und als Schönwetterbild bei Regen auch auf einem Monitor abspielbar wird.
In einem der Modelle werden mit beweglichen Glasnegativfotografien, die alltägliche
Situationen in verschiedenen Abschnitten des Baukörpers aufzeigen wie Aufenthalt, Essen
oder Rückzug, zukünftige Nutzungen lokalisiert und damit das, was selbstverständlich mit
Architektur grundlegend verknüpft ist.[29] Auch in dieser Weise können im Entwurfskontext
Denk- und Handlungsfelder geöffnet werden.

FOTOGRAFIE ALS SEISMOGRAF   Fotografien loten Wirklichkeitsverständnisse
aus. Sie bestärken oder befragen vertraute Vorstellungen und veranschaulichen die
Konstitution unterschiedlicher Formen der Wahrnehmung von Wirklichkeit, mit der sie
immer ambivalent verknüpft bleiben.[30] Fotografische Bilder beeinflussen Seh-, Wahr-
nehmungs- und Erfahrungsweisen und wirken damit auch auf das Entwerfen und die
Entwurfsgenese ein. Fotografie in der Architekturkonzeption verstärkt und fördert das
sehende und fühlende Bemerken sowie die Aufmerksamkeit für das Suchen und Finden.
Im Entwurfsprozess ermöglicht das Fotografieren Orientierung in unterschiedlicher Weise,
fördert Entscheidungsprozesse und die Entdeckung unerkannter Potenziale. Fotografien
bewirken und bestärken kreative Architekturkonzepte und können darüber hinaus grundlegend und seismografisch zum Diskurs über die Wirklichkeit der Architektur beitragen.

1 Vgl. hierzu | Cf. on this subject Elias Redstone, Introduction, in: id. (ed.), Shooting space. Architecture in contemporary photography, London: Phaidon 2014, 6-7 und | and passim; Jesús Vasallo, Epics in the everyday. Photography, architecture and the problem of realism, Zürich: Park Books 2019, 301-303; Hubertus Locher, Einführung. Fotografie als Darstellungs-, Entwurfs-, und Gestaltungsmedium der Architektur im 20. und 21. Jahrhundert, in: id./Rolf Sachsse, Architektur Fotografie. Darstellung, Verwendung, Gestaltung, München: Deutscher Kunstverlag 2016, 9-22; Andrew Higgot/Timothy Wray, Camera constructs. Photography, architecture and the modern city, Franham: Ashgate 2012, passim **2** Vgl. | Cf. Rolf Sachsse, Erweiterungen des Bildraums. Einzeichnung und Fotocollage als Planungsverfahren bei Ludwig Mies van der Rohe, in: Sara Hillnhütter (ed.), Planbilder. Medien der Architekturgestaltung, Berlin et al.: De Gruyter 2015, 35-43 **3** Vgl. | Cf. Cedric Price, Potteries Thinkbelt, in: New Society 192 (1966)/6, 14-17; Tanja Herdt, Die Stadt und die Architektur des Wandels. Die radikalen Projekte des Cedric Price, Zürich: Park Books 2017, 65-87, 67 und | and passim **4** Vgl. | Cf. Cedric Price (1966) op. cit. (Anm. | note 3), 16 **5** Zum Montagebegriff und Montage in der Architektur vgl. | On the notion of montage and montage in architecture cf. Martino Stierli, Montage and the metropolis. Architecture, modernity and the representation of space, New Haven et al.: Yale University Press 2018, 3-12 und | and 81-88 **6** Vgl. | Cf. N.N. 0132 Options Lots, in: Marius Barbias (ed.), Brandlhuber+. Von der Stadt der Teile zur Stadt der Teilhabe. Berliner Projekte, Köln: König 2013, 142-147 **7** Vgl. hierzu | Cf. on this subject Alexander Koch, Option Lots. Eine Recherche von brandlhuber+, in: Archplus 201/202 (2011), 106-109 **8** Zu Archiven und Architekturentwurf vgl. | On archives and architectural design cf. Margitta Buchert, Archive zur Genese architektonischen Entwerfens, in: Fakultät für Architektur und Landschaft der LUH (ed.), Hochweit 12, Hannover: Internationalismus 2012, 9-15 **9** Vgl. | Cf. David Adjaye, The lesson of Africa, in: Okwui Enwezor/Zoë Ryan (eds.), Form Heft Material, New Haven: Yale University Press 2015, 62-79, 63 **10** Vgl. hierzu | Cf. on this subject David Adjaye, Terrain, Ort, Architektur. Terrain, place, architecture, in: Peter Allison (ed.), David Adjaye, Geographien. Geographies, Brakel: FSB 2016, 14-89, 22 **11** Vgl. | Cf. ibid., 64, 67 **12** Vgl. z.B. | Cf. e.g. Emanuel Christ/Christoph Gantenbein, Typology. Hongkong, Rome, New York, Buenos Aires, Rome, New York, Buenos Aires, Zürich, Zürich: Park Books 2012, passim **13** Zur Ausbildung von Motivschätzen durch Reisen und deren Dokumentation vgl. | On the formation of motif stocks by travels and their documentation cf. Rolf Sachsse, Bild und Bau. Zur Nutzung technischer Medien beim Entwerfen von Architektur, Braunschweig et al.: Vieweg 1997, 47-51 **14** | Cf. Emanuel Christ/Christoph Gantenbein, Pictures from Italy, Zürich: Park Books 2012, passim; zur Grand Tour nach Italien vgl. | on the Grand Tour to Italy cf. Jan Pieper, Einleitung, in: id./Joseph Imorde (eds.), Die Grand Tour in Moderne und Nachmoderne, Tübingen: Max Niemeyer 2008, 3-8, 5 **15** Vgl. | Cf. ibid., Pictures from Italy (Einleitungstext I Introduction), s.p.; Christoph Gantenbein (2019), Pictures from Italy. (Vortrag 07.02.2019) Zürich: Schweizer Baumuster-Centrale, https://www.youtube.com/watch?v=uolOvF3IXhg, 20.5.2020 **16** Vgl. | Cf. ibid., s.p.; Zu Archiven und Architekturentwurf vgl. | On archives and architectural design cf. Margitta Buchert (2012), op. cit. (Anm. | note 8)

17 Vgl. | Cf. Jacques Herzog, Die verborgene Geometrie der Natur, in: Winfried Wang, Herzog & de Meuron, Zürich et al.: Artemis 1994, 128-132, 130; vgl. hierzu | cf. on this subject Margitta Buchert, Kunst in der Architektur. Spurensuche am Ende des 20. Jahrhunderts, in: Maike Kozok (ed.), Architektur, Struktur, Symbol, Petersberg: Michael Imhof 1999, 467-478, 472-476 **18** Vgl. | Cf. Gerhard Mack, Lego Wanderausstellung 1985, in: id., Herzog & de Meuron. Vol.1-3, Basel: Birkhäuser 2018, Vol. 1, 104-107, 104-105 **19** Vgl. | Cf. Herzog & de Meuron/Rémy Zaugg, Fünf Ausstellungen über H&tdeM von H&tdeM (Interview), in: Rémy Zaugg (ed.), Herzog & de Meuron. Eine Ausstellung, Ostfildern: Cantz 1996, 9-16, 9-13 **20** Vgl. | Cf. Thomas Ruff/Philip Ursprung, Ich mache mir mein Bild auf der Oberfläche (Interview), in: Philip Ursprung (ed.), Herzog & de Meuron. Naturgeschichte, Baden: Lars Müller 2005, 161-169, 162 **21** Vgl. | Cf. ibid., 167; Gerhard Mack, Building with images. Herzog & de Meuron´s Eberswalde Library, in: AA (ed.), Eberswalde Library. Herzog & de Meuron, London: Architectural Association 2000, 7-55, 8-21 **22** Vgl. | Cf. Jacques Herzog, in: id./Gottfried Böhm, Über Architektur und Bild (Gespräch Schaulager 18.08.2004), https://www. herzogdemeuron.com/index/projects/writings/conversations/boehm.html, 10.07.2020 **23** Vgl. hierzu | Cf. on this subject Jacques Herzog, in: id./Hubertus Adam/Elena Kossovskaja, Herzog & de Meuron, in: Hubertus Adam/Elena Kossovskaja (ed.), Bildbau. Schweizer Architektur im Fokus der Fotografie, Basel: Christoph Merian 2013, 147-151, 150-151 **24** Vgl. | Cf. Jacques Herzog, ibid. und eigener Ausstellungsbesuch | and own visit of exhibition; vgl. hierzu auch | cf. on this subject also Theodora Vischer (ed.), Herzog & de Meuron N°250. Eine Ausstellung, Basel: Schaulager 2004, passim **25** Vgl. | Cf. Jacques Herzog/Pierre de Meuron, Trügerische Transparenz. Beobachtungen und Reflexionen, angeregt von einem Besuch des Farnsworth House, Chicago: IITAC Press 2016; Margitta Buchert, Transparenz, Potentiale und Wertsetzungen in der Architektur, in: Fakultät für Architektur und Landschaft der LUH (ed.), Hochweit 16, Berlin: Jovis 2017, 8-13, 12-13 **26** Vgl. | Cf. Heinrich Helfenstein/Christian Kerez/ Daniel Schwartz/Vladimir Spacek, Das endgültige Bild gibt es nicht, in: Archithese 4 (1994), 22-23 und | and 28-33, 28; Christian Kerez/Erwin Viray, Uncertain certainty. Certain uncertainty, in: Christian Kerez, Uncertain certainty, Tokio: TOTO 2013, 264 – 278, 274; und z.B. die Fotografien | and e.g. the photographies in: ibid., Apartementhaus Fosterstrasse Zürich, 42-53 oder | or Schulhaus Leutschenbach Zürich | School Leutschenbach Zürich, 167-169 **27** Vgl. z.B. die Fotografien | Cf. e.g. the photographies cf. Christian Kerez, Uncertain certainty, Tokio: TOTO 2013, Schulhaus Salzmagazin Zürich | School Salzmagazin Zürich, 30-31, Museum für moderne Kunst Warschau | Museum of Modern Art Warsaw, 106-107 oder | or Universität der Wissenschaften und Künste Muttenz | University of Applied Sciences and Arts Muttenz 140-141 **28** Vgl. | Cf. Elizabeth Diller/Ricardo Scofidio, Flesh. Architectural probes, New York: Princeton Architectural Press 1994, 223-247 **29** Vgl. | Cf. Margitta Buchert (1999), op. cit. (Anm. | note 17), 468-470; Elizabeth Diller/Ricardo Scofidio/Lynette Widder, Against Self-Disciplining, in Daidalos 56 (1995)/2, 35-47, 40-44 **30** Vgl. hierzu | On this subject cf. Susan Sontag, Über Fotografie, Frankfurt am Main: Fischer 1980, 146-150; Bernd Stiegler, Montage des Realen. Photographie als Reflexionsmedium, München: Wilhelm Fink 2009, 27

'I don't believe in things, I only believe in their relations.'

„Ich glaube nicht an Dinge, ich glaube nur an ihre Beziehungen."

Georges Braque

COLLAGE

Sarah Wehmeyer

Collages in architecture can embody design and representation principles. They can equally be understood, however, as a 'medium' with which those working in architecture can pursue design and research activities. The following contribution explains the wide-ranging characteristics and techniques of collage, based on selected examples from a variety of contexts, which provide impulses for analytical and creative processes and exert a reflecting and synthesising effect on them. In addition, the potential and limitations of their pictorial rhetoric are discussed, in order to understand how architectural ideas and findings can be visually concretised and communicated by means of collage.

THE FRAGMENTED (PICTORIAL) SPACE   The cubistic 'papiers collés', as they first appeared between 1911 and 1914 in the works of Pablo Picasso and George Braque, can be defined as the original form of collage (fig. 1).[1] Everyday objects are reduced to overlapping surfaces and lines by the artists in painting and drawing and stuck into the picture as flat, fragmented materials. Through cutting out, wooden veneers or fabrics are systematically freed from their original corporeality and defamiliarised as an independent material surface. Instead of the form of the original object, it is now the individual haptic qualities of the materials themselves that are in the foreground. The insertion of newspaper excerpts integrates language into the art in addition and places the focus on individual words and headings. Through this coexistence of the pasted, drawn and written, a surface tension is created that requires special attention from the viewer to what is supposedly being represented as a tactile experience, its original contexts, as well as new attributions of meaning. The intention of the artists is to question the representation and perception of the visible world through art.[2]

COLLAGE

Sarah Wehmeyer

Collagen in der Architektur können Gestaltungs- und Darstellungsprinzipen verkörpern. Sie können jedoch ebenso als ein ‚Medium' verstanden werden, mit dem Architektur-schaffende entwerferisch und forschend aktiv werden. Der folgende Beitrag erläutert an ausgewählten Beispielen aus unterschiedlichen Kontexten die breitgefächerten Charakteristiken und Techniken der Collage, die eine impulsgebende, reflektierende und synthetisierende Wirkung auf analytische und kreative Prozesse ausüben. Weitergehend werden Potenziale und Grenzen ihrer Bildrhetorik diskutiert, um zu verstehen, auf welche Weise architektonische Ideen und Erkenntnisse mittels der Collage visuell konkretisiert und kommuniziert werden können.

DER ZERLEGTE (BILD)RAUM   Die kubistischen ‚papiers collés' (dt. Klebebilder), wie sie zwischen 1911 und 1914 erstmals in den Werken von Pablo Picasso und Georges Braque erscheinen, können als ursprüngliche Form der Collage definiert werden (Abb.1).[1] Alltägliche Gegenstände werden von den Künstlern malerisch und zeichnerisch auf sich überschneidende Flächen und Linien reduziert sowie selbst als flache, fragmentierte Materialien in das Bild eingeklebt. Durch das Aus- und Zuschneiden werden Holzfurniere oder Stoffe systematisch von ihrer ursprünglichen Körperlichkeit befreit und zu einer unabhängigen Materialfläche verfremdet. Anstelle der Form des ursprünglichen Objektes stehen nun mehr die individuellen, haptischen Qualitäten des Materials selbst im Vordergrund. Das Einfügen von Zeitungsausschnitten integriert zusätzlich das Sprachliche in die Kunst und legt den Fokus auf einzelne Begriffe und Überschriften. Durch diese Koexistenz von Geklebtem, Gezeichnetem und Geschriebenem wird eine Oberflächenspannung erzeugt, die vom Betrachter eine besondere Aufmerksamkeit für das vermeintlich Dargestellte

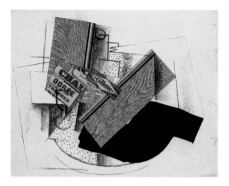

1 | Georges Braque   Nature morte sur la table   1914

2 | Mies van der Rohe   Resor House project   1939

Mies van der Rohe was one of the first architects to experiment with the novel cubistic technique and replaced the classical perspective with pictorially parallel layering of surfaces and lines. His visualisations of the Resor House (1937) are a combination of pasted landscape photographs in a panoramic format and fine pencil drawings. The ceiling and floor of the holiday house are represented by the paper base itself, so that the architecture retreats symbolically into the background as a negative space, while the view out into the surroundings is highlighted. It is only a collage that focusses in addition on the materiality of further objects that are inserted as space-defining furniture and screens: an elongated cut down wooden veneer as well as the portrait format, rectangular cut-out of a Paul Klee reproduction (fig. 2).[3]

During his exile in Chicago, during which his professional activities were restricted to the drawing board, Mies van der Rohe resorted regularly to this type of photo collage. It developed – as a practice and an object – into an individual training of his design competences, as well as a preliminary study for the projects realised later.[4] The repeated reduction of spatial situations to their essential components appears to act as an analytical process here, in order to develop a deeper understanding of constructive elements, material effects and the interrelation between the external and internal. The arrangement of the individual elements into a pictorial whole that is enlivened by the interplay between flatness and depth is in turn similar to a design approach. It trains the creative mind to think of space in terms of material surfaces as well as of sequences and successions. These typological and choreographic insights gathered through collage are ultimately translated by Mies van der Rohe into the open floor plans of his pavilion-like buildings. Farnsworth House thus provokes flowing and exploratory movements with its architectural design, just as the Resor House collages invite the viewer to enter into the pictorial space through mental channels (fig. 3-4).[5]

3-4 | Mies van der Rohe Farnsworth House 1951

und taktil Erfahrbare, seine ursprünglichen Zusammenhänge sowie neuen Bedeutungszuschreibungen fordert. Die Intention der Kunstschaffenden ist es, die Repräsentation und Wahrnehmung der sichtbaren Welt durch die Kunst zu befragen.[2]

Mies van der Rohe experimentiert als einer der ersten Architekten mit der neuartigen kubistischen Technik und ersetzt die klassische Perspektive durch bildparallele Überlagerungen von Flächen und Linien. Seine Visualisierungen des Resor House (1937) sind eine Kombination aus geklebten Landschaftsfotografien im Panoramaformat und feinen Bleistiftzeichnungen der Mies'schen Stütze. Decke und Boden des Ferienhauses werden durch den Papieruntergrund selbst repräsentiert, sodass die Architektur sinnbildlich als Negativraum in den Hintergrund tritt, der Ausblick in die Umgebung hingegen inszeniert wird. Lediglich eine Collage fokussiert zusätzlich die Materialität weiterer Objekte, die als raumdefinierende Möbel und Wandschirme eingefügt sind: ein länglich zugeschnittenes Holzfurnier sowie der hochformatige, rechteckige Ausschnitt einer Paul-Klee-Reproduktion (Abb. 2).[3]

Während des Exils in Chicago, in dem sich seine beruflichen Aktivitäten auf das Zeichnen beschränken, greift Mies van der Rohe konsequent auf diese Art der Fotocollage zurück. Sie entwickelt sich – als Praktik und als Objekt – zu einem individuellen Training seiner Entwurfskompetenzen, sowie zu einer Vorstudie der später realisierten Projekte.[4] Das wiederholte Reduzieren räumlicher Situationen auf ihre wesentlichen Bestandteile scheint hierbei als analytischer Prozess zu fungieren, um ein tieferes Verständnis für konstruktive Elemente, materielle Wirkungsweisen sowie die wechselseitige Beziehung von außen und innen zu entwickeln. Das Ordnen der einzelnen Elemente zu einer Bildeinheit, die von der Wechselwirkung zwischen Flächigkeit und Tiefe lebt, gleicht wiederum einem entwerfenden Vorgehen. Es übt den kreativen Kopf darin, Raum in Materialflächen wie auch in Sequenzen und Abfolgen zu denken. Diese mit der Collage gesammelten typologischen

5 | Ron Herron   Urban Action Tune Up   1968

6 | Archigram   Issue No. 9, 5   1970

PROGRAMME IMAGES   Apart from Mies van der Rohe, it is especially the progressive architecture groups of the 1960s that made use of the collage techniques of the visual arts and integrated these as a form of programme image into their research of the future. These included the British collective Archigram, which includes Ron Herron and Peter Cook, among others. Fascinated by the technological and pop cultural changes of their time, the Brits researched mobile as well as socially and medially interactive architecture and city structures. In their study of the 'Instant City' (1968–70), they experimented with various variations on a "travelling metropolis", which as a programmatic concentration of education, entertainment and leisure can bring the dynamism of a major city into culturally neglected areas.[6] The project was continuously developed and finally published in the firm's own magazine, through a multitude of diagrammatic drawings and collages in a comic and advertising format (fig. 5). The latter, in their composition of technical drawings of mobile tent, robot and airship constructions, large-format slogans and magazine images of contented people, serve as programmatic conceptual images of the temporary urban experience (fig. 6). Concrete information and fiction are linked, representative of Archigram's serious and at the same time playful way of working and thinking.

Archigram's research into the future is inspired by the 'This is tomorrow' exhibition by the Independent Group, which remains influential until today, and whose most well-known exhibits include 'Just what it is that makes today's home so different, so appealing?' (1956).[7] In a mixture of enthusiasm and irony, the British pop art artist Richard Hamilton pastes iconic motifs of American everyday culture together into an ideal-typical living room (fig. 7). His resorting to picture material from magazines, advertising and cinema leaflets provokes a bold and almost naïve effect, which the actual contentual depth of the work initially masks. Only at second glance does one realise that this approach is a targeted search for alternative forms of communication and accessibility. Hamilton strived to extend art with the trivial and to discuss it as a familiar everyday object.[8]

7 | Richard Hamilton Just what was it that made yesterday's homes so different, so appealing? 1956

und choreografischen Erkenntnisse übersetzt Mies van der Rohe schließlich in die freien Grundrisse seiner pavillonartigen Gebäude. So provoziert das Farnsworth House in seiner architektonischen Gestaltung geradezu fließende und erkundende Bewegungen, ebenso wie die Resor-House-Collagen den Betrachter dazu einladen, den Bildraum in der mentalen Durchwegung zu durchdringen (Abb. 3-4).[5]

PROGRAMMBILDER Neben Mies van der Rohe sind es insbesondere die progressiven Architekturgruppierungen der 1960er Jahre, die sich der Collage-Techniken aus den bildenden Künsten bedienen, und diese als eine Art Programmbild in ihre Zukunftsforschung integrieren. Hierzu gehört unter anderem das britische Kollektiv Archigram rund um die Architekten Ron Herron und Peter Cook. Fasziniert von den technologischen und popkulturellen Veränderungen ihrer Zeit, forschen die Briten zu mobilen sowie sozial und medial interaktiven Architektur- und Stadtstrukturen. In ihrer Studie der ‚Instant City' (1968-1970) experimentieren sie mit verschiedenen Variationen einer „reisenden Metropole", die als programmatische Verdichtung von Bildung, Unterhaltung und Freizeit, großstädtische Dynamik in kulturell vernachlässigte Gebiete bringen kann.[6] Kontinuierlich begleitet und schlussendlich im büroeigenen Magazin publiziert wird das Projekt durch eine Vielzahl von diagrammatischen Zeichnungen und Collagen im Comic- und Werbeformat (Abb. 5). Letztere dienen in der Zusammensetzung aus technischen Zeichnungen von mobilen Zelt-, Roboter- und Luftschiffkonstruktionen, überdimensionierten Slogans sowie Zeitschriftenbildern von vergnügten Menschen als programmatische Konzeptbilder des temporären Stadterlebnisses (Abb. 6). Es verbinden sich konkrete Information und Fiktion, repräsentativ für Archigrams ernsthafte und zugleich spielerische Arbeits- und Denkweise.

Inspiriert ist Archigrams Zukunftsforschung durch die bis heute einflussreiche ‚This is tomorrow'-Ausstellung der Independent Group, zu deren bekanntesten Exponaten die Collage ‚Just what it is that makes today's home so different, so appealing?' (1956)

8 | Superstudio Il Monumento Continuo 1969

Archigram adapted this pictorial rhetoric to make the results of their research activities on the Instant City more lively and 'easier to consume'.[9] The combination of narrative and symbolic images with keywords and short text passages are essential methods for this, as well as the hyperbole and ambiguity of what is represented.

IMAGE DISCOURSES   Graphics and the intention of the pop art artists had comparable influences on the Italian architecture cooperative Archizoom and Superstudio. At the end of the 1960s, the Florentines developed negative utopias of total urbanisation and consumerism escalating out of control, intended as a kind of visual shock treatment to prompt people to think self-critically. For this purpose, designs such as 'Continuous Monument' (1969) or 'No-Stop City' (1969) are not conceived as a preamble to construction but as independent theoretical research work. Nor are verbal or visual tools reduced merely to their accompanying function: collages, architecture sketches and language are used from the beginning as complementary analysis and communication tools of an equal value and are brought together in various combinations as a multilayered discourse in images and text (fig. 8).[10]

Similar ambitions can also currently be observed at the Brussels firm Dogma. In their research study 'Stop City' (2007), Pier Vittorio Aureli and Martino Tattara reversed the theories of urban infinity. By means of programmatic compact high-rises and a giant square open space, they form an island-like urban model of an absolute form (fig. 9).[11] Their exaggerated ideas, along with the dystopias of Archizoom and Superstudio, are not to be understood, however, as a suggestion that can be implemented one-to-one. Instead it is more an appeal to their own discipline to become aware once again of design responsibility for the city.[12] Dogma themselves attempt this through the manifesto-like design of new (urban) typology concepts that react rigorously with "buildings as walls" to the lack of form and loss of open space in the city.[13]

9 | Dogma Stop City 2007

gehört.[7] In einer Mischung aus Begeisterung und Ironie klebt der britische Pop-Art-Künstler Richard Hamilton ikonische Motive der amerikanischen Alltagskultur zu einem idealtypischen Wohnzimmer zusammen (Abb. 7). Sein Rückgriff auf Bildmaterial aus Illustrierten, Werbe- und Kinoheften provoziert eine plakative und fast naive Wirkung, welche die eigentliche inhaltliche Tiefe der Arbeit zunächst verdeckt. Erst auf den zweiten Blick wird erkennbar, dass dieses Vorgehen eine gezielte Suche nach alternativen Formen der Kommunikation und Zugänglichkeit ist. Hamilton strebt danach, die Kunst um das Triviale zu erweitern und als gewöhnlichen Alltagsgegenstand zu diskutieren.[8] Archigram adaptiert diese Bildrhetorik, um die Ergebnisse ihrer forschenden Aktivitäten zur Instant City lebendiger und leichter ‚konsumierbar' werden zu lassen.[9] Die Kombination aus narrativen und symbolhaften Bildern mit Schlüsselbegriffen und kurzen Textpassagen sind hierbei ebenso unverzichtbare Mittel wie die Überspitzung und Mehrdeutigkeit des Dargestellten.

BILDDISKURSE   Grafik und Intention der Pop-Art-Künstler nehmen vergleichbare Einflüsse auf die italienischen Architekturkollektive Archizoom und Superstudio. Die Florentiner entwickeln Ende der 1960er Jahre negative Utopien der totalen Urbanisierung und des ausufernden Konsums, die als eine Art visuelle Schocktherapie die Menschen zum selbst-kritischen Nachdenken anregen sollen. Hierzu werden Entwürfe wie das ‚Continuous Monument' (1969) oder die ‚No-Stop City' (1969) nicht als Vorstufe zum Gebauten konzipiert, sondern als eigenständige theoretische Forschungsarbeit. Ebenso wenig sind verbale oder visuelle Werkzeuge lediglich auf ihre begleitende Funktion reduziert: Collagen, Architekturzeichnungen und Sprache werden von Beginn an als gleichwertige und komplementäre Instrumente der Analyse und Kommunikation eingesetzt und in unterschiedlichen Kombinationen zu einem vielschichtigen Diskurs in Bild und Text verknüpft (Abb. 8).[10]

Ähnliche Ambitionen sind auch gegenwärtig beim Brüsseler Büro Dogma zu beobachten. In ihrer Forschungsstudie der ‚Stop City' (2007) kehren Pier Vittorio Aureli und Martino

10-13 |
Sarah Wehmeyer
Urbane Enklaven
since 2015

In the research-based design series 'Urban Enclaves' (2015) initiated by the author, on the other hand, it is various panoptic systems that are imagined as the last urban retreats of the future in a wholly urbanised European landscape. The transformation of urban prisons on the basis of collage takes up the considerations of superordinate (urban) spatial questions by Archizoom, Superstudio and Dogma but is also dedicated to the significance of individual and collective urban space for an increasingly digitised society, as well as to the questioning of walls with their negative and positive design properties (fig. 10-13).

In the past and still today, collages support such productions of new theoretical concepts in the function of an image-based narrative. Through the contrasting of photorealistic backgrounds an architecture reduced to the white surface, the architects build up a pictorial drama that has a both stimulating and dissuasive effect. The viewers are left questioning whether they are seeing the scenes of an already existing urbanised world or those of one still to come; furthermore, whether the architects are presenting serious or ironic typological solution suggestions. It appears as though visual provocation and an open interpretation are now also being used to activate the reflexive dimension of the collage as an artistic object and critical mirror image of the world. The perceivers are asked to question their own thoughts and actions in relation to their environment and fellow human beings and in this way, through self-reflection, to achieve new insights. To initiate this reflection process also on a public level, collages are published in a targeted manner by the firms mentioned here. While the architects of the 1960s used architecture journals in particular as a communication platform, Dogma is repeatedly represented with collage contributions at international biennials and regularly issues smaller publication series. Individual findings can thus have a collective effect, be taken up by others and lead in turn to novel designs and discourses.

REFERENCE COLLAGES   While the collage is increasingly becoming a visual trend in architectural representation, for the Mexican architecture firm Tatiana Bilbao Estudio it offers the potential of a harking back to the qualities of the analogue. With combinations of collages, sketches and models, they seek to consciously reintegrate the

Tattara die Theorien der urbanen Unendlichkeit ins Gegenteil um. Sie bilden mittels programmatisch hochverdichteter Hochhausscheiben und eines riesigen quadratischen Freiraums ein inselartiges Stadtmodell der absoluten Form.[11] (Abb. 9) Ihre überspitzte Idee ist jedoch ebenso wenig wie die Dystopien von Archizoom und Superstudio als ein eins-zu-eins umsetzungsfähiger Vorschlag zu verstehen. Vielmehr ist sie ein Appell an die eigene Disziplin, sich wieder der gestalterischen Verantwortung für die Stadt bewusst zu werden.[12] Dogma selbst versucht dies über den manifestartigen Entwurf neuer (stadt-)typologischer Konzepte, die mit „Gebäuden als Wänden" rigoros auf die Formlosigkeit und den Freiraumverlust der Stadt reagieren.[13]

In der von der Autorin initiierten forschenden Entwurfsreihe ‚Urbane Enklaven' (2015), sind es hingegen unterschiedliche panoptische Systeme, die als zukünftig letzte urbane Rückzugsorte in einer gänzlich urbanisierten europäischen Landschaft imaginiert werden. Die Transformation städtischer Gefängnisse auf Basis der Collage knüpft an die Bearbeitung der übergeordneten (Stadt-)Raumfragen von Archizoom, Superstudio und Dogma an, widmet sich jedoch ebenso der Bedeutung des individuellen und kollektiven Stadtraums für eine zunehmend digitalisierte Gesellschaft sowie der Infragestellung der Mauer in ihrer negativen wie positiven Gestaltungskraft (Abb. 10–13).

Früher wie heute unterstützen die Collagen derartige Produktionen neuer theoretischer Konzepte in ihrer Funktion des bildbasierten Narrativs. Durch das Entgegensetzen von fotorealistischen Hintergründen und einer auf die weiße Fläche reduzierten Architektur bauen die Architekten eine Bilddramatik auf, die zugleich anregend wie abschreckend wirkt. Die Betrachtenden werden fragend zurückgelassen, ob sie Szenen einer bereits bestehenden oder noch kommenden urbanisierten Welt sehen; ferner, ob die Architekten ihnen ernst gemeinte oder ironische typlogische Lösungsvorschläge vor Augen führen. Es scheint, als würden visuelle Provokation und Interpretationsoffenheit nun ebenfalls genutzt, um die Collage in ihrer reflexiven Dimension als künstlerisches Objekt und kritisches Spiegelbild der Welt zu aktivieren. Die Rezipierenden werden dazu aufgefordert, das

14 | Tatiana Bilbao Estudio New Ways of Life 2017-2019
1 Communal + Collective 2 Semi-individuality 3 Connection with neighbours 4 Self 5 Family 6 Temporariness

eigene Denken und Handeln in Bezug auf ihre Umwelt und Mitmenschen zu hinterfragen und auf diese Weise, durch die Selbstreflexion, zu neuen Einsichten zu kommen. Um diesen Reflexionsprozess ebenso auf öffentlicher Ebene anzustoßen, werden Collagen von den hier genannten Büros gezielt publiziert. Während die Architekten der 1960er Jahre vor allem Architekturzeitschriften als Kommunikationsplattform nutzen, ist Dogma wiederkehrend mit Collagebeiträgen auf internationalen Biennalen vertreten und erarbeitet zudem regelmäßig kleinere Publikationsreihen. Individuelle Erkenntnisse können auf diese Weise kollektive Wirksamkeit entfalten, von uns anderen aufgegriffen werden und wiederum zu neuartigen Entwürfen und Diskursen führen.

REFERENZ COLLAGEN   Während sich die Collage gegenwärtig vermehrt zu einem visuellen Trend in der Architekturdarstellung entwickelt, offeriert sie für das mexikanische Architekturbüro Tatiana Bilbao Estudio das Potenzial einer Rückbesinnung auf die Qualitäten des Analogen. Mit Kombinationen aus Collagieren, Skizzieren und Modellieren versucht sie, das Haptische, Unperfekte und Assoziative bewusst in die alltägliche Praxis zu reintegrieren, um es dort für das Hervorbringen von neuer Gestaltung wie auch von neuem gestaltungsbezogenem Wissen zu aktivieren.[14] Diesem Ansatz folgend, basiert der Entwurf des experimentellen Wohnhauses ‚Ways of life' auf sechs sogenannten Referenzcollagen, in denen Fotografien unterschiedlicher Ikonen der jüngeren Landschafts- und Architekturgeschichte zu fließenden Raumsequenzen zusammengesetzt wurden (Abb. 14). Die Darstellungen fungieren als kognitive Objekte, die keine finale Kubatur kommunizieren, sondern repräsentativ für das Raumkonzept der zukünftigen Zimmer stehen und dadurch eine identitätsstiftende Wirkung auf die zukünftigen Bewohnenden ausüben sollen.[15] Für die Architektin selbst scheint das Collagieren ihrer Referenzen gewisse Momente der Entschleunigung zu ermöglichen, um Bezugsobjekte und -positionen vergleichend zu reflektieren sowie in ihrer Spezifik und Transferfähigkeit zu testen. Die finalen Gefüge aus Architekturen, Gärten und künstlerischen Installationen weisen darauf hin, dass sie in den Projekten – unabhängig von zeitlichen, örtlichen und kulturellen Entstehungskontexten – gemeinsame sowie, im wahrsten Sinne der Technik, sich ergänzende und überschneidende Raumprinzipien, Wertsetzungen und gestalterische Strategie erkannt hat. In der Neukomposition der Collage (re-)interpretiert Bilbao diese Aspekte und entwickelt sie zu einer eigenen architektonischen Idee weiter. So verschachteln sich etwa Louis Kahns Fisher House und das Experimental House von Alvar Aalto (Abb. 14.5) ebenso wie der Steingarten des Ryoanji-Tempels in Kyoto und Le Corbusiers Kloster La Tourette (Abb. 14.4) zu neuen Raumsituationen, welche die physische Verbindung der Bewohnenden zueinander und zur Natur wieder erfahrbar werden lassen sollen.

15 | Tatiana Bilbao Estudio Collage Community   16 | Tatiana Bilbao Estudio Hunters Point Masterplan 2016

haptic, imperfect and associative into everyday practice, in order to activate it there to bring forth new design and new design-related knowledge.[14] Pursuing this approach, the design of the experimental residential house 'Ways of Life' is based on six 'reference collages', in which photographs of various icons of recent landscape and architecture history are composed into flowing spatial sequences (fig. 14). The representations function as cognitive objects that do not communicate a final cubature but instead stand representatively for the spatial concept of the future rooms and are thereby intended to exert an identity-forging effect on the residents.[15] For the architect herself, the collaging of her references seems to enable certain moments of slowing down to reflect comparatively on reference objects and positions, as well as to test their specifics and transferability. The final ensembles of architectures, gardens and artistic installations indicate that she has recognised in the projects – independently of time, place and cultural contexts – common and, in terms of technique, complementary and overlapping spatial principles, attributions of value and design strategies. In the new composition of the collage, Bilbao (re)interprets these aspects and develops them into an autonomous architectural idea. Thus Louis Kahn's Fisher House and the Experimental House by Alvar Alto (fig. 14.5), as well as the Stone Garden of the Ryoanji Temple in Kyoto and le Corbusier's La Tourette convent (fig. 14.4), are interwoven into new spatial situations that are intended to make it possible experience the physical connection between the residents and to nature again.

The reference collage is used to accompany works and in technical variations as such a combination of project-related concept image and personal archive. Combined with folding, the two-dimensional base plate turns into three-dimensional forms through cutting, bending and shearing (fig. 15). Orthogonally protruding and parallel offset picture materials reinforce this figural effect and generate multiperspectival views. It results in

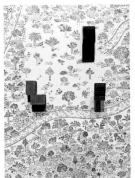

17-18 | Tatiana Bilbao Estudio Holiday house Los Terrenos 2016

Als derartige Verknüpfung von projektbezogenem Konzeptbild und persönlichem Archiv kommt die Referenzcollage werksbegleitend sowie in technischen Variationen zum Einsatz. Kombiniert mit der Faltung werden aus der zweidimensionalen Trägerplatte durch Einschneiden, Knicken und Scherung dreidimensionale Formen herausgearbeitet (Abb. 15). Orthogonal auskragende und parallel versetzte Bildmaterialien verstärken diese figürliche Wirkung und erzeugen multiperspektivische Ansichten. Es entsteht eine Art Hochrelief, dessen Haptik über integrierte Polystyrol-Modelle zusätzlich differenziert wird (Abb. 16). Je plastischer und vielschichtiger die Referenzcollagen durch Überlagerungen und Multimaterialität werden, desto komplexer und unzugänglicher wie auch fantastischer erscheinen sie schließlich dem Betrachtenden.

Das gezielte Sequenzieren, Schichten und Verschneiden von Innen- und Außenräumen dient jedoch nicht nur der Konzeptfindung innerhalb der Referenzcollage. Es spiegelt sich auch unmittelbar als übergeordnete Gestaltungsstrategie in vielen gebauten Projekten von Bilbao wider. So wurden die privaten und gemeinschaftlichen Zimmer des Ferienhauses Los Terrenos (2016) in drei individuell gestaltete Baukörper separiert, die in einem Rechteck angeordnet auf dem bewaldeten Grundstück verteilt sind (Abb. 17-18). Es findet ein programmatisches Verweben des Architektur- und Landschaftsraumes statt, durch das dynamische Bewegungsflüsse im Verlauf des Tages gezielt angeregt werden können. Bilbao selbst bezeichnet das Projekt zudem als „architektonische Collage", bei der sich in der Wahrnehmung die Grenzen zwischen dreidimensionalen Volumen und zweidimensionalen Flächen – durch die Wahl der Materialien – verschieben und sich mehrere Bilder von Bau- und Raumkörpern simultan überlagern.[16] Ihr Bestreben, die Menschen über die Architektur wieder in ihrem gesellschaftlichen und lokalen Kontexten zu verorten, bleibt vielleicht in den Referenzcollagen vorerst auf den Bildraum beschränkt, wird in der gebauten Realität hingegen physisch erlebbar.

a kind of raised relief whose haptics are differentiated in addition through integrated polystyrene models (fig. 16). The more structural and multilayered the reference collages become through layering and multiple materials, the more complex and inaccessible, as well as more fantastical they ultimately appear to the viewer.

The targeted sequencing, layering and cutting of indoor and outdoor spaces does not only serve the purpose of finding a concept within the reference collage, however. They are also reflected directly in many built projects by Bilbao as a superordinate design strategy. The private and communal rooms of the holiday house Los Terrenos (2016) were thus separated into three individually designed building volumes, which are arranged in a rectangle, spread over a forested site (fig. 17-18). A programmatic weaving of the architecture and landscape space takes place, through which dynamic flows of movement can be stimulated in a targeted manner over the course of the day. Bilbao herself also refers to the project as an "architectural collage" in which one perceives a shift in the boundaries between three-dimensional volumes and two-dimensional surfaces – through the choice of materials – and several images of building and spatial volumes are layered simultaneously.[16] Her striving to place people back in their social and local contexts through architecture may remain restricted to the pictorial space in the reference collages but can be experienced physically in the built reality.

INTERRELATIONS   Since the beginning of the 20th century, architects have been using collage in a variety of ways in the transition from analysis to design. It serves them as an alternative, more artistic approach to project-related and superordinate questions about design and perception, as well as about the interrelations of society, architecture, city and landscape. Collage is also used instrumentally, as a reference tool for designing new architectures and theoretical concepts. This multifaceted use is benefitted by the specific interrelational properties of collage. Making collages, in its different variants, thus comprises rationally structured and at the same time subjectively led actions. In recurring and correlative procedures of selecting, decomposing, reinterpreting and creative ordering of what is available into new relationships, 'images' develop that although have analytical aspects by no means claim to be objective. They are more a narrative than an explanatory representation. In their collage-specific atmosphere, they fluctuate between a (critical) depiction of reality and their own pictorial reality, between abstraction and concretisation, between the existing and the newly designed. However, it is these very contrasts and over-laps that offer the actual creative potential of collage. It always remains in a hypothetical and unfinished state, which prompts associations and speculations, as well as irritations and discussions. In production and reception, the collage thus inevitably becomes a starting point, a trigger and fertile ground for new ideas and insights.

WECHSELWIRKSAM   Seit Beginn des 20. Jahrhunderts nutzen Architekten und
Architektinnen die Collage auf vielfältige Art und Weise im Übergang von der Analyse zum
Entwurf. Sie dient ihnen als eine alternative, verstärkt künstlerische Herangehensweise an
projektbezogene sowie übergeordnete Fragestellungen zu Gestaltung und Wahrnehmung
wie auch zu den Wechselwirkungen von Gesellschaft, Architektur, Stadt und Landschaft.
Gleichermaßen wird die Collage instrumentell eingesetzt, um hieran anknüpfend neue
Architekturen sowie theoretische Konzepte zu entwerfen. Begünstigt wird diese facet-
tenreiche Verwendung durch die spezifischen, wechselwirksamen Eigenarten der Collage.
So umfasst das Collagieren in seinen unterschiedlichen Varianten rational strukturierte
und zugleich subjektiv geleitete Handlungen. In sich wiederholenden und korrelativen
Abläufen des Selektierens, Zerlegens, Reinterpretierens und gestaltenden Ordnens von
Vorhandenem zu neuen Beziehungsgefügen entwickeln sich ‚Bilder', die zwar über analytische Anteile verfügen, jedoch keineswegs den Anspruch erheben, objektiv zu sein. Sie sind
mehr erzählende denn erklärende Darstellung. In ihrer collagenspezifischen Atmosphäre
schwanken sie zwischen (kritischem) Abbild der Wirklichkeit und eigener Bildrealität,
zwischen Abstraktion und Konkretisierung, zwischen Gegebenem und neu Entworfenem.
Doch gerade diese Überschneidungen und Kontraste offerieren das eigentlich kreative
Potenzial der Collage. Sie verbleibt stets in einem hypothetischen und unfertigen Zustand,
der Assoziationen und Spekulationen ebenso wie Irritationen und Diskussionen hervorruft.
In der Produktion sowie Rezeption wird die Collage dadurch unweigerlich zum Anknüp-
fungspunkt, Auslöser und Nährboden für neue Ideen und Erkenntnisse.   217

1 Vgl. | Cf. Hertha Wescher, Die Collage, Köln: DuMont 1968, 20-21   **2** Vgl. | Cf. Annegret Jürgens-Kirchhoff, Technik und Tendenz der Montage in der bildenden Kunst des 20. Jahrhunderts, 2. ed., Gießen: Anabas 1984, 60; Hanno Möbius, Montage und Collage. Literatur, bildende Künste, Film, Fotografie, Musik, Theater bis 1933, München: Wilhelm Fink 2000, 140-142   **3** Bei dem Gemälde handelt es sich um Paul Klees Colorful Meal von 1939. Zu Informationen zu den einzelnen Bildbestandteilen vgl. | The painting is Paul Klee's Colorful Meal from 1939. For information on the individual components of the picture cf. https://www.moma.org/collection/works/749, 10.06.2020   **4** Vgl. | Cf. Neil Levine, Die Bedeutung der Tatsachen. Mies' Collagen aus nächster Nähe, in: Archplus 161 (2002), 59-75, 59, 69   **5** Zur mentalen Erschließung des Bildraumes vgl. | On the mental development of the picture space cf. ibid., 64-65   **6** Vgl. | Cf. http://archigram.westminster.ac.uk/ project.php?id=119, 01.06.2020   **7** In Bezug auf die Ausstellung vgl. | In relation to the exposition cf. David Robbins, The Independent Group: Postwar Britain and the Aesthetics of Plenty, Cambridge: MIT Press 1990, passim; Zum Einfluss der Ausstellung auf Archigram vgl. | On the influence of the exposition on Archigram cf. http://archigram.net/projects.html, Video 3, 01.06.2020   **8** In Bezug auf Hamilton und das Alltägliche vgl. | On Hamilton and the everyday cf. Uwe M. Schneede, Die Geschichte der Kunst im 20. Jahrhundert, Bonn: C. H. Beck 2001, 192; sowie übergreifend zur Verwendung alltäglicher Materialien in Collagen vgl. | and across the board on the use of everyday materials in collages cf. Annegret Jürgens-Kirchhoff (1984), op. cit. (Anm. | note 2), 62   **9** Vgl. | Cf. http://archigram.net/projects.html, Video 3, 01.06.2020   **10** Vgl. | Cf. Marie Theres Stauffer, Figurationen des Utopischen. Theoretische Projekte von Archizoom und Superstudio, Berlin/München: Deutscher Kunstverlag 2007, 10-19   **11** Vgl. | Cf. Dogma, Stop City, in: Pier Vittorio Aureli/Gabriele Mastrigli/Brett Steele (eds.), Dogma. 11 Projects, London: AA Publications 2013, 10-19, 10   **12** Vgl. | Cf. Dogma, A limit to the Urban, in: ibid., 42-45, 43,45   **13** Zur Typologie „Gebäude-als-Wand" vgl. | On the typology 'building-as-wall' cf. Pier Vittorio Aureli/Martino Tattara, Is this a city?, in: Kersten Geers/David van Severen et al. (eds.), OFFICE Kersten Geers David van Severen Volume 1, Köln: König 2017, 61   **14** Vgl. | Cf. Tatiana Bilbao/Brigitte Labs-Ehlert/Andrea de Meo-Arbore, Entwerfen als Prozess der Verwandlung (Interview), in: Tatiana Bilbao (ed.), Die Architektur der Anderen, Wege zur Architektur 13, Brakel: FSB 2018, 19-39, 31; Tatiana Bilbao, Collage, in: Tatiana Bilbao (ed.), Perspectives, Mexiko-Stadt: Arquine 2018, 169-190 , 190   **15** Vgl. | Cf. Tatiana Bilbao et al. (2018), op. cit. (Anm. | note 14), 29   **16** Vgl. | Cf. Tatiana Bilbao (2018), op. cit. (Anm. | note 14), 175, 190

'The correlations, as it were, are like sensors of the figurative elements, by which the image touches reality.'

„Die Zuordnungen sind gleichsam wie Fühler der Bildelemente, mit denen das Bild

die Wirklichkeit berührt."

Ludwig Wittgenstein

TABLEAU

Margitta Buchert

As a temporary work medium in the design process, which shows multipartite media representations of future architecture or future urban spaces as an overview, as well as a development tool for superordinate and more concrete themes, the tableau can have an informing, orientating and generative effect in design and research contexts. Different scales and thematic levels can be incorporated, along with interpretations of place, spatial configurations, materials and structures, special qualities in a programmatic sense and all kinds of interconnections. At architectural firms, in planning contexts and at research sites, a variety of tableaus form an important area of action in design and research, as well as a communication tool that also can impress and convince clients and sponsors. Like built architectures, urban spaces and landscape architectures, tableaus can be characterised more by artistic and creative or by scientific and pragmatic dimensions. They function not least as sources of inspiration.

DISPLAY WALLS Tableaus as large-format display wall screens, tables or smaller panels can be found in many architecture firms, workshops, ateliers and studios. They present themselves as a more or less ordered visual and verbal arrangement on horizontal or vertical surfaces with different documents, texts, sketches, photos, drawings, collages and other pictorial, linguistic and material elements. They show different reality levels of a project or of a basic concept. They also contain dimensions of meaning in relation to, for example, tectonic effect, appropriation or aesthetics.

TABLEAU

Margitta Buchert

Als temporäres Arbeitsmedium im Entwurfsprozess, das vielteilige mediale Darstellungen zukünftiger Architektur oder zukünftigen Stadtraums im Überblick veranschaulicht, wie auch als Entwicklungsinstrument für übergreifende ebenso wie für konkretere Themen kann das Tableau in Entwurfs- und Forschungskontexten informierend, orientierend und generativ wirken. Unterschiedliche Maßstäbe und thematische Ebenen können einbezogen sein wie Ortsinterpretationen, räumliche Konfigurationen, Materialitäten und Strukturen, besondere Qualitäten im programmatischen Sinne und Verknüpfungen verschiedenster Art. Im Architekturbüro, in Planungskontexten und an Forschungsorten bilden Tableaus unterschiedlicher Ausprägung einen wichtigen Aktionsbereich des Entwerfens und Erforschens und ein Kommunikationsinstrument, das zudem Auftraggebende und Förderer beeindrucken und überzeugen kann. Wie gebaute Architekturen, Stadträume und Landschaftsarchitekturen auch, können Tableaus von eher künstlerisch-schöpferischen Dimensionen geprägt sein oder von wissenschaftlichen und pragmatischen. Sie wirken nicht zuletzt als Quellen der Inspiration.

SCHAUWÄNDE Tableaus als großformatige Schauwände, Tische oder auch kleinere Tafeln sind in vielen Architekturbüros, Werkstätten, Ateliers und Studios zu finden. Sie zeigen sich als mehr oder weniger geordnetes visuelles und verbales Arrangement auf horizontalen oder vertikalen Oberflächen mit unterschiedlichen Dokumenten, Texten, Handzeichnungen, Fotos, Zeichnungen, Collagen und anderen bildlichen, sprachlichen

1 | VOGT Landschaftsarchitekten Display wall 2015

For the Zurich landscape architecture firm VOGT, display walls allow an overview of identified design ideas and act as intensifying, hybrid tools between design-orientated research and realisation-related design (fig. 1).[1] The project-specific changing organisation processes, alongside discursive exchanges and work with models, form a medium for the transformation of creative analysis into design concepts. By means of multilayered research walls, also overarching landscape architecture themes developed across different projects flow into these, such as boundaries, thresholds, water, metaphors, topography and choreography, as well as elements from a collection named 'cabinet of wonders' and individual memory content such as pictures, knowledge and experience.[2] By means of synopsis and linking, the display walls allow both taking distance and creative freedom for design genesis and experimental combinations.

NOTATIONS   In other examples, tableaus appear as a very clearly structured representational form and interpretation of a building, urban space or architectural theme, such as the visualisations of the ITECH pavilion. It was developed under the guidance of Achim Menges, Jan Knippers and Götz T. Gresser as a prototype in relation to biophysical effect principles, by means of a computer-based simulation, design and manufacturing process and realised in mock-ups (fig. 2).[3] Through the relations of text, drawing, image or photo, collage and maps, such tableau-like presentations visually define arguments, links and thought processes. Contrary to the creative variety of display wall screens, the tableaus are formed here as a strongly reductive and logically explanatory combination of various design units. The rational arrangement appears as an ordering, discursive and flexible notation ensemble, which comes with a potentially generating force on projective decisions for further research and design projects.

CIAM GRIDS   The tableaus presented in the context of CIAM as productive, as well as individual and collective, media, referred to as a 'grid', comprise aspects of the character of both a complex composition of multilayered display wall screens and a stricter research

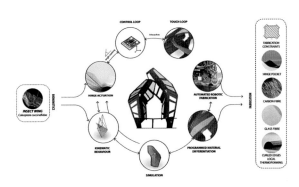

und materialen Anteilen. Unterschiedliche Wirklichkeitsebenen eines Projektes oder einer Grundkonzeption werden damit wahrnehmbar. Sie enthalten auch Bedeutungsdimensionen in Bezug auf beispielsweise tektonische Wirkung, Aneignung oder Ästhetik.

Für das Züricher Landschaftsarchitekturbüro VOGT ermöglichen Schauwände einen Überblick der identifizierten Entwurfsideen und sie wirken als intensivierende, hybride Instrumente zwischen entwurfsorientiertem Forschen und realisierungsbezogenem Entwerfen (Abb. 1).[1] Die projektspezifisch wechselnden Anordnungsprozesse bilden neben diskursivem Austausch und der Arbeit mit Modellen ein Medium zur Transformation der kreativen Analyse in Entwurfskonzepte. In diese fließen zudem mithilfe vielschichtiger Recherchewände projektübergreifend entwickelte landschaftsarchitektonische Leitthemen ein, wie beispielsweise Umgrenzung, Schwelle, Wasser, Metapher, Topografie und Choreografie, sowie ebenfalls Elemente aus einer ‚Wunderkammer' benannten Sammlung und individuelle Gedächtnisinhalte wie Bilder, Wissen und Erfahrungen.[2] Mittels der Zusammenschau und Verknüpfung ermöglichen die Schauwände gleichermaßen Distanznahme und kreative Freiheit zur Entwurfsgenese und zum experimentellen Kombinieren.

NOTATIONEN   In anderen Beispielen erscheinen Tableaus als sehr klar strukturierte Anschauungsform und Interpretation eines Gebäudes, Stadtraums oder eines architektonischen Themas, wie beispielsweise die Visualisierungen zum ITECH Pavillon. Er wurde unter der Leitung von Achim Menges, Jan Knippers und Götz T. Gresser als Prototyp in Bezug auf biophysikalische Wirkungsprinzipien mittels eines computergestützten Simulations-, Entwurfs- und Fertigungsprozesses entwickelt und in Mock-ups realisiert (Abb. 2).[3] Durch die Relationen von Text, Zeichnung, Bild oder auch Foto, Collage und Karten werden in solchen tableauartigen Darbietungen Argumente, Zusammenhänge und Gedankengänge visuell explizit. Im Unterschied zur kreativen Variationsvielfalt der Schauwände sind die Tableaus hier als stark reduktive und logisch erklärende Kombination verschiedener Entwurfseinheiten gebildet. Die rationale Anordnung erscheint als ordnendes, diskursives

225

3 | ASCORAL/Le Corbusier Tableau CIAM 1948

and development notation. A modern architecture group founded in 1927, CIAM tried to find solutions for relevant questions of the time by means of architecture and urban development suggestions, especially for the housing problem.[4] For the seventh convention in Bergamo in 1949, a preparatory group named ASCORAL, under the guidance of the French architect Le Corbusier, developed a basic structure for a grid form of tableau as a thinking tool. Apart from analysis, synthesis and presentation, this arrangement structure can also be used for the interpretation and development of a theme or a concrete design project (fig. 3).[5] The tableau creates order, enables comparative analysis, facilitates communication and forms a specific bridge between analysis and the final design.[6]

The tableau drawn up by the CIAM Algiers group presented in 1953 in Aix-en-Provence exemplarily shows the suggested basic structure (fig. 4).[7] It goes back to analyses of a major slum in Algiers and shows various aspects, in gridlike fields measuring 21x23 cm and with colour coding, from the contextualisation of housing through programming to scales and design. Recordings and concept ideas are presented as text, plan, section, photograph, map, collage and diagram. The tableau harbours the offer of various interconnections and at the same time promotes clearly structured interpretations with conceptual richness. In this way, new resources and materials are generated for design projection.

The younger generation of architects detached itself from the strict structuring and also from some of the content positing of this grid at the convention in Aix-en-Provence in 1953, CIAM IX. While ASCORAL and Le Corbusier had suggested the aspects of housing, working, cultivation of body and mind, circulation and various others, now the topics of house, street, quarter and city were chosen for example by Alison and Peter Smithson, as well as a category for connections (fig. 5). The number of fields is clearly reduced, the colour coding was chromatically modified, and a larger part of the fields contains dedicated artistic inscriptions. These are photographs of everyday life in the house and street in the London working-class district Bethnal Green, by Nigel Henderson, with whom the

4 | CIAM Algier Bidonville Mahieddine Grid 1953

und flexibles Notationsgefüge, ausgestattet mit potenziell generierender Wirkkraft auf projektive Entscheidungen für weitere Forschungs- und Entwurfsprojekte.

CIAM GRIDS   Die im Kontext der CIAM als produktive, gleichzeitig individuelle und kollektive Medien vorgestellten, als ‚Grille' bzw. ‚Grid' bezeichneten Tableaus umfassen sowohl Anteile vom Charakter der komplex zusammengestellten, mehrschichtigen Schauwände wie auch der strengeren Recherche- und Entwicklungsnotation. Die 1927 gegründete Gruppierung für moderne Architektur CIAM versuchte Lösungen für relevante Fragen der damaligen Gegenwart mittels architektonisch städtebaulicher Vorschläge zu finden, insbesondere für die Wohnungsproblematik.[4] Für das siebte Treffen in Bergamo 1949 wurde durch eine Vorbereitungsgruppe mit Namen ASCORAL unter der Leitung des französischen Architekten Le Corbusier eine Grundstruktur für eine gerasterte Form von Tableau als Denkinstrument entwickelt. Neben Analyse, Synthese und Präsentation kann diese Anordnungsstruktur zudem für die Lesart und Entwicklung eines Themas oder eines konkreten entwerferischen Projekts eingesetzt werden (Abb. 3).[5] Das Tableau organisiert, ermöglicht vergleichende Analyse, erleichtert Kommunikation und bildet eine spezifische Brücke zwischen Analyse und finalem Entwurf.[6]

Das von der CIAM-Algier-Gruppe erarbeitete, 1953 in Aix-en-Provence präsentierte Tableau veranschaulicht die vorgeschlagene Grundstruktur exemplarisch (Abb. 4).[7] Es geht zurück auf Analysen eines großen Slums in Algier und zeigt in rasterförmig angeordneten, 21x23cm großen Feldern und mit Farbcodierungen unterschiedliche Aspekte auf, von der Kontextualisierung des Wohnens über Programmierung bis hin zu Maßstäben und Gestaltung. Aufzeichnungen und Konzeptideen werden als Text, Plan, Schnitt, Fotografie, Karte, Collage und Diagramm präsentiert. Das Tableau enthält das Angebot unterschiedlicher Verknüpfungen und fördert gleichzeitig auch klar strukturierte Lesarten mit konzeptuellem Reichtum. In dieser Weise werden neue Ressourcen und Materialien erzeugt für die entwerferische Projektion.

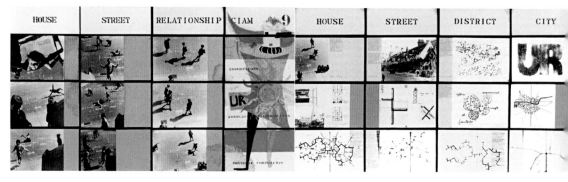

5 | Alison and Peter Smithson Urban Re-Identification Grid 1953

Smithsons worked on various artistic projects. In the centre of the tableau there is also a human figuration, across several fields in warm colours. Diagrams, plans, texts, along with some project views and sections of housing projects designed by the authors are arranged in a further area. One can see here that the everyday life, with social spatial practices and public space especially between the house, street and square as an area for resting and interaction, is accorded great importance. The tableau presents itself as a thematic framework, as well as a trigger and context for creative activity for it's authors architectural and urban development projects.[8]

An equally involved and rather artistic interpretation of the tableau was presented by the Dutch architect Aldo van Eyck in 1956 at CIAM X in Dubrovnik (fig. 6). He presented the basic idea and concept phase of his playground projects for Amsterdam, which aimed to intensify individual and social qualities through spatial design in architecture and urban development. During the period from 1947 to 1978, he realised a total of 700 playgrounds in building gaps, on residual spaces and urban wastelands in Amsterdam.[9] The in some cases very poetically associative texts and photographs of the tableaus do not in themselves evoke an understanding of the concept idea, but only when they are brought together in the tableau. It becomes evident and conveys impulses through the linkage of the various aspects.[10] Van Eyck planned not only playgrounds, which are mostly designed as rectangular or round sandpits surrounded by walls and with access aids. He also planned meeting places for adults, places of social exchange, as can be seen by the benches and open areas in the immediate spatial surroundings of the playgrounds. The tableau therefore also shows the impulses that can continue to be generated by the ideas of Team X, founded in Dubrovnik.[11]

RESEARCH TABLEAUS The composed image-text tableau fosters the imagination and allows thoughts that a separate consideration of the individual components does not show. This is also shown by the tableaus by the American architects Denise Scott Brown and Robert Venturi. An example of this is the Levittown project, which they developed together with their colleagues and students at Yale University in New Haven in 1970 (fig. 7).

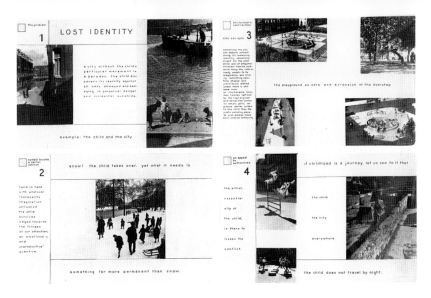

Die jüngere Generation der Architekturschaffenden löste sich von der strikten Strukturierung und auch von einigen inhaltlichen Setzungen dieses Rasters bereits bei dem Treffen in Aix-en-Provence 1953, der CIAM IX. Hatten ASCORAL und Le Corbusier die Aspekte Wohnen, Arbeiten, Kultivierung von Körper und Geist, Verkehr und Diverses vorgeschlagen, so werden nun beispielsweise von Alison und Peter Smithson die Themen Haus, Straße, Quartier und Stadt gewählt sowie eine Kategorie für Verbindungen (Abb. 5). Die Anzahl der Felder ist deutlich reduziert, die Farbcodierung wurde chromatisch modifiziert, und ein größerer Teil der Felder enthält engagierte künstlerische Inskriptionen. Diese sind Fotografien aus dem Lebensalltag in Haus und Straße im Londoner Arbeiterviertel Bethnal Green von Nigel Henderson, mit dem die Smithsons in verschiedenen künstlerischen Projekten zusammenarbeiteten, sowie im Zentrum des Tableaus eine menschliche Figuration, die in warmer Farbigkeit gehalten mehrere Felder übergreift. Diagramme, Pläne, Texte und einige Projektansichten und Schnitte eigener Wohnprojekte sind in einem weiteren Bereich angeordnet. Man kann hier erkennen, dass dem Alltag sozialer Raumpraktiken und dem öffentlichen Raum insbesondere zwischen Haus, Straße und Platz als Verweil- und Handlungsort große Bedeutung zukommt. Das Tableau zeigt sich als thematische Rahmung ebenso wie als Auslöser und Kontext schöpferischer Aktivität für eigene architektonisch-städtebauliche Projekte.[8]

Eine ebenfalls engagierte und eher künstlerische Interpretation des Tableaus präsentierte der niederländische Architekt Aldo van Eyck 1956 beim CIAM X in Dubrovnik (Abb. 6). Dabei stellte er die Grundidee und Konzeptionsphase seiner Spielplatzprojekte für Amsterdam vor, die darauf zielten, individuelle und soziale Qualitäten über das räumliche Gestalten in Architektur und Städtebau zu intensivieren. Er hat in der Zeit von 1947 bis 1978 insgesamt 700 Spielplätze in Baulücken, auf Restflächen und auf Stadtbrachen in Amsterdam realisiert.[9] Die teils sehr poetisch assoziativen Texte und Fotografien rufen für sich allein noch nicht das Verständnis für die Konzeptidee hervor, sondern erst in der Zusammenführung im Tableau. In der Verknüpfung der unterschiedlichen Aspekte wird dies lesbar und vermittelt Impulse.[10] Van Eyck plante hier nicht nur Spielplätze, die meist als mauerumrandete und

7 | Denise Scott Brown, Robert Venturi et al. Learning from Levittown 1970

The aim was to create bases for spatial concepts for the design in rural areas close to the city. They researched phenomena and ideals of the American suburban city surroundings, especially based on repurposing by users and popular presentations in the mass media. They arranged their findings in tableaus, for example by means of a vertically arranged, thematic structuring on the topics of 'rural ideals, good life, transport and traffic, as well as economy'.[12] A last segment of this arrangement titled 'Identity' forms at the same time the key theme that they wanted to highlight with the various aspects. In their tableaus that are set up not according to a strict grid but loosely, they use a wide array of information: their own text contributions written in white on black, as well as their own photographs alongside images from TV, pictures and texts from magazines, cartoons and advertising. The purpose of this is to filter out, substantiate and communicate design elements that allow the generation of identity-forging urban and architectural environments in rural areas.[13] In their dense constellation of recordings, the tableaus offer a distinct and clear field of experience that can promote variable concepts.

A similar aim was also pursued by the French anthropologist Bruno Latour and the photographer Emilie Hermant with their initially photography-based project 'Paris ville invisible' (Paris the invisible city), a study that is designed to help recognise the relevance of familiar, everyday objects and structures in people's everyday surroundings, here based on the example of Paris (fig. 8-9).[14] They are thereby updating a literary genre that, associated with the term 'tableau', has become known since the 18th century as a characteristic description, arranged in individual sequences, of the modern life of the masses in the city of Paris.[15] Latour and Hermant not only wish to understand the city and promote orientation but also to make a practice-related contribution to answering the question of how social, cultural and architectural space can be designed for a large number of people across a large area.[16] They also focus on invisible networks and unknown, often concealed layers of the city. The project was presented in an exhibition and in a book. Since 2004, it has been continued online on a website (fig. 10). As an arrangement of visual

8-9 | Bruno Latour, Emilie Hermant Paris ville invisible 2006   10 | Bruno Latour Website 2020

mit Zugangshilfen versehene rechteckige oder runde Sandkästen gestaltet sind. Er plante zugleich auch Treffpunkte für Erwachsene, soziale Austauschorte, wie an den Bänken und Platzflächen im direkten räumlichen Zusammenhang der Spielplätze zu erkennen ist. Das Tableau veranschaulicht damit auch die Impulse, die von den Ideen des Team X, das sich in Dubrovnik gegründet hatte, nach wie vor ausgehen können.[11]

RECHERCHETABLEAUS   Das zusammengesetzte Bild-Text-Tableau macht vorstellbar und ermöglicht zu denken, was sich aus einer getrennten Betrachtung der einzelnen Komponenten nicht erschließt. Das zeigen auch die Tableaus der amerikanischen Architektin Denise Scott Brown und des Architekten Robert Venturi. Ein Beispiel dafür ist das Projekt Levittown, das sie 1970 zusammen mit ihren Mitarbeitenden und Studierenden an der Yale University in New Haven entwickelt haben (Abb. 7). Ziel war es, Grundlagen baulich-räumlicher Konzeption für das Entwerfen in stadtnahen, ländlichen Gebieten zu schaffen. Sie erforschten Phänomene und Ideale der amerikanischen, suburbanen Umgebung der Städte, insbesondere ausgehend von Umgestaltungen durch die Nutzenden sowie von populären Darstellungen in Massenmedien. Das Gefundene organisierten sie in Tableaus, beispielsweise über eine vertikal angeordnete, thematische Strukturierung zu den Themen ‚rurale Ideale, gutes Leben, Transport und Verkehr sowie Ökonomie'.[12] Eine letztes, mit ‚Identität' überschriebenes Segment dieser Anordnung bildet zugleich das Hauptthema, welches sie mit den unterschiedlichen Aspekten herausarbeiten wollten. Dabei nutzen sie in ihren nicht nach einem strengen Raster, vielmehr aufgelockert gestalteten Tableaus sehr viele Informationen: weiß auf schwarz geschriebene eigene Textbeiträge sowie eigene Fotografien neben Abbildungen aus dem Fernsehen, Bilder und Texte aus Zeitschriften, Cartoons und der Werbung. Dadurch wollen sie Entwurfsbausteine herausfiltern, ergründen und kommunizieren, die es ermöglichen, identitätsstärkende städtebaulich-architektonische Umgebungen in ländlichen Bereichen zu generieren.[13] In der dichten Konstellation der Aufzeichnung bieten die Tableaus einen unverwechselbaren und anschaulichen Erfahrungsraum, der variable Konzeptionen befördern kann.

231

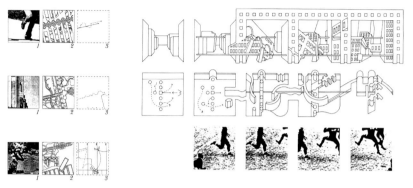

11-12 | Bernard Tschumi Manhattan Transcripts 1+4, The Park, The Block (excerpt) 1978-1981

representations of photographs of city panoramas, of architectural and urban situations, of details of the urban area and infrastructures, as well as plans, maps and commenting texts, the project appears in the form of a multimedia essay that is like a multiperspectival flow of information, through the interaction of images, mouse movements and text.[17] How browsing can forge creative impulses for design developments and knowledge and awareness processes are shaped remain open research questions.

TRANSCRIPTS   The Manhattan Transcripts by the architect Bernard Tschumi allow relevant contexts to be outlined more clearly. They were conceived from 1978 to 1981 for analogue, physical spaces, developed one after the other as sequential tableaus and later published as a book.[18] Visual concepts are framed and shown in four episodes titled Park, Street, Tower and Block (fig. 11-14). In accordance with the key themes of event, movement and space, which characterise many of his architecture and urban development designs, and in reference to the montage notations of the Russian filmmaker Sergei Eisenstein, these sequences have a tripartite arrangement: events are shown with black and white photographs from the context of the anthropological, social and constructional reality of the city, movement is emphasised with diagram-like notations and spaces/ objects are presented with a plan, section and axonometry and through the combination of these with photographic components showing everyday scenarios. Oversized perspectives, overlapping, interweaving and contrasts also contribute to showing the vivid reality, as well as the concept and perception of space from the perspective of movement.[19] The parts of the individual episodes are autonomous in themselves but can also be perceived in different constellations overall. The Manhattan Transcripts are experimental attempts to make notions of event, movement and space accessible as key motifs for architecture design. They are conceptual and theoretical but still have relevance for architectural practice. They are based on real, animated spaces and are targeted towards these. Their conceptual ideas flowed, for example, into the concept for the Parc de la Villette in Paris, which was realised according to designs by Bernard Tschumi.

13-14 | Bernard Tschumi   Manhattan Transcripts 4, The Block (excerpt)   1978-1981

Ein ähnliches Anliegen verfolgen auch der französische Anthropologe Bruno Latour und die Fotografin Emilie Hermant mit ihrem zunächst fotografiebasierten Projekt ‚Paris ville invisible', einer Untersuchung, die helfen soll, die Relevanz gewöhnlicher, alltäglicher Objekte und Strukturen, die die Alltagsumgebung von Menschen ausmachen, hier am Beispiel von Paris zu erkennen (Abb. 8-9).[14] Sie aktualisieren damit ein literarisches Genre, das, verbunden mit dem Terminus ‚Tableau', seit dem 18. Jahrhundert als charakteristische, in einzelnen Sequenzen geordnete Beschreibung des jeweils modernen Lebens der Massen in der Stadt Paris bekannt geworden ist.[15] Latour und Hermant wollen nicht nur Stadt verstehen und Orientierung befördern, sondern auch praxisbezogen dazu beitragen, die Frage zu beantworten, wie sozialer, kultureller und architektonischer Raum für eine große Anzahl von Menschen auf einer großen Oberfläche entworfen werden kann.[16] Auch unsichtbare Netzwerke und unbekannte, oft verborgene Layer der Stadt werden von ihnen fokussiert. Das Projekt wurde in einer Ausstellung und in einem Buch präsentiert. Seit 2004 wird es online auf einer Website fortgesetzt (Abb. 10). Als Arrangement visueller Repräsentationen aus Fotografien von Stadtpanoramen, von architektonischen und urbanen Situationen, von Details des Stadtraums und Infrastrukturen usw. sowie aus Plänen, Karten und kommentierenden Texten erscheint das Projekt dabei in Form eines multimedialen Essays, das durch die Wechselwirkung von Bildern, Mausbewegung und Text einem multiperspektivischen Informationsfluss gleicht, in dem sich die Stadt dennoch entzieht.[17] Wie das durchstreifende Browsen dabei schöpferische Impulse für Entwurfsentwicklungen befördern kann und Wissens- und Bewusstseinsprozesse geprägt werden, bleibt eine offene Forschungsfrage.

TRANSKRIPTE   Die ‚Manhattan Transcripts' des Architekten Bernard Tschumi vermögen es, entsprechende Zusammenhänge etwas deutlicher zu konturieren. Sie wurden 1978 bis 1981 für analoge, physische Räume konzipiert, nacheinander als sequenzielle Tableaus entwickelt und später als Buch herausgegeben.[18] Gerahmt und aufgezeigt sind visuelle Konzepte in vier als Park, Straße, Turm und Block betitelten Episoden (Abb. 11-14).

233

BASIC TABLEAUS   Across different design processes, another form of tableau potentially has a fundamental power to influence: for the Architecture Biennale in Venice 2012 on the topic of 'common ground', the Swiss architect Valerio Olgiati had invited a string of international architects to send up to ten autobiographically important images that could be understood as the foundation of their architectural designs, in the sense of intentions, inspirations and explanations.[20] These were presented on a large light table (fig. 15-16). The individual groups of images were set out and arranged like photographic tableaus: the independently photographed individual images were displayed as thematically dense groups.[21] Only few architects had shown their own work or parts of it. Mediated by means of the photographs it was more model examples, references or particularly relevant ideas and themes and therefore design contexts that accompany and also go beyond the individual architectural works.

In other contexts, for his own work Valerio Olgiati presented an archive referred to as an 'iconographic autobiography' with fifty-five images, which he arranges time by time in modified fashion and prersents, in part also accompanied by short texts, as a tableau (fig. 17).[22] The motifs, compositions or contents of these, according to Olgiati, significantly determine his architectural work and are always present in design contexts.[23] They are graphics and paintings with various themes, layouts and cross-sections of buildings, as well as photographs of architectures, gardens and landscapes, or even of a wood joint, lighting or a laid table.[24] The demonstrative presentation through images is combined with the attempt to describe the qualities relevant for the imagination of the designs by Olgiati, also linguistically. One can recognise certain themes in it that appear to be the basis of Olgiati's interest, such as ambivalences of external clarity and inner complexity, which can be found in most of the shown ground plans.[25] With the mutable tableau, a tool was created with performative quality, providing a kind of interim level that contains the potential of the formation and transformation of design configurations. What is important in this are actions such as selection, reduction, ordering and organisation, as well as thematisation. Through the elaboration of design knowledge, the tableau can not only lead to gaining insights but also act as a thought-transforming catalyst in design processes.

TABLEAU AND DESIGN GENESIS   In the processes from the creative analysis to the architecture design, tableaus can have an activating effect on different levels: they offer an overview and orientation, form frameworks and structures and create a form of order with high flexibility. As an analysis and concept tool, they raise design competence through the development and consolidation of a repertoire in a superordinate or specifically project-related context. They can help effective communication in discussions at the office, in mediation in the collective of the architecture discipline, as well as be useful in exchanges with clients and users. They form composites between research and design that inspire architecture concepts and drive them forwards.[26] Through the combination and correlation of several different presentation forms, contents and contexts, even what is not evident or noticeable can become visible in a special way and provide impulses. As a research, communication and projecting structure, the tableau enables both organisation and creative freedom. In addition, it can bring forth a surplus that harbours a high development potential with a poietic capacity.

15-16 | Valerio Olgiati Pictographs Venice Biennale 2012

Entsprechend den Leitthemen Ereignis, Bewegung und Raum, die viele architektonische und städtebauliche Entwürfe Tschumis prägen, und in Referenz auf die Montagenotationen des russischen Filmemachers Sergei Eisenstein sind diese Sequenzen dreiteilig organisiert: Ereignisse werden mit Schwarz-Weiß-Fotografien aus dem Kontext der anthropologischen, gesellschaftlichen und gebauten Wirklichkeit der Stadt gezeigt, Bewegungen mit diagrammartigen Notationen betont und Räume/Objekte mit aus Plan, Schnitt und Axonometrie und aus der Kombination dieser Planbilder mit fotografischen, Alltagsszenerien zeigenden Kompartimenten dargestellt. Überproportionierte Perspektiven, Überlagerungen, Verschränkungen und Kontraste tragen zudem dazu bei, belebte Wirklichkeit sowie Konzeption und Wahrnehmung von Raum aus der Bewegung heraus zu veranschaulichen.[19] Die Teile der einzelnen Episoden sind in sich autonom, können aber auch in unterschiedlichen Konstellationen der Zusammenschau wahrgenommen werden. Die ‚Manhattan Transcripts' sind experimentelle Versuche, die Vorstellungen von Ereignis, Bewegung und Raum als Leitmotive für den Architekturentwurf handhabbar zu machen. Sie sind konzeptuell und theoretisch und haben doch etwas mit der architektonischen Praxis zu tun. Sie gehen von realen, belebten Räumen aus und zielen auf diese hin. Ihre konzeptuellen Ideen flossen beispielsweise ein in das Konzept für den Parc de la Villette in Paris, der nach Entwürfen von Bernard Tschumi realisiert wurde.

BASISTABLEAUS   Entwurfsprozesse übergreifend besitzt potenziell noch eine andere Form von Tableaus eine grundlegende Wirkmacht: Für die Architekturbiennale in Venedig 2012 zum Thema ‚Common Ground' hatte der Schweizer Architekt Valerio Olgiati eine Reihe von internationalen Architekturschaffenden eingeladen, bis zu zehn autobiografisch wichtige Bilder zu schicken, die als Fundament ihrer Architekturentwürfe verstanden werden können im Sinne von Intentionen, Inspirationen und Erklärungen.[20] Diese wurden auf einem großen Leuchttisch präsentiert (Abb. 15-16). Ausgelegt und angeordnet waren die individuellen Bildgruppen wie fotografische Tableaus: Die unabhängig voneinander fotografierten Einzelbilder zeigten sich als thematisch dichte Zusammenhänge.[21]

17 | Valerio Olgiati Iconographic autobiography 2010

Nur wenige Architekturschaffende haben eigene Arbeiten oder Teile davon gezeigt. Es wurden vielmehr Vorbilder, Referenzen oder besonders relevante Ideen und Themen über die Fotografien veranschaulicht und somit Entwurfskontexte, die architektonische Einzelarbeiten begleiten und auch überschreiten.

In anderen Zusammenhängen hat Valerio Olgiati für sein eigenes Schaffen ein ‚Ikonographische Autobiographie' bezeichnetes Archiv mit 55 Bildern vorgestellt, das er jeweils modifiziert anordnet und, teilweise auch von Kurztexten begleitet, als Tableau präsentiert (Abb. 17).[22] Die Motive, Kompositionen oder Inhalte davon, so Olgiati, bestimmen seine architektonische Arbeit wesentlich und seien in Entwurfskontexten immer präsent.[23] Es sind Grafiken und Malereien mit verschiedenen Themen, Grundrisse und Schnitte von Gebäuden sowie Fotografien von Architekturen, Gärten und Landschaften oder auch von einer Holzverbindung, einer Leuchte, einem gedeckten Tisch.[24] Die anschauliche Präsentation über Bilder wird dabei verbunden mit dem Versuch, die für die Imagination eigener Entwürfe relevanten Qualitäten zumindest ansatzweise auch sprachlich zu beschreiben. Man kann darin bestimmte Themen wiedererkennen, die Olgiatis Interesse zu begründen scheinen, wie beispielsweise Ambivalenzen äußerer Klarheit und innerer Komplexität, die bei den meisten der gezeigten Grundrisse zu finden sind.[25] Mit dem wandelbaren Tableau entstand ein Tool mit performativer Qualität, das eine Art Zwischenebene bereitet, die Potenziale der Formation und Transformation entwurflicher Konfigurationen enthält. Wichtig sind dabei Aktionen wie das Auswählen, das Reduzieren, die Ordnung und Organisation sowie das Thematisieren. Das Tableau kann über die Entfaltung von Entwurfswissen nicht nur zum Erkenntnisgewinn führen, sondern auch als gedankentransformierender Katalysator in Entwurfsprozessen wirken.

TABLEAU UND ENTWURFSGENESE   In den Trajekten von der kreativen Analyse zum Architekturentwurf können Tableaus auf unterschiedlichen Ebenen aktivierend wirksam werden: Sie bieten Überblick und orientieren, bilden Rahmungen und strukturieren, erzeugen eine Art Ordnung mit hoher Flexibilität. Als Analyse- und Konzeptionstool steigern sie die Entwurfskompetenz und -haltung durch Entfaltung und Vertiefung eines Repertoires im übergreifenden oder konkret projektbezogenen Zusammenhang. Sie können kommunikativ wirksam werden in Diskussionen im Büro, in der Vermittlung in das Kollektiv der Architekturdisziplin hinein sowie nützlich sein im Austausch mit Auftraggebenden, Klienten und Klientinnen und den Nutzenden. Sie bilden Komposita aus Recherche und Entwurf, die Architekturkonzeptionen inspirieren und voranbringen.[26] Durch die Kombination und Korrelation mehrerer verschiedener Darbietungsarten, Inhalte und Kontexte kann auch das nicht Offensichtliche und Unbeachtete in besonderer Weise wahrnehmbar werden und impulsgebend wirken. Als Recherche-, Kommunikations- und Projektierungsanordnung ermöglicht das Tableau Organisation und schöpferische Freiheit gleichermaßen. Zudem kann es einen Überschuss hervorbringen, der ein hohes Entwicklungspotenzial von poietischer Kapazität enthält.

1 Vgl. | Cf. Alice Foxley, Distance & engagement. Walking, thinking and making landscape. Vogt landscape architects, Baden: Lars Müller 2010, passim und | and 26, 281; Rebecca Bornhäuser/Thomas Kissling/Günter Vogt, Büro, in: ids., Landschaft als Wunderkammer, Zürich, Lars Müller 2015, 183-224, 190-191; Eva Maria Froschauer, Entwurfsdinge. Vom Sammeln als Werkzeug moderner Architektur, Berlin: Birkhäuser 2019, 396-399 **2** Vgl. hierzu | Cf. on this subject Günther Vogt, Between search and research, in: Alice Foxley (2010), op. cit. (Anm. | note 1), 7-23, 22; und übergreifend | and overarching Bryan Lawson, What designers know, Amsterdam: Elsevier 2004, 98-103 **3** Vgl. | Cf. Christele Harrouk, ITECH research demonstrator explores the architectural realm, in: https://www.archdaily.com/922776/itech-research-demonstrator-explores-the-adaptive, 12.07.2020 **4** Vgl. | Cf. Lewis Mumford, CIAM discourse on urbanism 1928-1960, Cambridge, MA: MIT 2000, 226 und | and passim **5** Vgl. | Cf. Catherine Blain, The CIAM grid, 1948, Le Corbusier and ASCORAL, in: Dirk van den Heuvel/Max Risselada (eds.), Team X. In search of a utopia of the present 1953-81, Rotterdam: NAi publishers 2006, 18-19 **6** Vgl. hierzu | Cf. on this subject Tom Avermaete, Another modern. The post-war architecture and urbanism of Candilis, Josic, Woods, Rotterdam: NAi publishers 2005, 63-66 **7** Vgl. | Cf. Zeynep Çelik, CIAM Algier. Bidonville Mahieddine Grid 1953, in: Dirk van den Heuvel/Max Risselada (2006), op. cit. (Anm. | note 5), 22-25 **8** Vgl. | Cf. Peter Smithson, The 'As found' and the 'found', in: David Robbinson (ed.), The Independent group. Postwar Britain and the aesthetics of the plenty, Cambridge, MA: MIT 1990, 201-202; Dirk van den Heuvel, Alison and Peter Smithson. A brutalist story involving the house, the city and the everyday (plus a couple of other things), Delft: TU 2013, 70-85 **9** Vgl. hierzu | Cf. on this subject Liane Lefaivre (ed.), Aldo van Eyck, The playgrounds and the city, Rotterdam: NAi publishers 2002, passim **10** Vgl. hierzu auch | Cf. on this subject also Carolin Stapenhorst, Concept. A dialogical instrument in architectural design, Berlin: jovis 2016, 155 **11** Zu aktualisierenden Ansätzen in der Entwurfsmethodiklehre vgl. beispielsweise | On updated approaches for teaching design methodology cf. also Carolin Stapenhorst, Grids. Projektdokumentationen als Denkinstrument, in Hannah Groninger/Roger Häußling et al. (eds.), Manifestationen im Entwurf, Bielefeld: Transcript 2016, 186-215, 204-214 **12** Vgl. | Cf. Denise Scott Brown/Enrique Walker, In conversation, in: ids./Rem

Koolhaas/Yoshiharo Tsukamoto, The ordinary. Recordings, New York: Columbia University 2019, 29-63, 58 **13** Vgl. hierzu |
Cf. on this subject Beatriz Colomina, Mourning the suburbs: Learning from Levittown, in: Public: Art, Culture, Ideas 43 (2011),
86-97 **14** Vgl. | Cf. Emilie Hermant/Bruno Latour, Paris invisible, Paris: Bruno Latour 2006, 1, 57 **15** Vgl. hierzu | Cf. on
this subject Karlheinz Stierle, Baudelaire and the tradition of the 'Tableau de Paris', in: New Literary History 11 (1980)/2, 345-
361, passim; Eva Kimminich, Louis-Sébastien Merciers Tableau de Paris, in: Romanistische Zeitschrift für Literaturgeschichte
34 (1994) 263-282 **16** Vgl. | Cf. Emilie Hermant/Bruno Latour (2006), op. cit. (Anm. | note 14), 97 **17** Vgl. | Cf. Gabriele
Schabacher, Unsichtbare Stadt. Zur Medialität urbaner Architekturen, in: Zeitschrift für Medienwissenschaft 12(2015)/1, 79-90,
86 **18** Vgl. | Cf. Bernard Tschumi, Manhattan Transcripts, London: ACADEMY Editions 1994, passim und | and 6; vgl. | cf.
Margitta Buchert, Über Architektur. Bernard Tschumis Parc de la Villette in Paris, Hannover: TIB 1995, 142-149 **19** Vgl. | Cf.
Bernard Tschumi, in: id./Enrique Walker, Tschumi über Architektur, Bern: BAK 2006, 21-26 **20** Vgl. | Cf. Valerio Olgiati, The
visible origin of architecture, in: id. (ed.); The images of architects, Luzern: Quart 2013, o.S. **21** Zu fotografischen Tableaus
vgl. | On photographic tableaus cf. Jean-François Chevrier, Die Abenteuer der Tableau-Form in der Geschichte der Photographie,
in: id. (ed.), Photo-Kunst: Arbeiten aus 150 Jahren, Stuttgart: Edition Cantz 1989, 9-45 **22** Vgl. z.B. | Cf. e.g. Valerio Olgia-
ti, Autobiographic iconography, in: Gustavo Gili (ed.), Valerio Olgiati, Barcelona: Gustavo Gili 2006, 134-141; Valerio Olgiati,
Olgiati. Ein Vortrag, Basel: Birkhäuser 2011, sp. **23** Vgl. | Cf. Valerio Olgiati (2006), op. cit. (Anm. | note 22), 134; Valerio
Olgiati (2011), op. cit. (Anm.| note 22), sp. **24** Vgl. hierzu auch | Cf. on this subject also Laurent Stalder, Fünfundfünfzig
Bilder, in: id. (ed.), Valerio Olgiati, Quart: Luzern 2010, 20-73, 22-48 **25** Vgl. | Cf. Margitta Buchert, Archive zur Genese
architektonischen Entwerfens, in: Fakultät für Architektur und Landschaft der LUH (ed.), Hochweit 12, Hannover Internatio-
nalismus 2012, 9-15, 10-12 **26** Zum wissenschaftstheoretischen Kompositdiskurs vgl. | On the epistemological discourse on
composits cf. Markus Buschhaus/Inge Hinterwaldner, Zwischen Picture und Image. Zu einem komplementären Kompositbegriff,
in: ids. (eds.), The picture's image. Wissenschaftliche Visualisierung als Komposit, München: Wilhelm Fink 2006, 9-19, 13, 16-17

'Architecture that opens its eyes and strains its ears to this diversity of spatial

practice, encouraging and assisting it; this is the rediscovery of architecture itself.'

„Architektur, welche die Augen öffnet und die Ohren spitzt für diese Vielfalt der

räumlichen Praxis, sie ermutigt und unterstützt; das ist die Wiederentdeckung

der Architektur selbst."

Atelier Bow-Wow

APPENDIX

BIOGRAFIEN BIOGRAPHIES

MARGITTA BUCHERT ist Professorin für Architektur und Kunst 20./21. Jahrhundert an der Fakultät für Architektur und Landschaft der Leibniz Universität Hannover (LUH). Lehrinhalte fokussieren Architekturtheorie, Entwurfstheorie, Grundlagen der Gestaltung sowie Spannweiten der Moderne. Forschungsschwerpunkte bilden ‚Reflexives Entwerfen', ‚Urbane Architektur' sowie Ästhetik und Kontextualität von Architektur, Kunst, Stadt und Natur. | Margitta Buchert is professor in the department of Architecture and Art 20th/21st Century at the Institute of History and Theory of Architecture in the Faculty of Architecture and Landscape Sciences, Leibniz University Hannover (LUH). Contents focus on architectural theory, design theory, and design principles. The primary fields of research are 'reflexive design', 'urban architecture', as well as the aesthetics and contextuality of architecture, art, cities and nature. | Auswahl an Publikationen | Selected publications: Bigness and Porosity, in: Sophie Wolfrum et al. (eds.), Porous City. From Metaphor to Urban Agenda, Berlin et al.: Birkhäuser 2018, 84-88; Margitta Buchert (ed.), Prozesse reflexiven Entwerfens. Processes of Reflexive Design, Berlin: Jovis 2018; Margitta Buchert (ed.), Reflexives Entwerfen. Reflexive Design, Berlin: Jovis 2014; Margitta Buchert/Laura Kienbaum (eds.), Einfach Entwerfen. Simply Design, Berlin: Jovis 2013; Formen der Relation. Entwerfen und Forschen in der Architektur, in: Ute Frank et al. (eds.), EKLAT, Berlin: Universitätsverlag 2011, 76-86; Mobile und Stabile, in: Anett Zinsmeister (ed.), Gestalt der Bewegung. Figure of motion, Berlin: Jovis 2011, 50-73; Margitta Buchert/Carl Zillich (eds.), Performativ? Architektur und Kunst, Berlin: Jovis 2007.

STEFFEN BÖSENBERG Studium Architektur und Städtebau an der LUH von 2008 bis 2014. Derweil studentische Mitarbeit in den Instituten für Geschichte und Theorie, Entwerfen und Gebäudelehre sowie Städtebau. Praktikum bei Cityförster Architecture + Urbanism und freie Mitarbeiten in Düsseldorf, Hamburg und Berlin von 2010 bis 2014. Masterthesis zur Umnutzung des Wapping Printing Plant, London, im Sommer 2014. Seit 2015 Promotion zum Thema ‚Plastizität. Architektonisches Konzept post-industrieller Konversion' (Erstprüferin Margitta Buchert, LUH, Zweitprüfer Tom Avermaete, ETH Zürich) und Architekt bei Spine Architects, Hamburg. Sommersemester 2018 bis Sommersemester 2019 wissenschaftliche Mitarbeit am Lehrstuhl a_ku Architektur und Kunst 20.21. Jahrhundert an der Fakultät für Architektur und Landschaft der LUH. Seit Frühjahr 2019 assoziierter Partner bei Spine Architects, Hamburg. | Steffen Bösenberg studied architecture at LUH from 2008 to 2014. Work as a student employee at the Institutes for History and Theory, Design and Building, and Urban Design. Internship at Cityförster Architecture + Urbanism and work for architecture offices in Düsseldorf, Hamburg and Berlin from 2010 to 2014. Master's degree on the adaptive reuse of the Wapping Printing Plant, London in Summer 2014. From 2015 onwards dissertation on ‚Plasticity. Architectural Concept of Urban Industrial Adaptive Reuse' (supervisor Margitta Buchert, LUH, co-supervisor Tom Avermaete, ETH Zurich) and architect at spine architects, Hamburg. From 2018 to 2019 research assistant and lecturer at the chair a_ku (Architecture and Arts 20th/21st Century), IGTA, the Faculty of Architecture and Landscape, LUH. Since spring 2019 associate partner at Spine Architects in Hamburg.

VALERIE HOBERG studierte Architektur und Städtebau an der LUH sowie der ENSA Paris Malaquais und erhielt den Masterabschluss im Jahr 2014. Während des Studiums Mitarbeit in unterschiedlichen Architekturbüros in Stade und Hannover, von 2014 bis 2019 Entwurfs- und Wettbewerbsarchitektin in Bremen. Seit 2018 Arbeiten als freischaffende Illustratorin und seit 2019 wissenschaftliche Mitarbeiterin an der Abteilung Architektur und Kunst 20./21. Jahrhundert an der Fakultät für Architektur und Landschaft, LUH, sowie als Architektin und Städtebauerin in der Stadtentwicklung für die Freie Hansestadt Bremen. Sie promoviert bei Prof. Dr. Margitta Buchert zum Thema ‚Kunst in der Architektur. Eduardo Chillida und Aires Mateus, Ensamble Studio, Smiljan Radic'. | Valerie Hoberg studied architecture and urban planning at LUH and ENSA Paris Malaquais and received

her master's degree in 2014. During her studies, she worked in various architecture offices in Stade and Hannover. From 2014 to 2019 design and competition architect in Bremen. Since 2018 work as freelance illustrator. Since 2019 assistant researcher and lecturer at the chair a_ku (Architecture and Art 20./21. Century) at the Faculty of Architecture and Landscape, LUH and as architect and urban planner for the city of Bremen. She is completing her PhD on the subject of ‚Art in Architecture. Eduardo Chillida and Aires Mateus, Ensamble Studio, Smiljan Radič'.

JULIAN BENNY HUNG Studium Architektur und Städtebau an der Leibniz Universität Hannover von 2009 bis 2016, diverse studentische Mitarbeiten, zum Beispiel in den Instituten für Entwerfen und Städtebau sowie Entwerfen und Gebäudelehre. Abschluss des Masterstudiums im Sommer 2016. Seitdem Mitarbeiten und freie Projekte in den Bereichen Architektur, Videografie und Grafikdesign in Hamburg und Hannover. Seit 2017 wissenschaftlicher Mitarbeiter an der Abteilung a_ku, Fakultät für Architektur und Landschaft der LUH. 2019 Beginn des Promotionsvorhaben bei Prof. Dr. Margitta Buchert: ‚Der filmische Blick auf den Raum. Narrative Elemente und Strukturen in der Architektur'. | Julian Benny Hung studied architecture and urban design at Leibniz University Hannover from 2009 to 2016. Student assistant at various institutes. Master's degree in summer 2016. Since then work in practices and independent projects in the area of architecture, videography and graphic design in Hamburg and Hannover. Since 2017 research and teaching assistant at the chair a_ku (Architecture and Art 20th/21st Century), IGTA, Faculty of Architecture and Landscape Hannover. 2019 beginning of doctoral project with Prof. Dr. Margitta Buchert: ‚The filmic view of space. Narrative elements and structures in architecture'.

MORITZ OTHMER studierte an der Leibniz Universität Hannover und erhielt dort 2011 das Diplom für Architektur. In seiner Diplomarbeit erkundete er das Potenzial des innerstädtischen Großwohnkomplexes Ihme-Zentrum als Bildungslandschaft. Derzeit Lehrbeauftragter der Abteilung Architektur und Kunst 20. und 21. Jahrhundert am Institut für Geschichte und Theorie der Architektur der LUH. Dort promoviert er bei Prof. Dr. Margitta Buchert zum Thema ‚Erkenntnistools für urbane Räume.' Zudem arbeitet er mit

dem Ingenieurbüro DREWES + SPETH in Hannover in enger Kooperation zusammen. Neben Tätigkeiten für unterschiedliche Architekturbüros ist er engagiert in den Vereinen der ‚Zukunftswerkstatt Ihme-Zentrum' sowie der ‚Gesellschaft für außerordentliche Zusammenarbeit' und arbeitet dort an Ideen und Konzepten für den Stadtraum Hannover. | Moritz Othmer studied at the Leibniz University Hannover and received his diploma in architecture in 2011. In his diploma he explored the potential of the large housing complex Ihme-Zentrum in the city-center as an educational landscape. Currently lecturer at the chair a_ku (Architecture and Art 20th/21st century), the Faculty of Architecture and Landscape Hannover, where he is completing a PhD with Prof. Dr. Margitta Buchert on the topic: ‚Knowledge tools for urban spaces'. Besides working in close cooperation with the engineering office DREWES + SPETH in Hannover, he is involved in the associations of the ‚Zukunftswerkstatt Ihme-Zentrum' and the ‚Gesellschaft für außerordentliche Zusammenarbeit' and works there on ideas and concepts for the urban space of Hannover.

SARAH WEHMEYER studierte Architektur an der Leibniz Universität Hannover und arbeitete in Architekturbüros in Münster, Hannover und Winterthur (CH). Seit 2015 in Forschung und Lehre tätig am Lehrstuhl a_ku (Architektur + Kunst 20./21. Jahrhundert), IGTA, Fakultät für Architektur und Landschaftswissenschaften, Leibniz Universität Hannover, sowie Zusammenarbeit mit Römeth BDA Wagener Architekten in Hannover. Aktuelle Dissertation zum Thema ‚Die Collage als Praktik forschenden Entwerfens' unter der Betreuung von Prof. Dr. Margitta Buchert (LUH, Erstprüferin) und Prof. Paul Vermeulen (TU Delft, Zweitprüfer). | Sarah Wehmeyer studied architecture at Leibniz University Hannover and worked in architectural offices in Münster, Winterthur and Hannover. Since 2015 she has been active in research and teaching in the chair a_ku (Architecture and Art 20th/21st century), IGTA, the Faculty of Architecture and Landscape Hannover as well as cooperation with Römeth BDA Wagener Architekten in Hannover. Current dissertation on ‚Collage as a practice of research-oriented design', supervised by Prof. Dr. Margitta Buchert (LUH Supervisor) and Prof. Paul Vermeulen (TU Delft, Co-Examiner). | Publications: Collages Interactions. A specific form of design and research processes, in: Margitta Buchert (ed.), Prozesse reflexiven Entwerfens. Processes of Reflexive Design, Berlin: Jovis 2018, 124-140.

REFERENZEN REFERENCES

ZITATE INDEX OF CITATIONS

SKIZZIERUNGEN | DELINEATIONS Mike Christenson, Theories and practices of architectural representation, New York/London: Routledge 2019, 175; Louis Kahn, Rede zum Abschluss des Otterlo-Kongresses | Talk at the conclusion of the Otterlo congress, in: Oscar Newman (ed.), CIAM '59: Arbeitsgruppe für die Gestaltung soziologischer und visueller Zusammenhänge; Stuttgart: Karl Krämer 1961, 205–214, 213 HANDZEICHNUNG | HAND DRAWING Markus Müller (ed.), Eduardo Chillida, Kunstmuseum Picasso, Münster/München: Hirmer Verlag 2011 RISS, SCHNITT, AXONOMETRIE | PLAN, SECTION, AXONOMETRY Stan Allen, Practice. Architecture, technique and representation, 2. ed., Abingdon: Routledge 2009, 12 SPRACHE | LANGUAGE Georges Perec, Träume von Räumen, Frankfurt am Main: Fischer 1994, 19 ÜBER MODELLE | ON MODELS Adrian Meyer, Stadt und Architektur. Ein Geflecht aus Geschichte, Erinnerung, Theorie und Praxis, Baden: Lars Müller 2003, 16; Alice Foxley, Geometries of illusion, in: id., Distance and engagement. Walking, thinking, making landscape. Vogt Landscape Architects, Baden: Lars Müller 2010, 265–290, 289; Jean-Louis Cohen, Models and the exhibition of architecture, in: Kristin Freireiss (ed.), The art of architecture exhibitions, Rotterdam: NAi Publishers 2001, 30 DIAGRAMM | DIAGRAM Mark Garcia, The diagrams of architecture, Chichester: Wiley 2010, 18 MAPPING James Corner, The Agency of Mapping: Speculation, Critique and Invention, in: Denis Cosgrove, Mappings, London: Reaktion Books 1999, 213 FOTOGRAFIE | PHOTOGRAPHY John Berger, Understanding a photograph, in: Alan Trachtenberg (ed.), Classic essays on photography, New Haven: Leete's Island Books 1980, 291–294, 293 COLLAGE Georges Braque, frei zitiert in Petrus Schaesberg, Das aufgehobene Bild, München: Wilhelm Fink 2007, 111 TABLEAU Ludwig Wittgenstein, Tractatus logico-philosophicus, Werkausgabe 9. ed., vol. 1, Frankfurt am Main: Suhrkamp 1993, 15 APPENDIX Atelier Bow-Wow, Graphic Anatomy, Tokio: Toto 2007, 5

ABBILDUNGEN INDEX OF ILLUSTRATIONS

HANDZEICHNUNG | HAND DRAWING 1 Francis DK Ching, https://www.frankching.com/wordpress/?attachment_id=1488 2-3 Elsevier Ltd. 1961, 1971, reproducced by arrangement with Gordon Cullen/Taylor & Francis Books UK in: Gordon Cullen, The Concise Townscape, Oxford: Elsevier 1971, Cover and 122 4 Alberto Ponis/Image courtesy of Drawing matter, https://www.drawingmatter.org/index/alberto-ponis-yacht-club-path-dm-29213/, 09.07.2020 5 Courtesy Flores & Prats; Foto | photo: Adrià Goula, https://flores-prats.com/archive/liquid-light/, 08.07.2020 6 Courtesy Flores & Prats; Foto | photo: TAVISA, https://floresprats.com/archive/plaza-en-el-besos/, 08.07.2020 7 Arquivo | Archive Arqtº Álvaro Siza. Col. Fundação de Serralves – Museu de Arte Contemporânea, Porto. Doação | Donation 2015, http://arquivos.serralves.pt/viewer?id=74154&FileID=102354, 08.07.2020 8-9 Courtesy Flores & Prats 10 Louis I. Kahn/Collection of Sue Ann Kahn, in: Jan Hochstim (ed.), The paintings and sketches of Louis I. Kahn, New York: Rizzoli 1991, 273 11 Atelier Bow-Wow, Foto | photo: Andrei Savescu, Tsukamoto Laboratory, Tokyo Institute of Technology und Atelier Bow-Wow, in: Archplus 238 (2020), 111 12 Atelier Bow-Wow in: ArchiAid Oshika, Peninsula Supporting Seminar, Future Image for Fishermans Village, A Pattern Book for Oshika Peninsula, 2011-12, 32-33 13 Zaha Hadid Foundation, https://www.zaha-hadid.com/wp-content/uploads/2019/12/vitrafirestation_pa_089-629x1080.jpg, 09.07.2020 14 Sebastian Cordes 15 Rheinisches Bildarchiv Köln, rba_128730, Wallraf-Richartz-Museum & Fondation Corboud, Köln, Inv.-Nr. 1940/31, https://www.kulturelles-erbe-koeln.de/documents/obj/05707537, 08.07.2020 6 Constant Nieuwenhuys/VG Bild-Kunst, in: Fischli, Fredi/Olsen, Niels/Ehnimb, Valentina/Mardones, Patricio, Cloud '68 Paper Voice, Zürich: gta 2020, 27 RISS, SCHNITT, AXONOMETRIE | PLAN, SECTION, AXONOMETRY 1 Julian Benny Hung, nach | according to Reiner Thomae, Perspektive und Axonometrie, Stuttgart: Kohlhammer 1997, 9 2-4 UAA Ungers Archiv für Architekturwissenschaft Köln 5 David MacGibbon/Thomas Ross, https://de.wikipedia.org/wiki/Datei:TowieBarclayFloorplan.jpg und | and https://de.wikipedia.org/wiki/Datei:TowieBarclayFloorplan2.jpg, 01.10.2020 6 Whywhynot, https://commons.wikimedia.org/wiki/File:First_Unitarian_Church_of_Rochester_Wall_Projections_6244.jpg, 01.10.2020, das Bild wurde vom Autor des Artikel bearbeitet | the image was edited by the author of the article 7 Atelier

IMPRESSUM

© 2020 by jovis Verlag GmbH
Das Urheberrecht für die Texte liegt bei den Autoren und Autorinnen.
Text by kind permission of the authors.
Das Urheberrecht für die Abbildungen liegt bei den
Fotograf:innen/Inhaber:innen der Bildrechte.
Copyright for all images reside with the photographers/holders of the picture rights.

Alle Rechte vorbehalten. All rights reserved.

Herausgeberin Editor: Margitta Buchert,
Architektur und Kunst 20./21. Jahrhundert Architecture and Art 20th/21st Centuries,
Leibniz Universität Hannover Leibniz University Hannover,
www.igt-arch.uni-hannover.de/a_ku

Übersetzungen Translations: Lynne Kolar-Thompson
Gestaltung Design: Margitta Buchert, Julian Benny Hung, Hannover
Satz Setting: Julian Benny Hung, Hannover
Lithografie Lithography: Bild1Druck, Berlin
Druck und Bindung Printing and Binding: GRASPO CZ, a.s., Zlín

Bibliografische Information der Deutschen Bibliothek
Bibliographic information published by Deutsche Nationalbibliothek:
Die Deutsche Nationalbibliothek verzeichnet diese Publikation
in der Deutschen Nationalbibliografie; detaillierte bibliografische
Daten sind im Internet über http://dnb.ddb.de abrufbar.
The Deutsche Nationalbibliothek lists this publication in Deutsche Nationalbibliografie;
detailed bibliographic data are available on the Internet at http//dnb.d-nb.de.

jovis Verlag
Lützowstraße 33
10785 Berlin

www.jovis.de

ISBN 978-3-86859-662-5

Bow-Wow/Momoyo Kaijima/Yoshiharu Tsukamoto **8-11** aires mateus e associados **12-14** junya.ishigami+associates **15** Foreign Office Architects (FOA)/Farshid Moussavi Architecture SPRACHE | LANGUAGE **1** Tassinari/Fondazione Aldo Rossi, https://twitter.com/tassinarivetta/status/906178335570612224, 22.08.2020 **2** Getty images, Francesco Dal Co (ed.), Aldo Rossi. Quaderni azzurri. Volume 15, Vallese di Oppeano: Electa 1999 **3** Courtesy Carlotta Formenti **4-6** The Monacelli Press, Rem Koolhaas/Bruce Mau, S,M,L,XL, New York et al: Monacelli 1995, Foto | photo: Sarah Wehmeyer **7-9** Barozzi Veiga, in: Fabrizio Barozzi/Alberto Veiga, Barozzi Veiga, Zürich: Park Books 2019, Foto | photo: Sarah Wehmeyer **10** Jan Gehl, in: Jan Gehl, Cities for People, Washington D.C.: Island Press 2010 **11-12** Norman Foster, Carré d'Art Nimes. Zeichnung (auf beigem Papier) 1985 **12-13** Brandlhuber/Hertweck/Mayfried, in: Brandlhuber + Hertweck Burlon, Die dialogische Stadt, Köln: König 2015 **14** DeVylderVinckTaillieu, De Vylder Vinck Taillieu, Caritas Melle, in A+U 561(2017), 78-87 ?, 81 **16** Filip Dujardin DIAGRAMM | DIAGRAM **1** Public Domain, Jean-Nicolas-Louis Durand, Récis des leçons d'architecture données à l'École Polytechnique Band 1, Paris: L'École Polytechnique 1802, Band 1, Tafel 20 **2** Fondation Le Corbusier / VG BILD-KUNST **3** Cityförster, https://www.cityfoerster.net/projekte/campus_callosum_wissen_vernetzen-211-1.html, 14.05.2020 **4-5** Copyright OMA, Office for Metropolitan Architecture (OMA), Weena-Zuid 158, 3012 NC Rotterdam, The NEtherlands, www.oma.com **6** Peter Eisenman, Courtesy of Peter Eisenman Architecs, in: Peter Eisenman, Toward an Understanding of Form in Architecture, in: Molinari, Luca (ed.), Peter Eisenman. Feints, Mailand: SkiraEditore 2006, 36-37 **7** Courtesy of Peter Eisenman Architecs, in: https://eisenmanarchitects.com/House-II-1970 23.09.2020 **8** UNStudio, https://www.archdaily.com/805982/mercedes-benz-museum-unstudio, 23.09.2020 **9-10** UNStudio, https://www.archdaily.com/889575/unstudio-wins-frances-largest-private-architecture-competition-for-cultural-cinema-center-in-europacity, 31.05.2020 **11-17** Steffen Bösenberg MAPPING **1-2** Buckminster Fuller **3** Gerhard Mercator (Scorpion 26 / Dreamstime.com) Bearbeitet von Moritz Othmer, https://de.dreamstime.com/stockbild-weltkartenvektor-image1185261, 12.08.2020 **4** Giovanni Battista Nolli, Public Domain, http://dlib.biblhertz.it/mirador/index?manifest=http://dlib.biblhertz.it/ia/iiif/Dg140-3481.json, 12.08.2020 **5** Guy Debord/ Image Courtesy of Drawing Matter, https://www.drawingmatter.org/sets/drawing-week/guy-debord/, 12.08.2020 **6** Bill Hillier, in: Hillier, Bill, The Art Of Place and the Science of Space, in: World Architecture 11/2005, 185 **7** Michael Batty, http://www.spatialcomplexity.info/, 12.08.2020 **8-9** Bernard Tschumi, https://www.archdaily.com/548021/bernard-tschumi-on-his-education-work-and-writings, 12.08.2020 **10-12** James Corner **13** draftworks-architects **14-15** Moritz Othmer FOTOGRAFIE | PHOTOGRAPHY **1** Cedric Price, Canadian Centre for Architecture, Montréal, Potteries Thinkbelt, Aerial Photograph ca. 1964, Doc: 1995:0216:012 **2** Cedric Price, Canadian Centre for Architecture, Montréal, Potteries Thinkbelt, Housing Site 7 and 17 1966/67, Doc: 1995:0216:014 **3-6** Brandlhuber+, Emde, Burlon, Team: Elsa Beniada, Tobias Hönig, Cornelia Müller **7-9** David Adjaye/Thames & Hudson, David Adjaye, Adjaye Africa Architecture, London: Thames & Hudson 2011, Vol. 4, Sahel, 12-15 **10** Frank Schulenburg, CC BY-SA 4.0 https://upload.wikimedia.org/wikipedia/commons/thumb/d/db/National_Museum_of_African_American_History_and_Culture_in_February_2020.jpg/800px-National_Museum_of_African_American_History_and_Culture_in_February_2020.jpg, 22.09.2020 **11-13** Christ & Gantenbein, in: Christ & Gantenbein Pictures from Italy Zürich: Park Books, 2012 Cover, 22-23 **14-15** Herzog & de Meuron **16** Thomas Ruff/ VG Bild-Kunst **17** Herzog & de Meuron © Foto: Federico Covre **18-19** Herzog & de Meuron **20-21** Christian Kerez, in: Kunsthaus Bregenz (ed.), Gerold Wiederin, Helmut Federle, Nachtwallfahrtskapelle Locherboden **22** Christian Kerez **23-24** Christian Kerez, in: Christian Kerez, Uncertain certainty, Tokio: TOTO 2013, 107 **25-26** © Diller Scofidio + Renfro, in: Flesh Architectural probes, New York 1994, 233, 244 COLLAGE **1** Adagp, Paris/VG Bild-Kunst **2** 2020 Artists Rights Society (ARS), New York/VG Bild-Kunst **3-4** VG Bild-Kunst, Foto| photo: Francis Wu, https://www.wsifrancis.com **5** Herron Archives/VG Bild-Kunst **6** Archigram Archives **7** Richard Hamilton/VG Bild-Kunst **8** Superstudio Archive **9** Dogma **10-13** Sarah Wehmeyer **14** Tatiana Bilbao Estudio **15** Tatiana Bilbao Estudio, Foto | photo: Sarah Wehmeyer **16** Tatiana Bilbao Estudio, https://www.sfmoma.org/exhibition/tatiana-bilbao-architecture-from-outside-in, 29.07.2020 **17** Tatiana Bilbao Estudio, Foto © Rory Gardiner **18** Tatiana Bilbao Estudio, Foto | photo: Sarah Wehmeyer TABLEAU **1** VOGT, in: Rebecca Bornhäuser/Thomas Kissling/Günter Vogt, Büro, in: ids., Landschaft als Wunderkammer, Zürich: Lars Müller 2015, 197-200 **2** ICD/ITKE, University Stuttgart, Christele Harrouk, ITECH research demonstrator explores the architectural realm, in: Archdaily 12.8.2019, Abb. 29 **3** ASCORAL/VG Bild-Kunst, in: Dirk van den Heuvel/Max Risselada (eds.), TeamX. In search of a utopia of the present 1953-81, Rotterdam: NAI 2006, 19 **4** VG Bild-Kunst, in: ibid., 22-24 **5** VG Bild-Kunst in: ibid., 30-32 **6** Aldo van Eyck, in: ibid., 56-57 **7** Architectural Archives of the University of Pennsylvania **8-9** Bruno Latour/Emilié Hermant **10** Bruno Latour/Emilie Hermant, http://www.bruno-latour.fr/virtual/EN/index.html, 4.9.2020 **11-14** Bernard Tschumi, in: Bernard Tschumi, The Manhattan Transcripts, London: ACADEMY Editions 1994, XI, 17, 48-49 **15-16** Photos: Nicolás Saieh, in: Sebastian Jordana, Pictographs. Statements of contemporary architects/Valerio Olgiati, Archdaily 11. September 2012, Zoom **17** © Archive Olgiati